中国税制の実務対応

BEPS等最新動向とリスクの解説

PwC税理士法人
簗瀬正人［著］
Yanase Masahito

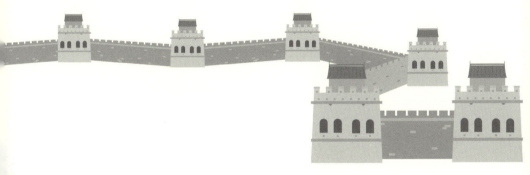

中央経済社

はじめに

　中国は1978年の改革開放経済政策に始まる経済成長により，40年後の2017年現在GDP世界第2位の経済規模と14億人の市場を有するに至っており，日系企業を含む外資系企業にとって重要な生産拠点であると同時に重要な市場となっています。

　こうした経済発展を踏まえ，中国政府は，「中国は生産地及び消費地として，世界に莫大な価値を創造・貢献しており，クロスボーダー経済活動の利益配分において相応のリターン（利益・課税所得の帰属）が求められるべきである」との考えに基づき，外資企業に対する徴税強化が進められています。

　すなわち，科学技術立国を目指して中国政府が2008年に導入したハイテク優遇税制の効果（技術知的財産の中国子会社帰属による外国親会社に対する支払ロイヤルティーの減少）が期待されましたが，10年後の現在，その効果は十分に発現されているとは言えない状況において，ハイテク認定企業に対する支払ロイヤルティーの減額となる税務調査が発生しています。無形資産（知的財産）の形成・維持に対する現地子会社の貢献の評価に伴う無形資産収益の現地帰属は，OECD及びG20によるBEPS（Base Erosion and Profit Shifting）プロジェクトにおいても問題となっており，中国税務当局は，BEPS提言について"参考とするが従わない"との姿勢に基づき，支払ロイヤルティーに対して徴税強化を図っているように思われます。

　また，「一帯一路」政策の積極的対外投資財源としての税収確保の一環と思われる支払ロイヤルティーに対する関税課税問題や，PE（Permanent Establishment；恒久的施設）の推定課税におけるみなし利益率上限率（30%）の適用も生じています。

　管理社会，許認可主義，官僚国家としての数千年の歴史を有する中国では，官僚の権限は強大であり，特に各税務担当官が税務解釈権限を実質的に有すると言われている税務リスクに対して適切に対応するのは，特に企業の現地担当者にとってかなり困難なことです。

　上記ロイヤルティー減額調査問題，PE推定課税額の増加問題，ロイヤル

ティーに対する関税課税問題等の税務リスクに加え，従来のPE課税問題（サービスPE，工事PE，出向者PE等），移転価格税制問題，海外子会社支援費（本社費）回収問題，出張者の短期滞在者免税ルール不適用課税問題，輸出増値税問題等も，外資企業の大きな税務リスクとなっています。また，挙証責任の納税者帰属や重いペナルティー（50％〜500％の加算税，年率18.25％の延滞金）は，納税者にとって引き続き基本的な問題となっています。

このように，中国進出外資企業にとって中国税務のリスクマネジメントの重要性は増すばかりであり，慎重，かつ効果的な対応が求められています。この点で，BEPSプロジェクト等のグローバルでの動きを踏まえたところでの親会社の積極的な関与，指導が従来以上に必要となっています。

PwC税理士法人の中国ビジネスグループは，税務戦略の策定，運用の観点から，日本企業の新規投資案件，既存子会社運営サポート，本社費回収サポート，並びに撤退サポート（合弁解消スキームの策定及び交渉支援）に関して，現地税務当局，所管関係機関及び合弁相手企業との直接交渉により，多くの実務経験を積んでまいりました。本書においては，その一部が開示されています。また，本書が日本企業の中国税務リスクマネジメントの一助となれば，何よりも幸いです。

2017年11月

PwC税理士法人
中国ビジネスグループ ディレクター
簗瀬　正人

目　次

第1編　中国の税制度リスクとBEPS対応

第1章　中国の税務及び関連制度に係るリスクの概要 …………… 2
1　中国の税制度リスク（一般）　2
2　会社の設立・再編・解散等に係る許認可制から届出制への変更改正と留意点　4
3　税務関連の制度リスク　5
4　中国投資における諸制度のリスク概要　6
5　中国の外資企業に対する事業規制　7
6　中国合弁子会社に係る制度リスクと留意点　8

第2章　中国のBEPSと租税回避への対応 ………………………… 10
1　BEPSの概要　10
2　BEPS（税源浸食及び利益移転）の税務問題へのSAT基本方針　13
3　BEPS税務リスクに対する中国SATの課税方針　15
4　BEPS第一次提言に対する中国SATの反応と実施対応　16

第3章　中国税務行政の税務リスク ………………………………… 21
1　中国税務行政のポイント　21
2　中国徴収管理体制（徴収管理法）　24

第4章　中国子会社管理の財務リスクマネジメント ……………… 31
1　中国（合弁）子会社運営における財務リスク（事例）　31
2　中国子会社財務リスクへの対応の要点　31
3　中国子会社に対する内部統制のチェックポイント　35

第2編　関連会社間取引への徴税強化と税務戦略

第1章　中国投資回収の税務リスクマネジメントの要点 ………… 40
1　海外関係会社間における投資回収対象取引の概要　40

2　目次

　　2　中国投資の回収と税務リスクマネジメントの必要性　41
　　3　防御的税務戦略（税務リスクマネジメント）の重要性　42
　　4　税務メリットの最大化の税務戦略　42
　　5　投資回収税務戦略（税務リスクマネジメント）の要点　44

第2章　知的財産の税務戦略 …………………………………………47
　　1　研究開発コストの回収と将来収益源（知的財産ロイヤルティー）の確保　47
　　2　中国におけるロイヤルティー回収規制の留意点　49
　　3　ライセンス契約の本質　51
　　4　ライセンス契約によるコスト回収のポイント　52
　　5　中国ハイテク税制適用の留意点　52

第3章　IGS（中国子会社支援費）回収の税務戦略 …………57
　　1　海外子会社支援費回収措置策定の必要性　57
　　2　中国の国内外関連者管理費の損金不算入規定　57
　　3　子会社支援（関連者間役務取引）の取扱い（TP公告6号34条）　58
　　4　出張による業務支援費回収の要点　60
　　5　日本本社で発生する業務支援費回収の要点　61
　　6　請求対象支援費の範囲　63

第4章　企業グループ内取引（BEPS重要項目）に対する徴税強化 ……65
　　1　関連企業間取引の実態税務調査の実施　65
　　2　国外関連企業への支払費用に係る管理強化通達　66
　　3　参考：国家税務総局による徴税強化に関するコメント　73
　　4　参考：浙江省国家税務局の税務管理指針　74

第5章　中国の移転価格税制 ………………………………………82
　　1　移転価格税制の概要　82
　　2　移転価格税制対象取引及び定義　84
　　3　関連申告（企業所得税確定申告添付関連業務取引報告表）　85
　　4　移転価格同時文書化規定（TP公告42号10条，企業所得税法43条，同実施条例114条）　86

5　移転価格調査及び更正　93
　　6　移転価格算定方法　95
　　7　無形資産の取扱い　102
　　8　関連者間役務取引　105
　　9　独立企業間原則の適用による評価に係るその他の留意点　107
　　10　事前確認制度（APA）　108
　　11　コストシェアリング　109
　　12　対応的調整及び相互協議　111

第3編　中国の税務問題

第1章　外国企業の源泉徴収課税　114
　　1　納税義務者となる外国企業　114
　　2　外国企業の源泉徴収課税の概要　114
　　3　使用料に対する源泉徴収課税　116
　　4　株式（持分）譲渡益課税　119

第2章　外国企業のPE課税　124
　　1　PE認定（租税条約解釈通達の取扱い）　124
　　2　PE認定課税の概要　126
　　3　外国企業課税所得の査定管理弁法　127
　　4　建設，組立，据付に関するPE課税　130
　　5　設備機器販売及び据付工事等に関する非課税特例　133
　　6　コンサルティング，エンジニアリング，技術指導，その他の役務提供業務に関するPE課税　134
　　7　出向者PE課税問題　140
　　8　PEと個人所得税　146
　　9　PE課税の計算事例　148

第3章　企業再編税制　152
　　1　定義（再編税制）及び総則（管理弁法）　152
　　2　一般税務処理規定の適用　155
　　3　特殊税務処理規定の適用（1）：中国国内企業間取引　158

4　特殊税務処理規定の適用（2）：非居住者外国企業との取引（再編税制7条）　164
　　5　優遇税制の承継適用　167
　　6　漸次進行する企業再編の取扱い（再編税制10条）　168
　　7　特殊税務処理適用証明資料の提出義務（再編税制11条）　169
　　8　非貨幣性資産による対外投資（譲渡所得の課税繰延措置）　170
　　9　増値税免税　172

第4章　出向・出張の税務（リスク）留意点 ……………………… 173
　　1　居住形態と課税範囲　173
　　2　居住形態別の課税概要　174
　　3　課税対象とされる給与所得の範囲　175
　　4　出向・出張の税額計算ポイント　179
　　5　外国人に対する管理強化　180
　　6　出向者の税務リスク　181
　　7　出張者の税務リスク　184

第5章　輸出に係る増値税不還付問題 ……………………………… 187
　　1　輸出に係る増値税不還付問題の概要　187
　　2　還付増値税の計算　190

第6章　ロイヤルティーに対する関税課税問題 …………………… 191
　　1　ロイヤルティーに対する関税課税規定　191
　　2　ロイヤルティー関税課税規定の本来趣旨と現場の状況　192
　　3　課税指摘と理論的対応　192
　　4　税関への理論的税務対応の留意点（サマリー）　194
　　5　親子会社連携による税務リスクマネジメントの重要性　195

第7章　租税条約による税務リスクマネジメントの要点 ………… 197
　　1　中国税制度リスクへの対応における租税条約の有用性　197
　　2　租税条約の定義　197
　　3　租税条約の解釈通達（指針）　198
　　4　中国投資における関連租税条約の要点比較　200

5　参考：香港の税制　204

第8章　日中租税条約の解説　205
　　1　居住者　205
　　2　恒久的施設（PE）　206
　　3　不動産所得　212
　　4　事業所得　213
　　5　特殊関連企業　217
　　6　配当所得　218
　　7　利子所得　220
　　8　使用料所得　222
　　9　譲渡所得　225
　　10　「自由職業所得」及び「芸能人」　227
　　11　給与所得　229
　　12　役員報酬　232
　　13　退職年金　233
　　14　二重課税の排除　234
　　15　相互協議　235
　　16　情報交換　236

第4編　中国の主要税制の解説

第1章　中国税制の概要　238
　　1　中国の税体系　238
　　2　中国の各税目の概略　239

第2章　中国企業所得税の概要　241
　　1　課税対象者・納税義務者　241
　　2　課税所得額（課税標準）　241
　　3　損金算入要件と限度額　244
　　4　資産の評価　245
　　5　引当金（未確定債務）　249
　　6　課税納付額（税額の計算）　249

7　税　率　249
　　8　優遇税制　250
　　9　その他の特別調整及び関連規定　250
　　10　徴収管理　251
　　11　申告納税　251

第3章　中国個人所得税の概要 …………………………………… 253
　　1　納税義務者・適用範囲　253
　　2　所得の種類　254
　　3　個人所得税税率　255
　　4　所得税の減免　257
　　5　賃金・給与所得の課税所得額（課税標準）　257
　　6　中国の外国税額控除制度　265
　　7　税務申告及び源泉徴収　266
　　8　納　税　266
　　9　個人所得税管理弁法及び自己申告納税弁法の制定　267

第4章　中国増値税の概要 ………………………………………… 269
　　1　納税義務者　269
　　2　増値税の課税対象取引　270
　　3　税　率　271
　　4　売上増値税額　272
　　5　仕入増値税額　273
　　6　納税額の計算（一般納税者）　275
　　7　増値税の認識時期　276
　　8　一般納税者認定（登記）　277
　　9　申告・納税　277
　　10　増値税専用領収証（発票）の発行　279

巻末資料　日中租税条約（日文と中文）　281

第1編

中国の税制度リスクと BEPS 対応

第1章
中国の税務及び関連制度に係る リスクの概要

1 中国の税制度リスク（一般）

　中国の税制度においては，中国税務当局が大きな権限を有していることが特徴（リスク）です。例えば，海外送金のための事前税務届出義務（実質承認），挙証責任の納税者帰属（税務当局への単なる説明ではなく，税務当局に納得してもらうことが必要），みなし利益率の使用による推定課税方式の適用，並びに過大なペナルティー（50％〜500％の加算税，年率18.25％の延滞金）が挙げられますが，これらは中国で事業活動を行うにあたっての税制度に係るリスクとなっています。

(1) 中国税制度リスクの要点

　中国と日本では，税務制度に関して下記の表のように大きな差異がありますので，税務対応に関しては慎重な姿勢が求められます。

	中国	参考：日本
税務制度	納税者に厳格 挙証責任は納税者側に帰属 誤指導（過少納税）事項の3年間遡及追徴可能	納税者に一定の配慮 挙証責任は当局側に帰属 更正理由の明記
税務調査 （対象）	外資系企業等への厳格調査 帳簿保存期間10年 調査項目：移転価格税制，PE認定，外国人所得税	通常調査 法人税・消費税調査 源泉税調査

課税権の除斥期間 (遡及追徴期間)	税額計算誤りの遡及追徴期間は3年もしくは5年 仮装隠蔽と認定された場合の更正期間は無期限	5年：過少申告,更正 7年：仮装隠蔽
還付加算金	請求可能（市場利率）	還付加算金：1.7％（2017年1月現在）
税務ペナルティー	延滞金：18.25％（1年間の宥恕規定なし） 加算税：50％～500％	延滞税：2.7％（2017年1月現在） 加算税：5％～40％

(2) 中国税務行政の特徴

　中国と日本では，税務行政に関して非常に大きな差異があり，中国では全国統一的な税務行政が必ずしも十分になされているとは言い難い状況にあります。原因として，広大な国土，徴税機構の形成に係る歴史的な経緯，伝えられるノルマの存在，これらに伴う税法解釈の地方への不徹底及び各税務職員による一貫しない税法解釈等があるといわれています。これらは中国で事業を行うにあたっての税執行に係るリスクとなっています。また，中国投資からの撤退に際しては，税務調査及び税務登記抹消における税務審査が厳格に実施されるので，留意する必要があります。

(3) 税務登記制度（納税者管理）

　管理社会の中国では，現地子会社及び出向者である個人共に，所管税務局への登記が義務付けられています。これによって納税者の管理を的確に行うこととされ，更に納税者の等級管理も行われています。

① 税務登記義務

　企業は，企業所得税及び増値税等を所管する国家税務局，並びに個人所得税（源泉徴収対象）及びその他地方税を所管する地方税務局への登記が義務付けられています。また，出向者個人は，地方税務局への登記が義務付けられています。

　なお，会社清算に際しては，清算批准後の最初（工商登記抹消の前）の手続として，税務登記の抹消（完税証明取得）が義務付けられており，税務登記抹

消後に，工商登記，税関等の登記を抹消することとされています。

② **増値税発票の発行要件としての税務登記**

中国では損金処理及び仕入税額控除のために，増値税発票（税務局作成の正規の税務領収証）の取得が必要とされていますが，一般納税者登記をしている販売者（納税者）のみが，増値税発票を発行することが認められています。

③ **納税者等級管理制度**

税務当局は納税者をAランクからDランクに識別し，ランクに応じた納税者管理を実施しています。

(4) 税務当局の大きな権限

中国では税務当局の権限が非常に大きいことから，慎重に対応することが必要とされています。

① **推定課税権限**

中国税務当局は，PE（Permanent Establishment；恒久的施設）認定課税において推定課税権限を行使することが多いとみられます。

一般に，外国企業のPE課税においては，独立の会計帳簿がないこと（正確な税額計算が困難）等を理由に，収益に対してみなし利益率（15%～50%）を乗じて課税所得を推計する推定課税方式が適用されています。

② **遡及課税権限**

税務当局の誤指導による過少申告に関しては，その税務当局に対して3年間の遡及課税が認められています。なお，税務当局の誤指導の証明責任は納税者が負っています。

2 会社の設立・再編・解散等に係る許認可制から届出制への変更改正と留意点

許認可主義の中国においては，従来，会社の設立，企業再編（持分譲渡，事業譲渡，合併，減資），並びに解散・清算等の重要事項について，審査認可機関（商務部門）による許認可（批准）の取得が要求されていました。しかし，2016年10月1日の変更改正により，ネガティブリスト対象業種以外の外資企業に関しては，（登記）届出制に変更され，許認可は不要となっています。

しかしながら，中国では中央政府の方針と地方の現場対応が異なることがあります。届出制への改正は商務部門当局の権限縮小を意味することから，現地の商務部門担当者がどのように実務対応（実質的な事前承認指導等）をするかが不明であり，慎重に対処することが必要です。

さらに，商務部門の審査・認可が消滅したことにより，工商行政管理局の登記審査が厳格となる可能性にも留意する必要があります。また，解散・清算，持分譲渡，合併，事業譲渡等の組織再編，並びに増減資に対する税務審査は一層厳格化すると考えられます。

3 税務関連の制度リスク

時価評価及び海外送金に関しては，税務上の措置との関連で留意する必要があります。

(1) 中国資産評価制度の留意点

合弁相手が中国国有企業に関係する場合，合弁企業の合弁相手持分の買取りに際しては，国有資産評価管理規則に基づき，国有資産評価資格事務所による資産評価の実施及びその資産評価に基づく譲渡価額の設定（評価結果の上下10％以内）が要求されています。

また，国有企業以外の中国私有企業との合弁における持分譲渡においても，税務当局が，時価取引判定資料として資産評価報告書の取得を要請することがあります。

国有資産の評価は，a）収益還元価値法，b）再調達原価法，c）市場価格法，d）清算価格法，の諸方法の適用結果に基づいて実施されます。

(2) 海外送金における中国外国為替管理規制の留意点

中国の外国為替管理は税務管理（税務当局による海外送金取引の妥当性判断）と融合している点に特徴があり，通関を経ない非貿易取引対価の1回当たり送金が50,000米ドルを超える決済に際しては，事前の税務届出（受領印取得）が必要とされています（2013年総局・外為公告40号）。なお，2013年8月末までは，1回当たり送金が30,000米ドルを超える非貿易取引の決済に際して，事

前の税務登記（承認）が必要とされており（2008年国税発122号，2008年匯発64号，2009年匯発52号），一部緩和されたものの，昨今，海外送金に対する送金管理が厳しくなっているようです。

項目	税務届出対象の中国税金		事前（登録）要件／留意点
	企業所得税	増値税等	
ロイヤルティー（使用料）	10%源泉課税	増値税6％（※付加費）	ライセンス契約の登録義務（技術ライセンス契約：商務部門）（商標ライセンス契約：商標局）（システムライセンス契約：版権局）
役務提供	PE課税（6ヶ月超，推定課税方式）	増値税6％（※付加費）	税務届出表の提出※PE認定により個人所得税183日免税ルールは不適用（即時課税）
受取利子	10%源泉課税	増値税6％（※付加費）	外国借入金の外債登記義務※外債未登記は返済及び利息支払も不可
受取配当	10%源泉課税	非課税	租税条約優遇適用申請要請あり

※増値税額を課税標準として，別途付加費（都市維持建設税（1％，5％，7％），教育費付加（3％），地方教育費付加（2％））が付加されます。

4 中国投資における諸制度のリスク概要

中国子会社の運営に際しては，中国投資制度に起因する下記の制度リスクの概要について十分理解しておくことが重要です。

ネガティブリスト対象業種以外の外資企業に関しては，2016年10月1日より届出制に改正され，許認可は不要となりました。なお，地方の現場対応が異なる可能性もありますので，慎重な対処が必要と考えます。ただし，登記は従前通り必要です。

中国の諸制度	制度の趣旨（政策）	投資撤退・縮小におけるリスク事例
投資制度	●許認可主義（ネガティブリスト業種に対象縮減） ●中国内資企業保護	●投資プロジェクトの登記，ライセンス契約登録，他 ●重要事項決議の董事会全員一致要求
土地制度	●土地使用権の付与 ●建物と土地使用権の同時処分	●所有権は国家に帰属し，土地処分に制限あり ●建物単独の登記，処分は不可
労務制度	●労働者保護（社会主義国家）	●整理解雇等，大量解雇手続の適用の困難性
国有資産評価	●国有資産の価値保全 ●企業間取引価格の決定拘束	●処分価値に拠らない高い評価（再調達法等の適用） ●税務当局による時価取引認定を利用
外国為替管理	●海外送金規制	●税務局の実質承認による送金規制
税務制度	●外資企業徴税強化	●清算税務登記抹消における厳格な税務調査 ●企業再編税制における課税繰延の厳格要件

5　中国の外資企業に対する事業規制

　中国投資における事業運営に際しては，以下の制約（リスク）についても十分理解しておくことが重要です。

	中国	参考：日本
業務範囲	営業許可証に限定列挙 （事業（Project）が認可対象）	任意 （定款に例示列挙）
支店設立	金融機関以外の外国企業は認可取得困難	任意
中古設備の輸入	制限あり（厳格評価の実施）	任意
技術ライセンス契約	ロイヤルティー料率（実質）上限5％ （ライセンス契約登録義務⇒審査認可時規制）	任意

外国人就業許可制度（就労ビザ発給）（出向／駐在員の制限）	A類：ハイレベル（高度）人材（発行制限なし） B類：専門人材（市場受給により発行制限） C類：一般人材（関連規定に基づく発行制限） ※60歳以上及び非大卒者のビザ取得は困難	企業内転勤の就労ビザ取得は容易

6 中国合弁子会社に係る制度リスクと留意点

中国合弁企業法には，中国側合弁相手に有利な条項が規定されていることに留意する必要があります。すなわち，中国会社法では認められている資本多数決の原則が，特別法（優先適用）である中国合弁企業法では認められていません。

(1) 中国合弁企業の決議機関の特徴

最高意思決定機関である董事会の決議は董事多数決制が適用されており，特に組織変更に係る重要事項は，董事全員一致決議が要求されています。なお，中国側合弁相手は出資額にかかわらず最低1人の董事を選出する権利が保証されているため，重要事項の決議には中国側の同意が必要とされ，同意を得られない場合，日本企業の意思を実行することができないこととなっています。

	中国	参考：日本
最高意思決定機関	董事会	株主総会
業務意思決定機関	董事会	取締役会
決議方法	董事多数決（資本多数決は不適用）	株主総会：資本多数決 取締役会：取締役多数決
成立要件	3分の2以上の出席	過半数出席
重要事項の決議要件	全員一致（解散，増資，営業譲渡，定款変更等）	特別決議（3分の2以上）

(2) 中国合弁企業の業務執行機関の留意点

中国では，業務執行機関は高級管理職として董事会により選解任されることとなっています。

	中国	参考：日本
業務意思決定機関	董事会	取締役会
業務執行機関	経営管理機構	取締役会
業務執行責任者	総経理	社長（支配人）
執行機関の構成員	高級管理職：総経理，総工程師，総会計師	社長（支配人），工場長，財務部長
構成員の任免機関	董事会	取締役会

(3) **董事長と総経理の権能**

総経理職は業務執行責任者であり，董事長と異なり会社を代表する権限は有していません。

	中国	参考：日本
法定代表者	董事長	代表取締役
業務執行責任者	総経理	社長（支配人）
注意事項	董事職を兼任しない総経理は日常業務執行者に過ぎず，経営参画権を有しない	代表取締役社長は業務執行者地位と代表者地位を有する

第2章

中国のBEPSと租税回避への対応

　中国国家税務総局（SAT；State Administration of Taxation）は，OECDのBEPS（Base Erosion and Profit Shifting；税源浸食及び利益移転）プロジェクトへの対応を機に，グローバルな国際課税ルールとの整合性の確保に留意すると共に，国外取引への徴税強化を図っており，親会社である日本企業としても，中国子会社との取引及び契約内容，価格の妥当性及び一貫性等に関して，確認及び適切な対応が必要となっています。

1 BEPSの概要

(1) Base Erosion and Profit Shifting （税源浸食及び利益移転）

　BEPSとは，多国籍企業による各種の国際的な税務プランニングの利用等から生じる租税負担の極小化とそれに伴う公平性の問題等への対応として，G20の意向を受けて発足したOECD（Organization for Economic Co-operation and Development；経済協力開発機構）のプロジェクトです。

　BEPSでは，各国税法上問題のないとみられる取引であっても，各国の税制の違いの利用により税源浸食又は利益移転が生じる取引にも広く焦点を当てています。

(2) 経　緯

　2012年6月BEPSプロジェクトが発足し，以下の主要課題が取り上げられました（2015年10月最終報告）。
- ハイブリッド事業体・商品への各国の取扱いの差異
- インターネットでの商品及び役務の取引から生じる利益への条約適用
- 関連会社間での金融取引に関する税務上の取扱い

- 移転価格：リスク，無形資産移転，関連会社間の資産の人為的分割や特異な取引
- 一定の活動に関する有害な優遇制度の利用

(3) 15のBEPS行動計画
① デジタルエコノミー（電子商取引）に係る税務上の課題への対応
② ハイブリッド事業体・商品によるミスマッチアレンジメントの解消
③ 海外子会社（CFC；Controlled Foreign Company）合算税制の強化
④ 利子，金融費用の損金算入による税源浸食の制限
⑤ 有害な税務実務への透明性と実態を考慮した効果的対応
⑥ 租税条約の濫用防止
⑦ 人為的なPE（Permanent Establishment）課税回避の防止
⑧ 移転価格の結果に関する価値創出（無形資産）との整合性確保
⑨ 移転価格の結果に関する価値創出（リスクと資本）との整合性確保
⑩ 移転価格の結果に関する価値創出（高リスク取引）との整合性確保
⑪ BEPSに係るデータ収集及び分析手法，並びに対応手段の確立
⑫ 納税者に対する挑戦的税務プランニングの開示義務化
⑬ 移転価格文書化の再検討
⑭ 紛争解決メカニズムの有効性向上
⑮ 多国間の仕組の構築

(4) BEPS行動計画の概要
行動1：電子商取引課税
　電子商取引による他国からの遠隔販売，遠隔役務提供等の経済活動の可能性に鑑み，電子商取引に対する直接税・間接税の取扱いに係る検討報告書を作成
行動2：ハイブリッドミスマッチの効果の無効化
　金融商品，事業体に関する複数国間の税務取扱いの差異（ハイブリッドミスマッチ）を利用した税負担軽減問題に対して，無効化措置（国内税法）の勧告及びモデル条約の策定
行動3：外国子会社合算税制の強化

外国子会社合算税制に関する，各国が適切に導入すべき国内法基準の勧告の策定

行動4：利子等の損金算入による税源浸食の制限

支払利子等の損金算入制限措置に関する各国が適切に導入すべき国内法基準の勧告の策定

行動5：有害税制への対抗

透明性及び実質的活動等の観点からの不透明なルーリング及び優遇税制の審査

OECD非加盟国等への有害税制対応関与の働きかけ

行動6：租税条約の濫用防止

個人・法人による租税条約特典の不当な享受，濫用を防止するモデル条約，国内法の勧告策定

行動7：恒久的施設（PE）認定の人為的回避の防止

人為的なPE認定回避を防止するための租税条約上のPE定義の変更

行動8：無形資産－移転価格税制（ガイドライン改訂）

親子会社間の特許等無形資産移転によるBEPS防止ルールの策定

評価困難な無形資産の移転に関する特別ルールの策定

行動9：リスクと資本－移転価格税制（ガイドライン策定）

親子会社間のリスク移転及び資本の過剰配分によるBEPS防止国内法の策定

行動10：他の租税回避可能性の高い取引－移転価格税制（ガイドライン策定）

非関連者間で稀有な取引及び管理報酬支払等への関与によるBEPS防止国内法の策定

行動11：BEPSの規模，経済効果の指標のOECDによる集約，分析方法の策定

行動12：タックスプランニングの報告義務

タックスプランニングの政府への報告義務（国内法）の勧告の策定

行動13：移転価格関連の文書化の再検討

移転価格税制文書化規定の策定

多国籍企業への，国ごとの所得，納税額配分情報の共通様式による報告義務化

行動14：相互協議の効果的実施

国際税務紛争の相互協議，仲裁による効果的解決方法の策定
行動15：多国間協定の開発
　BEPS対策措置の有効性確保のための多国間協定の課題分析
　その後の多国間協定の開発

(5) BEPS行動計画の分類

Substance（実質課税） 国際課税ルール趣旨と 実態課税	Coherence（統一性） 全世界レベルの 課税整合性確保	Transparency（透明性） 確実性と 予測可能性の確保
①電子商取引 ⑮多国間協定の開発		
⑥租税条約濫用の防止 ⑦PE認定の人為的回避の防止 ⑧TP：無形資産 ⑨TP：リスクと資本 ⑩TP：他の租税回避リスクの高い取引	②ハイブリッドミスマッチ効果否認 ③外国子会社合算課税 ④利子等損金算入による税源浸食 ⑤有害税制への対応	⑪BEPSの経済分析 ⑫タックスプランニングの報告義務 ⑬TP文書化の再検討 ⑭相互協議の効果的実施

2　BEPS（税源浸食及び利益移転）の税務問題へのSAT基本方針

　中国政府のBEPSに対する基本スタンスは「参考とするが準拠しない」であることに，外資企業は十分留意する必要があります。

(1) **中国国家税務総局が重大と考える税務問題**

　中国国家税務総局（State Administration of Taxation，以下「SAT」）の国際税務責任者は，OECDのBEPSプロジェクト第一次提言に対するコメント発表時（2014年9月）に，SATが重大な税務問題と解する下記の15項目を挙げて，徴税強化を示唆しているため，中国進出日本企業としては，中国におけるBEPS対応の税務リスクに対して十分配慮する必要があります。特に＊印の項目には細心の注意が必要と考えます。
　①　BEPS（税源浸食及び利益移転）
　②　二重もしくは多重の課税回避

③　アグレッシブ（挑戦的）タックスプランニング
　④　透明性に欠ける税制
　⑤　経済的実質を伴わないホールディングストラクチャー及び取引アレンジメント
＊⑥　不適切な費用の控除
＊⑦　単一機能／単純機能しか有しない中国子会社における損失計上
　⑧　租税条約の濫用
＊⑨　合理性を有しない過大評価された無形資産
＊⑩　価値創出機能及び価値創出貢献と無関係な報酬
＊⑪　収益率の低いハイテク企業
　⑫　中国市場の特殊性に対する不十分な配慮
　⑬　海外事業体から中国子会社への損失移転
　⑭　データ／情報／資料の提出拒否
　⑮　租税回避を目的としたハイブリッドミスマッチ・アレンジメント

(2) BEPS対応中国 Action Plan

　SATのBEPS作業部会は，2014年9月にBEPSへの対応をすべく下記Action Planを公表しました。
①　租税回避スキームに関する租税管理の強化
②　国際的税法規の策定（BEPS等の国際プロジェクトへの参加）
③　BEPSを考慮した国内税制の改正
　a）　一般的租税回避防止規定の指針策定（実施済）
　b）　特別納税調整実施弁法（国税発2009年2号）の改正（2015年9月に意見募集稿発表するも一部未施行）
　　　事実上，関連申告及び同時文書に関するTP公告（2016年）42号及び特別納税調査調整及び相互協議に関するTP公告（2017年）6号を発遣することにより主要項目の適用を開始しています。
　c）　税収徴収管理法の改正（2017年9月時点未了）
④　2015年以降の租税条約／移転価格交渉に関する新国際基準採用（BEPS等）
⑤　多国間協定への参画

⑥ 情報交換制度(租税管理)の改善

3 BEPS税務リスクに対する中国SATの課税方針

中国SATは自国の課税権を強く主張しており,BEPSプロジェクトにおいては特に,移転価格(無形資産等)の現地価値創出と対価の関係に強い関心を持っていると解されます。

BEPS行動計画	中国SATの対応		
	15項目の課税強化	長期税務調査項目	TPガイドライン案(TP公告42号及び6号)
1.電子商取引課税	ー	ー	ー
6.租税条約濫用	⑧租税条約濫用	ー	ー
7.人為的PE回避	①人為的PE回避	ー	ー
8.TP:無形資産	⑨無形資産過大評価 ⑩価値創出と対価 ⑪低収益ハイテク企業 ⑫中国市場の特殊性	●ロイヤルティー支払 ●中国子会社貢献 ●ライセンスの陳腐化	第6章無形資産(TP公告6号30条〜33条)
9.TP:資本とリスク	⑤経済実態乖離取引	ー	第11条過少資本の管理(TP公告6号4条)
10.TP:高リスク取引	⑥不適切費用の控除 ⑦単機能子会社利益 ⑬海外から損失移転	グループ内役務提供 ●管理費,重複業務他	第7章関連者間役務(TP公告6号34条〜37条)
12.挑戦的タックスプランニング	③挑戦的タックスプランニング	ー	ー
13.移転価格文書	ー	ー	第3章同時文書(TP公告42号)

4 BEPS第一次提言に対する中国SATの反応と実施対応

中国SATは2014年9月のBEPS第一次提言に対して,以下のような反応及び対応を実施していますので,これにより中国SATの基本スタンスを理解することができます。

BEPS行動計画1:電子商取引課税	中国SATコメント／対応
ⅰ)課税上の課題 ① 物理的拠点を有しない電子取引に係る恒久的施設(PE)の定義 ② 顧客等データ大量収集からの経済的利益 　(顧客所在地国での課税関係) ③ クラウド・サービス等の新ビジネスモデル所得の適用分類 ④ B2C(企業・消費者間)取引における流通税の徴収確保 ⅱ)報告書の概要 ① 電子商取引特有のBEPSは存在せず,他の行動計画(3.海外子会社合算税制,7.PE認定回避の防止,8.～10.移転価格税制)にて対応可能 ② 付加価値税(間接税) 　B2B取引:課税地は顧客所在地国(リバースチャージ方式) 　B2C取引:課税地は顧客居住地国(外国企業事業者登録) ③ 直接税の課税見直しは保留	ⅰ)国家間の利益相反問題 　参加国間の利益相反による困難性の指摘 ⅱ)中国の課税権 　グローバル・バリューチェーンにおける中国の正当な課税権の根拠及び認識

BEPS行動計画6:租税条約の濫用防止	中国SATコメント／対応
ⅰ)租税条約濫用対応の検討事項 ① 条約恩典不適切付与の防止のためのモデル条約及び国内法策定 ② 租税条約が二重非課税を意図するものでない旨の明確化 ③ 租税条約締結時に考慮すべき政策的要素の提示 ⅱ)報告書の概要 ① 濫用防止措置の勧告 　租税条約濫用防止のための最低限必要な措置の勧告 　a)租税条約前文への明記 　　条約漁り,二重非課税創出,租税回避・税負担軽減	ⅰ)濫用防止策 　濫用防止策として特典制限規定の法制化実施 ⅱ)主要目的テスト 　主要目的テストの必要性認識

を目的としない
b) 濫用防止規定の設定
特典制限（LOB；Limitation on Benefit）及び主要目的テスト（PPT；Principal Purpose Test）組合せ濫用防止規定の設定
② モデル条約コメンタリーの追加案の提示
政策的考慮事項のモデル条約コメンタリー追加案の提示
ⅲ）今後の作業
① 関連するモデル条約及びコメンタリーの精査
② 濫用防止措置の実施，投資ビークルへの条約適用の検討継続

BEPS行動計画7：PE認定の人為的回避の防止	中国SATコメント／対応
ⅰ）課税上の課題 代理人PEの要件に該当しない販売委託契約の利用，PE非該当活動のみの実施によるPE認定の人為的回避への対処	ⅰ）（従属）代理人PE 従属代理人範囲を広く，独立代理人範囲を限定的に定義
ⅱ）報告書の概要 ① 代理人PE（コミッショネア）：PE認定範囲の拡大 a) 企業の名における契約 企業の物品販売契約，企業の役務提供契約 b) 代理人による契約締結 代理人が契約に繋がる主要な役割を担うこと c) 独立代理人（代理人PEの例外） 除外：専ら関連企業のためのみの代理人業務 ② PEの例外（準備的，補助的業務） a) 全PE非該当業務につき，準備的又は補助的性質に限定 もしくは， b) 引渡し，情報収集，物品等の購入は準備的・補助的活動に限定 ※主要目的テスト（PPT：Principal Purpose Test）適用の可能性（契約分割によるPE認定回避対応の防止）	ⅱ）非課税PE 準備的，補助的業務内容の明確化 ⅲ）同一工事PEの判定 ビジネス上の関係（同一企業による同一現場請負）又は地理的同一性を有する複数の契約プロジェクトを一体として判定

BEPS行動計画8：TP－無形資産	中国SATコメント／対応
ⅰ）無形資産と移転価格の関係 ロイヤルティー課税回避防止ルールの必要性 軽課税国子会社への無形資産移転による課税回避防止ルール策定の必要性 ⅱ）報告書の概要	ⅰ）中国内価値創出の認識 中国での価値創出及びロケーションセービングに関心

① 無形資産の定義新設 「有形資産・金融資産でなく，商業目的にて所有・支配することができ，比較可能な独立当事者間取引において，その使用又は移転により対価を生ずる資産」 ② 移転及び使用に関する価値創造に沿った利益配分 a) 法的所有権のみでは収益分配資格は必ずしも有さず，無形資産開発等（開発，改善，維持，保護，使用）の重要機能を果たす必要あり b) 無形資産開発リスクを負う企業には管理，財務能力が必要 c) 資金提供のみ（利用関連機能なし）の企業は利益分配制約 d) 無形資産評価へのDCF適用ガイダンスの拡充 ③ 評価困難な無形資産 予測便益と実際利益の一定以上乖離時に実現値に基づき評価	ⅱ) 価値創出貢献の評価 委託研究報酬のコストプラス計算に対する懸念 ⅲ) 無形資産の評価方法 科学的アプローチ（インカムアプローチ等）採用検討 TP公告6号＆TPガイドライン案 ⅰ) 価値創出貢献の評価 貢献評価に基づく対価確定 ⅱ) 使用料の経済合理性 支払使用料と経済的利益の整合性確保 ⅲ) 貢献のないIP所有者への支払 名目所有者への支払使用料の損金不算入
BEPS行動計画10： **TP－低付加価値グループ内役務提供（IGS）**	**中国SATコメント／対応**
ⅰ) 他の租税回避の可能性の高い取引に係る課題 ① 取引単位利益分割法（PS法）の適用の明確化 ② グループ内役務提供（IGS）に関するBEPS対応 ③ クロスボーダーのコモディティ取引に関するBEPS対応 ⅱ) 報告書の概要 ① 取引単位利益分割法（PS法）の適用の明確化 2017年上半期にガイダンス改訂作業終了予定 ② グループ内役務提供（IGS）に関するBEPS対応 管理費用（management fee）及び本社費用（head office expense）等の支払によるBEPS防止を目的とし，低付加価値IGSに関して，支払国課税の保護に配慮しつつ，選択適用が認められる簡素化アプローチ（費用に一定の利益マークアップ率適用）等に係るガイダンス策定 ③ クロスボーダーのコモディティ取引に関するBEPS対応 ●コモディティ取引は一般的に独立価格比準法（CUP法）が適切	TP公告6号＆TPガイドライン案 ⅰ) 独立企業間取引原則適用 ⅱ) 関連証明資料の準備要求 ⅲ) ペーパーカンパニー支払の損金不算入 ⅳ) 非受益性役務に係る支払の損金不算入 ① 企業業務との非関連役務 ② 株主活動役務 ③ 重複活動役務 ④ 具体性のない役務 ⑤ 他関連取引回収済の役務 ⑥ 有用性（便益）のない役務

● コモディティ取引の価格基準日の決定に新指針を規定
ⅲ）討議草案（2014年11月） ① 低付加価値IGSの定義 ② 株主活動，重複業務の明確化 ③ 低付加価値IGSのマークアップ（利益加算） ④ 低付加価値IGSの適切な費用配賦方法 ⑤ 低付加価値IGSの簡略な便益テスト ⑥ 独立企業間価格の簡略確認に関する文書作成
ⅳ）移転価格ガイドライン第7章IGSに対する特別の配慮に係る改定案 ① IGS実施の確認 　便益テスト，株主活動，重複，偶発的役務，役務の集中化，報酬形態 ② 独立企業間報酬の決定 　報酬の取決め，直接的請求，間接的請求，算定 ③ IGSの設例 　低付加価値IGS（定義，費用集計，配賦，利益加算，文書化）
ⅴ）低付加価値IGSの定義（特徴）：下記全てを充足 ① 補助的な性質 ② 中核事業に係るものでない ③ 無形資産の使用，創出に関係しない ④ 重要なリスクを生じない
ⅵ）低付加価値IGSに該当する可能性の高い活動 ① 会計，監査，② 買掛金，売掛金の処理・管理， ③ 健康，安全，環境のモニタリング，データ集計， ④ グループの主要活動の一部を構成しないITシステム， ⑤ 連絡，広報支援，⑥ 法務，税務， ⑦ 一般的管理，事務活動
ⅴ）低付加価値IGSに該当しない（高付加価値）活動 ① 中核事業に関係する役務，② 研究開発活動， ③ 販売，マーケティング，物流，④ 財務業務， ⑤ 天然資源の採集，探査，処理， ⑥ 保険，再保険業務，⑦ 上級管理職
ⅵ）独立企業間取引価格の簡便法：算定過程 ① 提供企業のコスト集計 　グループ企業全体の年間費用から特定費用を除いた配賦を対象 ② 役務提供費用の配賦

①の集計費用を合理的配賦基準に基づき配賦 ③　マークアップ（利益加算）の設定 　　低付加価値IGSに適正マークアップ（セーフハーバー，2％～5％(※)） 　　※最終報告書ではマークアップ率は5％とされている。 ④　請求額の計算 　　提供先企業特定の費用及び配賦費用の合計額（利益加算後）	
ⅶ）便益テスト 　　IGS提供は商業上の地位向上のための経済的価値提供の有無に関係	
ⅷ）移転価格文書の準備 ①　低付加価値IGSの概要 　a）低付加価値IGSの該当理由，b）当該役務提供の合理性，c）関連者の便益，d）費用配賦方法の合理性，e）マークアップ ②　契約書 ③　対象費用の集計方法 ④　配賦計算	

BEPS行動計画13： 移転価格関連の文書化再検討	中国SATコメント／対応
ⅰ）マスターファイル ①　多国籍企業の組織 ②　多国籍企業の事業説明 ③　多国籍企業の無形資産（開発,所有,活用戦略の概要） ④　グループ内金融活動 ⑤　多国籍企業の財政状態及び納税状況 ⅱ）ローカルファイル ①　対象事業体（事業概要，他） ②　関連者間の種類別取引（輸出入，役務提供，ライセンス） ③　財務情報（財務諸表，他） ⅲ）国別報告書 ①　税務所轄地，②　総収入，③　税引き前利益， ④　法人税（納税額），⑤　未払法人税，⑥　資本金， ⑦　従業員数，⑧　有形資産額等	ⅰ）更なる情報開示要求 　　利益，ロイヤルティー，サービスフィー等の更なる情報開示要求の可能性を示唆 ⅱ）TP公告42号 　　関連申告及び同時文書化管理規定の発遣 （企業所得税申告書別表への関連会社間ロイヤルティー，IGS等の情報記載を規定 (2014年公告63号)

第3章

中国税務行政の税務リスク

　中国における税務リスクのマネジメントにおいては、中国税務行政に対する十分な理解が不可欠です。

1　中国税務行政のポイント

(1) **徴税体制（分税制）**
＜主要税金の所管分類＞

所管税務局	国家税務局		地方税務局	
財政	中央税	共通税	地方税	共通税
所得税	－	企業所得税 （国60％，地方40％）	－	個人所得税 （国60％，地方40％）
流通税	消費税	増値税 （国50％，地方50％）	－	－
その他	－	－	印花税 土地増値税	－

(2) **外国企業に対する徴税管理強化**

　中国政府は2008年のリーマンショックに対応する財政出動財源確保のために、集中的に下記のような外資企業に対する徴税強化規定を公布、発遣しました。今般の景気停滞期においても、税収財源確保のために税関当局を含め外資企業に対する徴税強化が図られています。

（課税関連通達）
① 「租税条約に係る配当条項の執行に関する通達」（2009年国税函81号）
　（優遇措置適用受益者に関する規定，他）

② 「国外機構の中国国内企業人員派遣サービスに係る企業所得税徴収状況の調査に関する通達」(2009年際便函103号)
(出向者PEの実態調査要領)
③ 「租税条約の(特許権)使用料条項の執行問題に関する通達」(2009年国税函507号)
「租税条約関連条項の執行問題に関する通達」(2010年国税函46号)
(専有技術使用料及び技術サービスに関する規定,他)
④ 「租税条約における"受益権者"に係る解釈及び認定に関する通達」(2009年国税函601号)
(受益者定義に関する規定,他)
⑤ 「非居住者企業の持分譲渡所得に係る企業所得税管理強化に関する通達」(2009年国税函698号)
(間接持分の譲渡益課税に関する規定,他)
⑥ 「外国企業駐在員事務所税収管理暫定弁法」(2010年国税発18号)
(駐在員事務所の原則課税に関する規定,他)
⑦ 「非居住者企業所得税の査定徴収管理弁法」(2010年国税発19号)
(外国企業の課税方法及びみなし利益率に関する規定,他)
⑧ 「中国シンガポール租税条約の解釈通達」(2010年国税発75号)
(PE認定規定等を含む条約全般に関する解釈規定,他の租税条約への準用の規定あり)
⑨ 「特別納税調査調整及び相互協議手続に関する管理弁法」(2017年総局公告6号)
(関連者間の無形資産ライセンス及び役務取引の取扱いの明記)

(徴税管理関連通達)

① 「非居住者の工事請負及び役務提供に関する税収管理暫行弁法」(2009年総局令19号)
(外国企業税務登記管理に関する規定,他)
② 「サービス貿易等の対外的支払に係る税務証明の発行管理弁法」(2008年国税発122号,2013年9月廃止,現在は2013年総局・外為公告40号適用)
(非貿易取引送金の税務証明(現在は届出)に関する規定,他)

③ 「非居住者企業に係る所得税の源泉徴収管理暫行弁法」(2009年国税発3号)
　(外国企業取引の源泉徴収に関する規定，他)
④ 「非居住者企業の（企業）所得税の確定申告管理弁法」(2009年国税発6号)
　(外国企業取引の申告納税に関する規定，他)
⑤ 「一部の国（地域）の税収居住者証明様式の公布に関する通達」(2009年国税函395号)
　(居住者証明様式に関する規定)
⑥ 「非居住者の租税条約優遇の適用に係る管理弁法（試行）」(2009年国税発124号)
　(租税条約優遇措置適用に関する規定，他)
⑦ 「関連申告及び同時文書化管理の完備に係る関連事項に関する公告」(2016年総局公告42号)
　(マスターファイル，ローカルファイル及び特殊事項ファイルの記載内容の規定)
⑧ 「特別納税調査調整および相互協議手続に関する管理弁法」(2017年総局公告6号)
　(相互協議に関する規定)
⑨ 「事前確認制度（APA）の改善事項に関する公告」(2016年総局公告64号)
　(APAに関する規定)
⑩ 「非居住者企業の所得税源泉徴収関連問題に関する公告」(2017年総局公告37号)（外国企業取引の源泉徴収に関する規定)

(3) 中国税制度のリスクと注意点
① 挙証責任の納税者帰属（納税者不利）
　中国の税制度の留意点としては，挙証責任が納税者に帰属しており，税務当局による過少申告，課税漏れの指摘に対して，納税者が当局に適切に説明，説得できなければ課税されるリスクがあります。すなわち，中国税収徴収管理法及び企業所得税法には日本の法人税法第130条に規定される更正理由の付記義

務が規定されていないので，更正理由が明記されることなく，課税根拠条文のみが記載された課税通知が発行されることがあります。また，納税者の反論，質問への回答もなく，一方的に課税通知が発行されることもあります。

② 税務当局判断に係る宥恕規定

税務当局の誤指導（責任）により，過少納付が生じた場合における本税の3年間遡及追徴が認められており（税収徴収管理法52条1項），この場合の税務当局の誤指導（責任）事実の挙証責任も，納税者に帰属します。

③ 重いペナルティー

中国では，延滞金及び加算税が非常に重く，延滞金は年率18.25％であり，日本のように1年経過後の更正処分等に係る控除期間の規定はありません。また，加算税は50％から500％までと規定されており，税務当局の裁量余地が大きいため，税務当局との交渉には慎重を期す必要があります。

2　中国徴収管理体制（徴収管理法）

税務局が課税，徴収する全ての税金（所得税，流通税等）が適用対象とされる中国税収徴収管理法に関しては，下記の事項に留意する必要があります。

なお，中国では脱税（租税法規違反行為）告発に対しては，告発者の秘密が保持されると共に，報奨金が給付されることになっています。

(1)　税務登記

① 企業の税務登記

中国では，現地法人（居住者企業）及び支店，駐在員事務所（非居住者企業）ばかりでなく，一般的にPE（恒久的施設）に関しても，臨時の税務登記が必要とされます。

② 外国人の個人税務登記

外国人に関しては，出向者（居住者）ばかりでなく，非居住者（183日超滞在者及びPE関与出張者）に関しても，税務登記が必要となります。

③ 非居住者税務登記の留意点

非居住者としての税務登記をしていない場合には，源泉徴収を除き，申告納税をした中国税金に関する日本における外国税額控除適用のための企業名もし

くは個人名の納税証明書の取得が困難となります。
④ 税務登記の抹消
　企業に税務登記抹消となる状況（解散・清算）が生じた場合には，工商行政管理局登記の抹消前に抹消登記を行います。すなわち，納税者の解散，破産，営業取消等により法的に納税義務が終了した場合には，工商行政管理局登記の抹消前に，関係証明書を提出して税務登記の抹消を行わなければなりません。
　納税者は税務登記の抹消前に税金，滞納金，罰金等を清算し，発票（税務領収証）及びその他税務証書を税務当局に返還します。

(2) 帳簿・伝票の管理
① 財務会計制度（社内規定）
　生産・経営に係る納税者（作成）の財務会計制度もしくは財務会計処理規定，並びに財務会計ソフトを税務当局に提出（報告・記録）します。
② コンピューター会計
　納税者及び源泉徴収義務者がコンピューターによる帳簿作成を行う場合には，会計システムの会計計算ソフトウェア，使用説明書及び関係資料を事前に所轄税務当局に提出，登録しなければなりません。
③ 税額計算機器（税源コントロールシステム）の導入
　税務機関は徴税管理の必要性に基づき税額計算機器の導入を推進しています。納税者は当該機器の毀損，改造は認められません。
④ （税務）領収証（発票）の管理
　（税務）領収証の印刷，購入，発行，受取，保管，取消は税務機関が主管します。
　組織及び個人は商品売買，役務の授受，その他経営活動に際して（税務）領収証を発行，使用，受け取るものとされています。
⑤ 帳簿等の保存義務
　帳簿，伝票，納税証明及びその他の関連資料の保存期間は10年間とされています。

(3) 徴収管理
① 延滞金
　滞納額に対して1日当たり0.05％（年率18.25％）の延滞金が課されます。延滞金の算定期間は，法定納付期限から実際納税日までの期間とされます。
② 完税証明（納税証明書）の発行
　税務当局が税金を徴収した場合は，納税者に対して必ず完税証明（納税証明書）を発行します。

(4) 推定課税権限
　納税者が下記状況に該当する場合には，税務当局は納税額を査定〔推定〕できるとされています。
① 法令に基づき帳簿不設置の認可を受けている場合
② 法令により要求されている帳簿を設置していない場合
③ 帳簿の無断廃棄もしくは納税資料提出拒否の場合
④ 帳簿は設置されているが，帳簿の不備及び入出金伝票の整理不充分により帳簿審査が困難な場合
⑤ 税務当局の指定する納税期限内に申告が行われない場合

(5) 税額の査定
　申告課税所得が著しく低く，合理的理由がない場合の査定方法は下記のいずれかが選択適用されます。
① 同地域の同業種，類似業種で経営規模及び収入額が近似する納税者の負担税額の水準に基づく査定
② 原価に合理的費用及び利益を加算しての査定
③ 消費した原材料，燃料，動力等からの査定
④ その他の合理的方法による査定

(6) 移転価格税制関連規定（関連企業間取引の調整）
　企業及び外国企業が中国国内に有する生産・経営に従事する機構，場所〔事業所〕の関連企業との間で行う取引は，独立企業間の取引として収入費用の収

受を行うこととされています。したがって，独立企業間取引としての収入費用とならない場合には，税務当局は合理的調整を行う権限を有します。

(7) 納税者の納税信用等級管理

税務機関は納税者の納税信用等級（税務遵守レベル）の査定を行い，これに基づき税務管理します（「納税者信用等級評価管理試行方法」の適用）。

すなわち，納税信用等級の評価は税務登記状況，納税申告状況，帳簿・証憑管理状況，納税状況，並びに法律遵守状況の指標に基づきAランク～Dランクに分類され，Aランクを最上級とし，ランクが下がるにつれ税務管理が厳しく適用されます。

① Aランク納税者

税務調査の2年間免除，税務手続処理の迅速化，税務領収証の購入緩和，輸出増値税還付手続きの簡便化等の奨励措置の適用。

② Bランク納税者

税務登記，帳簿及び証憑管理，納税申告，税額の徴収，税額の還付・免除，税務検査，行政処罰等の平常の税収徴収管理の適用。

③ Cランク納税者

税務管理が強化され，法規の厳格適用，重点検査対象，厳格な審査，税務領収証発行の厳格化，増値税仕入控除の厳格化，輸出増値税還付の厳格化等の措置の適用。

④ Dランク納税者

重点監督管理対象とし，税務管理が強化され，かつ，税務領収証の発行停止，輸出増値税還付の停止等の措置の実施。

(8) その他（還付，時効規定）

① 滞納中の納税者の出国

滞納中の納税者もしくは法定代表者が出国する場合には，出国前に税務当局に本税及び延滞金を清算（完納）するか，もしくは担保を提供することになります。

清算もしくは担保提供がなされない場合には，税務当局は出国を管理する機

関に対して出国阻止を通知できるとされています。

② 還付加算金

納税者が課税額を超えて過大納税した場合には，税務当局は速やかに過納分を還付します。

過大納税期間に対応する還付額に加算する利子は，税務機関が還付手続を行う当日の人民銀行が規定する当座（普通）預金の利率に基づき算定されます。

③ 税務局誤指導の遡及追徴期間

税務当局の責任（過失）により，納税者及び源泉徴収義務者による税額未納もしくは過少納税が生じた場合には，税務当局が3年以内（特殊な状況（10万元以上の案件）の場合は5年間）において不足分の納税を要求することが認められます。なお，延滞金の支払を命じることはできないとされています。税務当局の責任（過失）とは，税務当局による租税法規・行政法規等の不当な適用及び違法行為の執行をいいます。

(9) 外資企業に対する連携，合同税務調査（外資企業合同税務調査暫定弁法）

① 複数税務局管内の一斉税務調査

複数の税務局管内で業務に従事する外資企業に対しては，各主管税務機関が同時期に一斉税務調査を実施します。一斉税務調査における組織の編成及び実施の指揮は，税務局管内で省をまたぐ場合には国家税務総局が組織・実施し，市もしくは県をまたぐ場合には省級もしくは市級の税務局が組織・実施します。

② 合同税務調査

同一主管税務局管内で業務に従事する外資企業に対しては，国家税務局と地方税務局が合同で税務調査を実施します。

企業所得税と増値税を同一税務機関が主管している場合には，その主管税務局が合同税務調査を組織・実施します。

⑽　**罰則規定**
①　**脱税の加算税**

　納税者による帳簿，伝票の偽造・変造・隠匿・故意の毀損による費用の過大計上，収益の過少計上，税務通知の無視，及び虚偽申告，未納，過少納付行為は脱税（偸税）とみなされます。

　脱税に対して税務当局は，本税，延滞金を追徴するとともに，未納税額の50％以上500％以下の罰金（加算税）を科します。犯罪を構成する場合は，法により刑事責任を追及します。

②　**輸出還付税額詐取の罰則**

　輸出の虚偽申告等により輸出還付税額を詐取した場合には，税務当局は本税及び延滞金を追徴するとともに，未納税額の100％以上500％以下の罰金（加算税）を科します。脱税行為が犯罪を構成する場合には，刑事責任が追及されます。なお，輸出還付の詐取を行った納税者に対して税務当局は，一定期間輸出還付処理を中止することができます。

③　**納税者の未納・過少納付の罰則**

　生産・経営に係る納税者，源泉徴収義務者が期限内に納税しない場合もしくは過少納付した場合において，指定期限内に納税しない場合は，管理法第40条に従い，強制執行により追徴するとともに，追徴額の50％以上500％以下の罰金を科します。

⑾　**異議申立て（救済措置）**

　納税者，源泉徴収義務者及び納税担保人と税務当局との間に納税上の争いが生じた場合には，まず税務当局の決定に従い税額及び延滞金の納付・還付を行う，もしくは相応の担保を提供し，その後行政再審査を請求できます。なお，行政再審査の決定に対して不服がある場合には，人民法院に控訴できます。

⑿　**その他（附則）**
①　**税務代理人**

　納税者及び源泉徴収義務者は税務代理人にその事務を委託できます。

② **租税条約の優先適用**

中国が諸外国と締結する税金に関する条約,協定(租税条約)と本法の規定に相違がある場合には,当該条約,協定の規定を適用します。

第4章

中国子会社管理の財務リスクマネジメント

1 中国（合弁）子会社運営における財務リスク（事例）

中国合弁子会社においては，下記の財務リスク項目の検証，及び迅速かつ的確な対応が重要です。

項目	課題・原因	対　応
有用財務情報の入手	●経理部門責任者の中国側派遣 ●中国側利益優先の会計処理	●短期：専門家による財務調査の実施 ●中期：日本からの経理担当者派遣
業績不振の分析	●中国側による資産・費用流用 ●中国側事業費用の合弁付替え	●日本側経理担当者の派遣 ●会計専門家による財務調査実施
政府規制強化の確認	●当初から規制に抵触するスキーム採用 ●中国側情報のみによる判断	●法務等専門家による事前コンサルティング ●コンサルティング結果に基づく迅速な事後対応
高い労務比率	●余剰人員（中国側の押付） ●不効率作業（管理体制の不備）	●適正人員数の合意，リストラの実施 ●日本からの生産管理（常駐）指導
社内不正対応	●バックリベート，他 ●中国的慣習による低い認識	●内部統制（罰則／評価）の整備・運用 ●労務精通弁護士の活用

2 中国子会社財務リスクへの対応の要点

(1) 中国（合弁）子会社運営リスクへの基本的対応

中国子会社運営上の問題に対しては，現地の意向を考慮すると共に，現地任

せにせずに日本親会社としても責任を持って関与すること及び正確な状況認識が重要です。

課題の認識	中国現地の対応	日本親会社の対応
兆候を察知する体制の構築	現地スタッフからの情報収集	積極的関与
合弁相手の情報収集	市場，業界情報の収集	親会社を含むHPの定期的閲覧

課題への対応	要点	留意点
日本親会社のコミットメント	現地問合せの対応部署の明確化	継続的関与
専門家の活用	中国特有の商慣習，交渉	社内処理にこだわらない

対政府機関	要点	留意点
所管機関との良好関係の構築	登記制度，許認可主義（一部業種），政府の強い権限	設立から解散まで登記が必要
所管機関との直接的関係の構築	合弁相手でなく日本独自ルート	形式法治，実質人治の国家であることの認識

(2) 営業許可証と関連者間取引の検証

　許認可主義の中国では，事業の範囲は営業許可証に限定列挙された項目に限られることに留意する必要があります。

　特に，中国側合弁相手関係者との関連者間取引については，法規制を遵守して厳格に対応することが重要です。

対象項目	リスク	検証の要点
① 営業許可証と事業実態		
法人の実態が登記と異なる場合	●登記違反の罰則，罰金 ●営業許可証の取消し ●収入の没収	営業許可証，Feasibility Studyの入手及び実際の事業内容との整合の検証
② 中国側合弁相手関係者との関連者間取引		

法人と出資者間の不適切な関係	● 投資後に想定外のコスト,負担の発生 ● 中国出資者による利益相反取引	関連者間取引,契約の内容検証及び全ての関係開示記載署名書面の入手

(3) 中国子会社に対する財務調査の検証の要点

　中国（合弁）子会社に対する財務調査に際しては，少なくとも以下の対象項目，リスク，検証の要点について調査を実施し，評価，対応することが基本的に重要と考えられます。

① 損益計算書項目と製造活動

対象項目	投資，事業リスク	検証の要点
①損益計算書（二重帳簿リスク）		
売上過大計上	● 投資判断のミスリード	出荷記録,債権の現預金回収状況の検証
過少申告（脱税）	● 税金の追徴,過大なペナルティーの発生	税務申告書と決算書の内容の検証
営業報奨金,返品	● 架空売上,押込み販売	売上実態,返品手続きの妥当性の検証
原価計算 （売上原価）	● 事業(利益)評価のミスリード	原価計算（労務費,製造経費の賦課,配賦）の妥当性
②製造活動		
技術・生産管理	● 低い生産性（事業採算改善の障害）	日本技術者の実地見聞による厳格な評価
製品物流 保管	● 過剰在庫の存在,納期遅れ,横領	実地棚卸の立会による検証,受払簿内容の検証
購買	● リベート受領による高額購入（利益圧迫）	相見積,担当者ローテーションの実施による検証

② 貸借対照表項目及び簿外債務

対象項目	投資，事業リスク	調査（レビュー）ポイント
①貸借対照表		

長期滞留債権と貸倒引当金不足	● 事業採算性（投資判断）のミスリード ● 営業担当者の不正	営業債権年齢表作成による管理状況の検証 長期滞留債権の原因分析，対応状況の検証
棚卸資産（滞留）	● 不適切事業計画（投資判断のミスリード）	実地棚卸の立会による検証，原因分析対応による検証
不動産登記	● 不動産処分価値の毀損，追加費用の発生	登記証，契約書等の入手，検証
固定資産評価	● 過大評価による投資負担の増大	再調達原価及び時価情報の入手，検証
減価償却	● 償却費計上調整による資産の過大評価 ● 建設仮勘定の放置による償却費の圧縮	固定資産台帳（償却費計上）内容の検証
②簿外債務		
簿外借入金	事業計画，投資判断のミスリード	資金調達内容の検証
製品保証債務		保証規定及び修繕費計上額の検証
退職経済補償金		未計上経済補償金の見積計算の実施
脱税，未納保険料		税務調査状況，社会保険料納付状況の検証
損害賠償金		弁護士費用支払明細の検証

(4) 人事，研究開発，環境問題及び合弁相手の検証の要点

対象項目	投資，事業リスク	調査（レビュー）ポイント
①人事・労務関係		
労働法規違反	● 労務訴訟による費用負担増	労働法規遵守状況の検証
労働組合との関係	● ストライキによる工場操業への障害	労働組合との関係状況の確認
架空従業員	● 社内不正の温床	従業員名簿，賃金台帳の検証

賃金支払の遅延	● 事業採算性，投資判断のミスリード	原価計算，賃金台帳，従業員名簿の検証
②研究開発		
知的財産権の侵害	● 多大なペナルティー負担の発生	日本技術者による技術内容の厳格な検証
不明瞭な研究費	● 社内不正の温床	開発活動結果（報告書，成果物）の検証
③環境問題		
環境汚染	● 多大な費用及びペナルティーの発生	環境専門家によるリスク評価及び検証
④中国側出資企業		
受注成果の移転	● 売上なき営業コスト負担（採算悪化）	営業活動状況（報告書）等の検証

3 中国子会社に対する内部統制のチェックポイント

(1) 販売に関する内部統制のチェックポイント

業務	管理項目	チェックポイント
①全般	● 職務分掌規程，承認権限の整備	与信管理，売上，請求，入金担当者の独立性
	● 業務マニュアルの整備	フローチャートの作成，更新
	● 営業担当者の業績評価	売掛金回収の重視
②与信管理	● 新規顧客との売買契約の締結	契約書締結・変更の承認手続の適正性
	● 与信情報の入手及び限度額の設定	与信情報及び限度額の適宜見直し
	● 得意先経営悪化への対応の整備	対応マニュアルの作成・運用
③受注	● 受注手続の整備	統一受注文書様式の適用
	● 長期未出荷受注残の定期レビュー	実施結果報告書の作成

④売上計上	●売上計上基準	会計基準は所有権移転時
	●売上データと出荷データの照合	実施結果報告書の作成，売上カットオフの検証
	●返品，リベートの承認手続	返品原因分析の実施
⑤請求	●請求書の発行漏れ有無の確認	確認手続きの実施
	●請求書と出荷データの照合	実施結果報告書の作成
⑥回収	●回収債権の適時消込	請求書（明細）毎の消込の実施
	●得意先との回収（残高）状況の定期確認	実施結果報告書の作成
⑦債権管理	●補助簿と総勘定元帳との定期照合	月次の再調整の実施
	●回収遅延債権のリストアップ	営業担当者への回収指示
	●債権の滞留状況（年齢調査）の実施	実施結果報告書の作成
	●主要取引先への定期的な債権残高確認	残高再調整表の作成

(2) 仕入に関する内部統制のチェックポイント

業務	管理項目	チェックポイント
①全般	●購買業務の権限と責任の明確化	職務分掌規程での明記
	●購買担当者の適宜ローテーションの実施	実施内容の文書化
②購入先選定	●相見積の実施	
③発注	●購入依頼部署による発注手続の整備	購入依頼書等の統一様式の適用
	●発注記録の整備	購入依頼書，見積，契約書，注文書等ファイル
	●納期管理	長期未納発注品の原因分析の実施

業務	管理項目	チェックポイント
④仕入計上	●職務分掌の整備	仕入記帳担当者と検収,管理,出納業務の分離
	●仕入計上基準の妥当性	仕入のカットオフの適正性の検証
⑤支払	●支払伝票の承認手続	実施状況の検証
	●債務支払の適時消込	請求書（明細）毎の消込の実施
	●証票の整理・保管	支払済印の押印,二重払いの防止
⑥債務管理	●補助簿（買掛金,未払金,未払費用等の営業債務）と総勘定元帳との定期照合	月次の再調整の実施

(3) **製造／棚卸資産に関する内部統制のチェックポイント**

業務	管理項目	チェックポイント
①全般	●製造,受払,保管,会計部署の権限と責任の明確化	独立性の確保,職務分掌規程での明記
	●物品の適切な保管	物理的保全の実施
②受払	●物品納入・払出伝票の作成	都度作成
	●在庫の受入・払出のチェック体制	在庫管理者による関与
③保管・管理	●同種物品の同一場所での保管	保管状況の整然性
	●外部保管	受払の区分管理の実施
	●預かり品の保管	自社品との区分保管・管理
	●返品,不良品の保管	良品との区分保管・管理
	●保税倉庫の保税加工手帳による厳格な管理	紛失等の原因究明の実施
④実地棚卸	●棚卸手続の整備	棚卸計画書,棚卸マニュアル等の作成
	●組織的棚卸の実施	事前説明,タグ方式の適用,滞留品の確認
	●実地棚卸結果報告書の作成	帳簿残高との差異調整の実施

(4) 固定資産に関する内部統制のチェックポイント

業務	管理項目	チェックポイント
①全般	●関係部署の権限と責任の明確化	独立性の確保,職務分掌規程での明記
	●不動産の所有権登記	登記証の確認
②検収	●適切な検収手続の実施	検収報告書の作成
	●固定資産の計上	検収報告書等による適時計上
③維持・管理	●固定資産台帳の整備	取得日,取得価額,減価償却方法,耐用年数,保管場所,管理番号,担保等の記載(欄)
	●固定資産台帳と総勘定元帳の照合	差異調整の実施
	●固定資産番号の貼付	貼付状況の確認
	●固定資産の実査	年1回以上の実施
	●建設仮勘定の状況(長期未検収)確認	原因分析及び対応措置の実施
④減価償却	●開始・終了の適正性	使用開始及び使用終了の翌月
⑤除却・売却	●資産売却の社内手続整備	社内承認文書,外部業者との文書保管
	●除却・売却の計上	会計担当者による定期的状況の確認

(5) 現預金に関する内部統制のチェックポイント

業務	管理項目	チェックポイント
①全般	●金銭出納規定の制定	各種手続,職務分掌規程整備
②保管・管理	●現金,小切手,通帳,証書の金庫保管	出納責任者による金庫鍵の管理
	●銀行届出印鑑,社印の金庫保管	金庫鍵の使用帳簿作成
	●小切手の連番管理	小切手帳の購入承認,適切な書損じ処理
③残高管理	●銀行勘定調整表及び承認手続	月次作成,承認状況の確認

第2編

関連会社間取引への徴税強化と税務戦略

第1章

中国投資回収の税務リスクマネジメントの要点

　海外投資においては，不可避的に現金流出を伴う税金に関する税務戦略の策定が非常に重要です。特に，リスクの大きい中国投資の回収における税務リスクマネジメント（税務戦略）は，進出時（投資意思決定）ばかりでなく，その後の事業展開時にも，更には撤退時にも重要です。

1 海外関係会社間における投資回収対象取引の概要

　海外投資における関係会社間の国外取引は多岐にわたるため，取引の性質（税務リスク）に対応（リスクマネジメント）した回収スキームの構築が必要となります。取引の例として，以下のものが挙げられます。

日本企業の海外（中国）取引状況

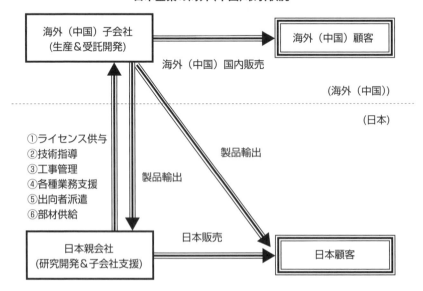

(1) 売買取引
　① 部材供給
　② 製品購入・販売
(2) ライセンス（使用許諾）契約
　技術（特許・ノウハウ），ブランド（商標），システム
(3) 技術指導及び工事管理
　技術指導，工場に係る工事・建設管理等の工場立上支援コストの回収
(4) 親会社による役務提供（業務支援費の請求）
　① 海外子会社への出張による現地業務支援コストの回収
　② 親会社（日本）発生の海外子会社業務支援コストの回収
(5) 出向
　中国子会社への出向者の立替給与の回収
(6) 利益分配
　利益の配当受領

2　中国投資の回収と税務リスクマネジメントの必要性

　日本企業による中国投資の回収は，従来，中国子会社への部品・原材料の支給価格及び中国子会社からの製品購入価格等の仕切価格調整を主とし，技術ライセンス契約によるロイヤルティー受領を従としてなされてきました。しかし，中国子会社の開発拠点機能の拡充により，開発費の回収方法及び知的財産権の帰属をも考慮したロイヤルティー回収の重要性が認識されています。また，ブランド・商標ロイヤルティー及び生産立上げのための技術支援報酬の徴収は十分とは言えないように思われます。

　中国税務当局は，企業グループ内（関係会社間）取引に対して税務調査を積極的に進めると共に，支払ロイヤルティー（無形資産（知的財産））の使用許諾報酬）の増加を懸念し，中国子会社の負担及び金額の合理性を対象とした税務審査の厳格化を鮮明にしています。また，外国為替管理規制における事前の税務届出制度（実質承認）があるため，中国からの送金（回収）のハードルは高いと言えます。

　このように，効率的，有効な投資回収実現のためには税務リスクマネジメン

ト（税務戦略）の策定は必須であると共に，親会社日本企業が中国子会社への業務支援費を確実に回収することは，日本国内の法人税における国外関連者寄附金認定（全額損金不算入）リスクを回避する観点からも重要です。

3 防御的税務戦略（税務リスクマネジメント）の重要性

　税務戦略は，節税を目的とする積極的税務戦略と，税務リスクの軽減を目的とする防御的税務戦略（税務リスクマネジメント）から構成され，企業グループ全体（連結ベース）における税引後利益の最大化を目指すものです。すなわち，積極的税務戦略（節税戦略）においては海外の優遇税制措置（減免税，軽減税率）の適用を図ると共に日本での税務メリット（みなし外国税額控除等）を確保することが必要であり，防御的税務戦略（税務リスクマネジメント）では，税務リスク軽減のための対応（税務リスクの把握と事前対応）を海外と日本において実施する必要があります。

　なお，外国企業の誘致を目的とした外国投資企業向けの中国の優遇税制は，経済発展の実現により外国企業誘致目的は達成されたとして2008年に廃止されているため，防御的税務戦略（税務リスクマネジメント）がより重要性を増しています。

　特に，中国SAT（国家税務総局）はBEPS（税源浸食及び利益移転）対応の一環として，国外関連者との製品・原材料売買取引，知的財産ライセンス（ロイヤルティー）取引及び役務提供取引（IGS）に対する管理強化を図るため，TP（移転価格）ガイドライン案の主要改正内容を反映した移転価格同時文書化に関するTP公告（2016年）第42号及び特別納税調査調整等に関するTP公告（2017年）第6号を発遣し，適用を開始しています。

4 税務メリットの最大化の税務戦略

(1) 中国の優遇税制の活用

　現行の中国企業所得税法は，改正前の特定地域（開発区），製造業全般に対する優遇税制から，ハイテク企業育成，環境，省エネ重視の優遇税制への転換が図られています。

税目	優遇措置の内容
(1)企業所得税	
①納税額の減免措置	利益（課税所得）発生年度より一定期間の免税及び一定期間の半額減税
公共インフラプロジェクト従事の企業	3年免税，3年半額減税の適用
環境プロジェクト従事の企業	3年免税，3年半額減税の適用
技術移転所得	年間500万元以下は免税，500万元超部分は半額減税の適用
経済特区，浦東新区のハイテク企業	2年免税，3年半額減税の適用
西部大開発地区設立企業	2年免税，3年半額減税の適用
②税額控除	
環境保護，省エネ，安全生産装置への投資	投資額の10％の税額控除適用
③軽減税率	
ハイテク企業	軽減税率15％の適用
西部大開発地区設立企業	軽減税率15％の適用
非居住者外国企業の所得（PEを除く）	軽減源泉徴収税率10％の適用
④所得控除	一定額の所得控除
研究開発費	実際発生額の50％の追加所得控除
資源総合利用所得	所得の10％の所得控除
ベンチャーキャピタル投資	2年経過後投資額の70％の所得控除
⑤償却期間の短縮	加速償却，償却年数の短縮
(2)増値税	
ソフトウェア産業，IC産業	増値税負担軽減のための還付
技術移転の奨励	技術ライセンス報酬等の増値税免除
(3)関税	特定業種企業の輸入設備機器の免税措置

(2) 日本の優遇措置（みなし外国税額控除）の活用

中国投資における日本の優遇税制は「みなし外国税額控除」の適用です。みなし外国税額控除とは，ロイヤルティー（使用料）に係る源泉徴収税額の減免に対して，日本の外国税額控除上，当該減免額について納付したものとみなして，日本の法人税からの控除を認める制度です。みなし外国税額控除に関しては日中租税条約第23条に適用対象及び限度税率が規定されています。

例えばロイヤルティー収入に対して10％源泉徴収されるのに対し，日中租税条約では20％みなし外国税額控除が認められるため，実際に納付していない差額10％のみなし外国税額控除を享受することができます。つまり，中国で減額された税金部分について，日本では納税したと"みなし"て，外国税額控除を享受できることになるのです。

5 投資回収税務戦略（税務リスクマネジメント）の要点

(1) 中国外国為替管理規制と事前の税務承認

1回当たりの送金が50,000米ドルを超える非貿易取引の決済に際しては，税務届出制度（受領押印書類の銀行提出の要請）が設けられています。

(2) 投資回収スキーム策定の要点

投資回収方法としては，製品・原材料仕切価格の調整，技術及びブランド・商標ロイヤルティーの回収，親会社の業務支援対価の回収，並びに配当による回収が考えられます。投資プロジェクトに適合した投資回収スキームの策定及び取引形態の選定に当たっては，下記の点に留意し，税務リスクを軽減できるスキームを構築することがポイントとなります。
① 中国における課税関係及び税務リスクの検討
② 日本における課税関係，節税可能性及び税務リスクの検討
③ 中国からの外貨送金（回収）の可能性（中国外国為替管理規制）

(3) 投資回収方法の評価と留意点
① 取引の性格（任意性）

取引額の調整に関しては，仕切価格は取引ごとに見直しが可能であるため容

易であり，ロイヤルティーも契約で事前決定するため確実です。配当は処分可能利益に拘束されるため，中国子会社に剰余金がなければ投資回収できず，回収時期が翌事業年度となるため，早急な回収を望む場合には不適当といえます。

② **中国での課税関係と節税可能性**

仕切価格に関しては，輸入部品価格に対して関税及び輸入増値税が課せられ，製品輸出に対しては増値税の一部が還付されない可能性があります。

また，技術ロイヤルティーに関しては増値税の免税措置を受けられれば10%の源泉税のみが課せられます。なお，ブランド・商標及びシステムロイヤルティーに関しては増値税等が課税されます。

③ **中国の税務リスク**

仕切価格調整は，部品輸入，製品輸出共に移転価格税制（TP）のリスクが大きいと言えます。

ロイヤルティーは，ライセンス契約の登録義務（所管機関による事前審査）が課されており，TPリスクは従来高くないとされてきましたが，TPガイドライン改正案及び新TP公告6号の下ではリスクが増しています。

なお，現地技術サービスに関してはPE認定の課税リスクがあると共に，別途PE認定により関与出張者への中国個人所得税課税リスク（183日免税ルール不適用）が生じます。

④ **日本の課税関係と節税可能性**

ライセンスロイヤルティーに関しては，租税条約により日本法人税上のみなし外国税額控除の適用があります。

⑤ **日本の税務リスク**

仕切価格調整は部品輸出及び製品輸入共にTPリスクが大きいと言えます。

ロイヤルティーに関しては，未回収の場合には，国外関連会社への寄附金認定（全額損金不算入）リスクが生じます。

なお，技術サービスの中国PE認定に伴い関与出張者が課税された中国個人所得税を企業が補填する場合には，当該補填税金が日本でも所得税の課税対象となることに留意する必要があります。

また，出向者給与の一部を日本側が負担する子会社への較差補填給与に関しては，法人税の損金不算入のリスクがありますので，別途留意する必要があり

⑥ **海外送金（外国為替管理規制）**

非貿易対価（ロイヤルティー，サービス報酬等）に関しては，海外送金に際し，事前の税務届出が必要とされています。なお，貿易対価（仕切価格）に関しては，通関書類があるため，別途税務届出は不要とされます。

(4) 投資回収方法の税務リスク・メリット比較

効率性／回収方法	仕切価格	ロイヤルティー	配当	業務支援費
①弾力性	大	小	なし	中
②中国税務リスク：TP	大	小	なし	小
③中国税務リスク：損金処理	小	小	－	小
④日本税務メリット	－	大 みなし外税控除	大 非課税	大 寄附金認定回避

（注）投資回収方法の採用に当たっては，現地の状況を考慮して，バランス良く組み合わせることが重要です。

第2章

知的財産の税務戦略

1 研究開発コストの回収と将来収益源（知的財産ロイヤルティー）の確保

(1) 技術ロイヤルティー収入による研究開発コストの回収

　日本の2015年の産業財産権等使用料収入は3兆円を超えており，日本企業にとっても重要な収益源となっています。

　日本企業は現在，研究開発の海外展開を進めています。しかしながら，研究開発拠点（現場）を目標市場の隣接地域に設置する開発拠点のロケーション問題と，研究開発（委託開発）の成果・知的財産の帰属先及び管理者を誰にするかは別の問題であり，一般的に，知的財産は研究開発のリスクとコストを負担している日本親会社に帰属させ，日本親会社は技術ロイヤルティーを受け取ることによって研究開発コストを回収するのが妥当と言えます。

(2) 知的財産ロイヤルティーに対する優遇税制

　欧州を中心として世界的に，知的財産ロイヤルティー（技術ライセンス収入）に対する優遇税制（パテントボックス）の整備が進められており，知的財産ロイヤルティーは，生産拠点の海外移転を進める多国籍企業の収益源であるばかりでなく，国家にとっても重要な税収財源として注目されています。

　BEPSでも知的財産ロイヤルティー問題等が取り上げられ，無形資産を巡る諸問題は大きな関心事項となっています。

(3) 知的財産の帰属先の問題

　研究開発成果の知的財産権の所有権者（帰属先）に関しては，下記の事項に

留意して総合的に判断，対処することが重要です。

① 開発の主導及び開発リスクの負担者と成果物たる知的財産権の所有権者

研究開発を主導（開発テーマの決定，管理）すると共に開発の成否結果に責任を持つ（開発リスク負担）日本親会社が，成果物たる知的財産権の所有権者となるのが一般的かつ合理的であると考えられます。

② 製造物（技術）責任の訴訟対応

日本親会社の開発製品に関する技術ライセンス供与に基づき，海外子会社が，製品の改良を親会社と共同で行ったとして，海外子会社をその改良技術（知的財産権）の共有権者とするとしても，製造物責任が発生した場合には，人的，費用的に日本親会社が最終的に対応せざるを得ないのが現状です。

③ 将来収益源（ロイヤルティー収入）の喪失問題

日本企業の将来収益源として有望・期待される知的財産に関して，改良開発現場である海外子会社に所有権を帰属させた場合，日本親会社は将来の安定収益源を喪失（ロイヤルティー収入の減少）し，日本の研究開発部門の維持費を負担できなくなることが懸念されます。

④ 知的財産権帰属に関する日本の税務リスク

日本親会社が実質的に研究開発を主導，管理している技術ノウハウ（知的財産権）の帰属に関して，親子会社間で研究開発の受委託契約を締結し，海外子会社が研究開発コストを負担することによりその技術ノウハウ（知的財産）を海外子会社に帰属させることに対しては，日本の国税当局は，その知的財産権の海外子会社への帰属の妥当性に関して厳格に判断する事例が見受けられます。

(4) 知的財産の日本での集中帰属・管理のポイント

① 知的（技術）財産の日本親会社への一元化（所有権，管理）

海外子会社の改良開発費用を日本親会社が負担（開発委託）し，権利者を日本親会社とします。

② 知的財産権創出コストの回収

知的財産権創出コストは基本的に，一時金としてのイニシャルロイヤルティー（技術開示料）及び売上比ランニングロイヤルティーにより回収することになります。

③ 製造物責任（PL）と訴訟対応の実効性確保

　最終的に日本親会社を中心に訴訟対応することを想定し，事前に管理，対応体制を整備します。

2　中国におけるロイヤルティー回収規制の留意点

　中国税務当局は海外への支払ロイヤルティー（知的財産権使用料）に重大な関心を有し，移転価格税制規定（TPガイドライン案）及び外為管理規定等によりその規制を図っています。

　（詳細は第2編第5章「中国の移転価格税制」参照）

(1)　知的財産（無形資産）の定義

　無形資産とは，経営活動において所有，支配する以下のものと移転価格ガイドライン上定義されています。

① 技術に関する無形資産：特許，技術ノウハウ等
② 市場に関する無形資産：商標，ブランド，顧客リスト，販売チャネル，市場調査結果，フランチャイズ経営権，政府許可等

(2)　知的財産（無形資産）の所有者

① **無形資産の法的所有者**
　合法的に確定された無形資産の所有者
② **無形資産の経済的所有者**（＊中国子会社の機能に留意）
　無形資産価値の創造，維持に実質的に貢献した経済活動関与者

　価値の創造維持とは，無形資産の開発，価値向上，維持普及等の活動をいい，経済的所有者とは，機能を履行し，資源を投入し，リスクを負担するものとされます。

(3)　知的財産（無形資産）の超過収益力享受（収益配分）

　無形資産の収益配分（超過収益力享受）は，経済活動及び価値創造・維持に対する貢献度に相応すべきとされ，負担リスク及び投入した経営資源等に基づき，貢献度を判定して配分することとされています。

① 知的財産（無形資産）価値の創造貢献機能

価値創造貢献機能には，研究開発活動，市場情報分析，マーケティングチャネル構築，ブランドの宣伝普及，並びに現地化応用開発，製品試作，量産実現等の活動が含まれます。

② 知的財産（無形資産）の形成と使用リスク

無形資産形成・使用リスクには，研究開発及びマーケティングの失敗リスク，無形資産に係る製品もしくは役務に関する責任リスクが含まれます。

③ 名目所有者の取扱い

無形資産の形成と使用において，資金供与機能のみを有する場合には収益配分は認められません。

④ 経済的所有者への収益配分考慮（＊中国子会社の機能に留意）

無形資産収益の配分決定に際しては，価値創造貢献を考慮すべきとされています。

(4) 知的財産（無形資産）収益の算定

無形資産収益の算定に際しては，マーケットプレミアム，コストセービング等の地域特性及び企業グループ内部シナジー効果等の価値創造要素を全面的に分析し，合理的に配分を行うべきとされています。

(5) 知的財産（無形資産）譲渡益の算定

無形資産譲渡益は，譲渡価格から無形資産関連コストを控除した金額とされ，譲渡価格確定に際しては，インカムアプローチ，マーケットアプローチ及びコストアプローチ等の資産評価方法を採用することが認められています。

(6) 無形資産に対する貢献度分析

無形資産価値への関連者の貢献度及び相応の収益分配の判定に際しては，企業グループの全世界的運営プロセスの分析，各関連者の無形資産に対する開発，価値向上，維持普及等の各活動に対する価値貢献度，無形資産価値の実現方式等を十分に考慮する旨規定されています。

(7) ロイヤルティーの調整

無形資産の関連開発，価値向上，維持普及等の活動に対する貢献が合理的な補償を得ていない場合にはロイヤルティー（使用料）の調整が義務付けられています。

(8) 支払ロイヤルティーと経済的効果の合致

企業の支払ロイヤルティーは，無形資産の使用がもたらす経済的利益（超過収益力の顕現）に合致することが求められています。

3 ライセンス契約の本質

	製造（機能）会社		販売（機能）会社	
	内容	留意点	内容	留意点
費用の発生	製造原価	生産活動に比例	営業費	売上比例せず
利益の計算	コスト＋応分利益	原価・技術対価	市場価格（時価）	市場需給反映
ライセンス契約	技術ライセンス契約		ブランド（商標）ライセンス契約	
ロイヤルティー計算（超過収益力対価の源泉）	開示料（固定額）	開発コスト回収	―	―
	ランニング（売上比）	高品質or原価低減の技術対価	ランニング（売上比）	信用力の対価

ライセンス契約の種類	収益増加（超過収益）		超過収益の内容
技術ライセンス契約 ブランド（商標）ライセンス契約	売上 （数量・単価）	↑	技術：品質向上 ブランド：信用力等向上
技術ライセンス契約 システムライセンス契約	コスト （原価）	↓	技術：製造コスト削減 システム：管理コスト削減
	企業利益	↑	

4 ライセンス契約によるコスト回収のポイント

契約	留意点	製造会社	販売会社
技術ライセンス契約（特許権，ノウハウ，設計図の使用許諾）			
ロイヤルティー	（原則有償供与方針の確定）	適宜対応	—
技術サービス	原則有償：×××円／人／日		—
ブランド（商標）ライセンス契約（製品への商標使用（貼付）許諾）			
ロイヤルティー	市場価格：信用力対価	直接外販は対象	全取引対象
その他：システムライセンス契約（生産管理・受発注システムの使用許諾）			
ロイヤルティー	開発システムの海外子会社使用状況及び今後の導入予定確認	定額又は使用実績（登録者）により徴収	
関連サービス	原則有償：×××円／人／日		—

5 中国ハイテク税制適用の留意点

(1) 中国（企業所得税）優遇税制の変遷と留意点

中国優遇税制は下記表のように変遷しており，現在の優遇税制の目的は，中国現地法人への技術知財権の帰属による技術立国とされています。

項目	1994年〜2007年	変更（⇒）	2008年〜現在
対象内容	外国企業の中国内投資	⇒ 量から質に転換	ハイテク認定企業（内陸部投資，省エネ設備優遇，他）
対象企業	外国投資企業	⇒ 現地法人対象	全企業（外資，内資の区別なし）
目的	外資誘致（中国経済発展） ● 資金流入（資本金－土地使用権代金） ● 技術移転（生産委託，技術ライセンス） ● 雇用創出	⇒ 外資誘致目的達成，技術報酬支出超過回避	中国現地法人への知的財産帰属 ● ロイヤルティー支払超過改善 ● 技術立国実現（産業空洞化対策） ● 労働集約産業⇒資本集約産業

適用要件	下記要件の全てを充足 ● 25％以上の外国企業出資 ● 奨励業種（産業指導目録規定） ● 10年以内の閉鎖は減免額追徴	⇒ 中国帰属技術の拡充の為の適用要件の整備	知的財産権の保有及び下記要件の充足 ● 高度最新技術（政府奨励） ● 研究開発費（受託開発，支払ロイヤルティーを除く） ● 技術者数
優遇内容	減免税 ● 2年免税3年半額減税，他 軽減税率（標準税率33％） ● 24％（9％軽減） ● 15％（18％軽減）	⇒ 優遇メリットの減少（軽減税率のみ）	減免税 ● 規定無し 軽減税率（標準税率25％） ● 15％（10％軽減）
有効期間	規定なし	適用の厳格管理	3年間（3年ごとの申請，審査必要）
改廃	● 2007年末廃止 ● 2012年末にて経過措置終了	―	―
留意点	―	―	● 現地法人（子会社）帰属技術に対するロイヤルティー回収は困難

(2) 中国ハイテク税制の留意点

　中国ハイテク税制はメリット（軽減税率）に比して，厳しい適用要件及び短い有効期間が規定されていること，並びに中国現地子会社に帰属した知的財産権の取扱い（海外関連企業への生産展開に伴う中国子会社帰属ロイヤルティーの発生，日本親会社ロイヤルティーの減少）について留意すべきです。

　既に，一部地域の税務局が支払ロイヤルティーの否認を指摘していることに留意する必要があります。

① 優遇（軽減）税率（企業所得税法28条）

　高度最新技術（ハイテク）企業：15％の軽減税率適用

② ハイテク企業の要件(企業所得税法実施条例93条)

知的財産権を保有(自己所有)し,かつ,次の要件に合致する企業。

a) 製品(役務)が《国家が重点的に支援する高度最新技術領域》規定の範囲に属すること
b) 研究開発費の販売収入に占める比率が規定比率を下回らないこと
c) 高度最新技術製品(役務)収入の企業総収入に占める比率が規定比率を下回らないこと
d) 科学技術者の企業全従業員に占める比率が規定比率を下回らないこと
e) 高度最新技術企業認定管理弁法に規定されるその他の条件

(3) ハイテク企業認定手続(改正管理弁法,2016年国科発火32号)

① 先端ハイテク企業認定要件

前提条件:申請1年以上前に設立された居住者企業(中国国内に本店を有する現地法人)

a) 法的要件:対象先端技術(知的財産権)の権利帰属

自社開発,使用許諾,購入,寄附,合併等により取得した主要製品(サービス)の製造のコア(核心)となる先端ハイテク技術を所有していること

b) 実質要件:政府認定奨励分野への適合

対象とされる先端ハイテク技術は中国政府が奨励を規定する下記分野に該当することが要件とされています。

電子情報,生物・医薬,航空・宇宙産業,新素材,ハイテク技術サービス,新エネルギー及び省エネ,資源・環境,ハイテク製造及び自動化

② 形式要件:研究開発体制の構築

a) 研究開発スタッフ

従業員総数に対する科学技術者の割合が10%以上であること

b) 研究開発費

研究開発費の総収入比率が下記比率を満たしていること

前年度総収入	研究開発費支出割合
5千万元以下	5%以上

5千万元超2億元以下	4％以上
2億元超	3％以上

なお，上記研究開発費の60％以上が中国国内で発生していること

c) ハイテク製品及びハイテク技術収入

ハイテク製品及びハイテク技術収入が年間総収入の60％以上であること

d) 重大事故等の未発生

認定申請前1年以内に，重大な安全，品質に関する事故及び深刻な環境違法行為がないこと

③ 認定申請手続

a) 第1ステップ：自己査定

各企業自身による上記認定基準（要件）の充足の自己査定

b) 第2ステップ：書面申請

自己査定後に，高度最新技術企業認定管理業務ネットに登録し，認定機関に申請書及び下記関係書類を提出。

- 高度最新技術企業認定申請書
- 合法設立企業の証明登記書類（営業許可証）
- 知的財産権関連資料，科学研究プロジェクト立案証明，科学技術転用，研究開発組織管理資料
- ハイテク製品の基幹技術及び技術指標，生産批准文書，製品品質検査報告書等の関連資料
- 企業従業員及び科学技術者の状況説明資料
- 有資格機関発行の直近3会計年度の研究開発費用及び直近1会計年度のハイテク製品（サービス）収入に関する特別監査又は鑑定報告書，並びに研究開発活動に関する説明資料
- 有資格機関発行の直近3会計年度の監査済み財務会計報告書
- 直近3会計年度の企業所得税年度納税申告表

c) 専門家による評価審査

認定機関は，評価審査要求基準を充足する専門家から任意抽出された者によって編成された専門家チームに意見を求めます。専門家チームは企業が提出

した申請資料を評価審査し，評価審査意見書を提出します。

　d）　認定機関の総合審査

認定機関は専門家チームの評価審査意見に基づき，申請企業に対する総合審査を行い，認定意見書を提出し指導班弁公室に報告します。

認定企業による「高度最新技術企業認定管理業務ネット」公示（10営業日）に対して異議申立てがない場合には，認定届出が受理されます。認定企業は「高度最新技術企業認定管理業務ネット」上に公告され，認定機関は「高度最新技術企業証書」を交付します。

　e）　有効期間

ハイテク企業認定の有効期間は3年間とされます。

　f）　認定後の定期報告義務

認定企業は毎年5月末までに「高度最新技術企業認定管理業務ネット」において前年度の知的財産権，科学技術者人数，研究開発費用，経営収入等の年度発展状況表を作成して提出しなければなりません。

第3章

IGS（中国子会社支援費）
回収の税務戦略

1 海外子会社支援費回収措置策定の必要性

　多くの日本企業親会社（本社）は海外（中国）子会社に対して各種業務支援を実施していますが，支援コストの多くについて，十分な回収が行われていないように思われます。これは，中国企業所得税法において関連会社に支払う管理費の損金不算入規定が存在することと共に，損金不算入対価の海外送金のための税務届出表受領印の取得が困難（実質的に送金不可能）であるためです。

　一方，日本の国税当局は海外子会社支援に関して，「有償性の役務提供」とされる海外子会社支援費の未回収状態に対しては，国外関連者への寄附金認定により，当該支援コストは損金不算入であること（課税）を指摘しています。

　したがって，海外（中国）子会社支援費（特に日本本社発生費用）の回収（日本送金）に関しては，実効性のある措置を策定すること（有効な税務対策）が必要となります。

2 中国の国内外関連者管理費の損金不算入規定

　中国企業所得税法においては，関連企業間取引について独立企業間取引価格が適用されるばかりでなく（移転価格税制，企業所得税法41条，同実施条例109条～123条），企業所得税法実施条例49条において関連企業への管理費の支払は損金不算入とする旨が規定されており，損金算入が否定される費用（管理費）の国外送金は実質的に不可能（回収不可能）とされています。

　すなわち，日本親会社で発生する業務支援費を単純に中国子会社に請求することは，中国子会社での損金算入及び日本への送金上の問題があり，コスト回収の実効性に問題があるといえます。

3 子会社支援（関連者間役務取引）の取扱い（TP公告6号34条）

（詳細は，第2編第5章「中国の移転価格税制」参照）
　関連者間の有償役務提供取引（IGS）に際しては下記条件の充足が要求されており，充足しない場合には特別納税調整（損金不算入等）の対象とされます。
① 　受益性役務（直接的，間接的な経済的利益享受）の要件
② 　独立企業間原則合致の要件

(1) 受益性役務及び非受益性役務の定義（TP公告6号35条）
　受益性役務とは，役務享受者が直接，間接の経済的利益を享受し，かつ，独立企業が同様・類似の状況において提供を受けるか自ら実施する役務活動とされます。なお，下記非受益性役務に係る対価の支払は，特別納税調整（損金不算入）の対象とされます。
① 　役務享受者が既に購入，又は自ら実施した役務活動
② 　株主活動（投資収益の保障目的）に属する役務活動
　 a) 　董事会等の株主活動，b) 　（連結）財務諸表の作成，c) 　企業グループの資金運営，d) 　企業グループとしての財務，税務，人事，法務等の活動
③ 　役務享受者に対して具体的役務が提供されず，企業グループへの単なる所属効果としての超過収益取得となる下記役務活動
　 a) 　資源統合効果及び規模（拡大）効果をもたらす法形式の変更，債務再編，持分買収，資産買収，合併，分割等の組織再編活動
　 b) 　企業グループの信用評価向上による融資コスト低減等の利益をもたらす関連活動
④ 　既に他の関連者間取引により対価回収済の下記役務活動
　 a) 　支払使用料の対象とされる特許権又は非特許技術（無形資産）に係る役務活動
　 b) 　支払利息の対象とされる融資活動
⑤ 　役務享受者の機能及び負担リスクと無関係な，あるいは経営需要に合致しない役務活動
⑥ 　役務享受者に直接，間接の利益をもたらさない，あるいは役務享受者が購

入又は実施を望まない役務活動

(2) **受益性役務の比較可能性分析（対価計算）（TP公告6号36条）**

受益性役務の比較可能性分析（対価計算）に際しては，役務の具体的な内容及び特性，役務提供者の機能，リスク，原価及び費用，役務享受者の受益状況，市場環境，取引双方の財務状況，並びに価格設定状況等の要因を十分に考慮し，合理的な移転価格算定方法を選定すると共に，下記原則を遵守することが求められています。

① 役務プロジェクト，享受者単位の集計が可能な場合は，合理的原価に基づく取引価格の算定
② 役務プロジェクト，享受者単位の集計が困難な場合は，合理的基準及び比率に基づく配賦による取引価格の算定

配賦基準は役務性質に基づいて確定し，実際の状況に応じて営業収入，営業資産，従業員数，人員給与，設備使用量，データ使用量，作業時間及びその他の合理的な指標を使用すると共に，配賦結果が役務享受者の受益程度に合致させなければならないとされています。

(3) **損金不算入とされる国外関連者への支払費用（TP公告6号37条）**

機能を有さず，リスクを負担せず，かつ，実質的な経営活動を行わない国外関連者に対する支払費用は，特別納税調整（損金不算入）の対象とされます。

(4) **証明資料としての特殊事項ファイルの作成（TPガイドライン案）**

関連者間役務提供取引に関しては，下記事項を記載した特殊事項ファイルの作成が規定されています。

① 関連契約書及び役務の真実性を証明する資料
② 役務の具体的な内容及び実施方法，対価の支払方法及び金額，並びに役務享受者の受益状況
③ 役務支出の集計処理（集計方法，科目，金額，配賦基準，指標及び比率の算定過程を含む）
④ 役務の価格算定方法，その選定理由及び関連情報

⑤ 非関連者との類似取引の有無，並びに当該非関連者間役務取引の価格設定方法
⑥ 企業グループとしての役務価格設定方法，及び各関連者の負担額

4 出張による業務支援費回収の要点

(1) 業務支援契約の締結

現地（中国）出張に伴う業務支援費の回収は，課税問題を除けば比較的容易です。すなわち，親子会社間において業務支援（役務提供）契約を締結し，出張実績に基づき人件費及び経費を記載した請求書を発行すると共に，中国においては納税処理後送金することになります。

(2) 日本の税務リスク（税務調査否認事例）

① 日本税務当局の調査内容（例）
  a) 出張精算報告書ファイル（出張目的，出張者，出張期間，経費額等記載）のレビュー
  b) 「有償の役務提供」の認定：出張目的による判断
  c) コスト回収状況の確認：契約書の存在，請求書の発行，入金の有無

② 否認事例
  a) 否認対象となる業務：無償の各種支援業務（工事管理，技術指導，その他業務支援）
  b) 税務否認額（損金不算入）の計算：
   人件費：出張者人件費×中国出張日数÷365日
   経費：交通費，宿泊費，その他経費の実費額
  c) 追徴額
   法人税等：否認（損金不算入）額×31％（実効税率）
   加算税：10％，延滞金：2.8％（2017年1月現在）

(3) 中国の課税関係（中国出張による業務支援）

① 企業所得税
  a) 6ヶ月超の（中国国内）役務提供はPE認定課税

b) 推定課税方式：みなし利益率（15％～50％）の適用
c) 税額＝報酬額×みなし利益率（15％～50％）×25％（企業所得税率）
② 増値税等
a) 税率（役務提供）：6％
b) 税額＝報酬額（立替金を含む）÷（1＋税率）×税率
c) 付加費：増値税額を課税標準として約12％（都市維持建設税1％，5％，7％，教育費付加3％，地方教育費付加2％等）の付加
③ 個人所得税
a) PE認定の場合は183日免税ルール不適用（税額按分方式の適用により1日の業務でも課税）
b) 月次確定申告（税率：3％～45％）

5 日本本社で発生する業務支援費回収の要点

(1) 回収措置策定上の要点
① 全世界の海外子会社に適用される措置の導入
a) 中国のみ異なる措置（回収範囲）に対しては移転価格税制上のリスクあり
② 欧米に比してコスト回収（海外送金）が困難な中国における有効な措置の策定
a) 非貿易取引（役務提供）の海外送金には事前の税務届出が必要（外為と税務のリンク）
b) 関連者に対する管理費は損金不算入規定あり（送金が実質的に不可能）
③ 有償性のある役務（要回収）範囲の確定
a) 契約書の締結，税務当局（日中両国）への提出資料の準備

(2) 税務リスク対応
① 日本における税務リスクへの対応のポイント
a) 「有償性のある取引」に請求対象を限定
b) 請求額の計算（発生費用の海外子会社配賦基準及び配賦方法の合理性の確保）
c) 契約書等の文書化

d)　親会社負担（株主活動等の除外）の合理性に係る証明資料の準備
② 中国における税務リスクへの対応のポイント
　a)　税務当局との事前確認交渉
　（海外送金には事前の税務届出が必要）
　　国家税務局：企業所得税，増値税
　　地方税務局：個人所得税（上海は同一税務局が国家と地方を兼務）

(3)　中国税務当局との事前確認交渉
① 税務取扱上確認すべき内容
　（中国・日本両国における業務支援の場合）
　a)　PE認定の有無及び認定基準並びにみなし利益率の確認
　b)　中国国内源泉所得・収入と日本（中国国外）源泉所得・収入の区分方法の確認
　c)　（中国国外業務に係る）非課税要件・提出資料の確認（企業所得税のみ，増値税等は課税）
　d)　国外業務検証報告書の提出要否の確認
② 参考：中国国内の（出張）業務支援の場合
　a)　PE認定の有無及び認定基準並びにみなし利益率の確認
　b)　課税所得・収入の範囲の確認
　c)　出張者への183日免税ルール適用要件の確認
③ 税務当局への資料提出による具体的確認
　a)　契約書（案）及び関連資料サンプル（中国語翻訳）の提出
④ 税務届出手続の確認

(4)　中国税務当局への提出資料準備のポイント
　日本親会社による中国子会社支援に関しては，その業務実態を正確・詳細に把握すると共に，そのコストも正確に把握（集計）することが必要となります。これは，親会社からの支援業務のうち株主活動が含まれないこと，ならびに，有償性及び実在性を有する業務実態及び契約額（回収支援費）の合理性を証明するためです。

(5) **業務支援契約の中国課税関係**

契約／ 課税関係	中国の課税関係		
	企業所得税	増値税(注)等	個人所得税
業務委託契約 (業務地：中国)	6ヶ月以下：非課税 6ヶ月超：PE課税 (推定課税：みなし利益率15％〜)	増値税：6％ (付加費：約0.6％)	PE認定⇒183日免税ルール不適用(按分課税)
業務委託契約 (業務地：日本)	国外源泉所得は非課税	増値税：6％ (付加費：約0.6％)	－

(注) 増値税に関しては，当該税金を課税標準として，都市維持建設税（1％，5％，7％），教育費付加（3％），地方教育費付加（2％）等が付加（合計約12％）されます。

6　請求対象支援費の範囲

(1) 有償性のある取引

　関係会社間における「有償性のある取引」の判断は，OECDガイドラインにおいて，法人がその国外関連者のために行う経営・財務・業務・事務管理上の役務の提供であって，その法人から当該役務の提供がなされない場合には国外関連者は対価を支払って非関連者から当該役務の提供を受けるか，又は自ら当該役務を行う必要があると認められるものとされています。

　なお，法人が国外関連者の要請に応じて随時に役務を提供できるように人員や設備等を利用可能な状態に定常的に維持している（いわゆる"on call"）場合には，そのような状態の維持自体が，役務の提供に該当するとされています。

(2) 株主活動の除外

　親会社である法人が行う役務提供に関連する諸活動であっても，親会社の株主総会開催のための活動や親会社の証券取引法に基づく有価証券報告書等（連結パッケージの作成指導等）を作成するための活動で，子会社に対する親会社の株主としての地位に基づくと認められるものについては，子会社である国外関連者の営業上，有償性はなく，グループ内役務提供に該当しないとされています（請求不要）。

　なお，親会社としての活動が，子会社に対する株主としての地位に基づく諸

活動に該当するのか，有償の役務提供とされるのかについては，それぞれの実情に則して，有償性の有無を判定することになります。

(3) 税務調査での指摘事例
役務提供の有償性に関する税務調査実施上の留意点として，以下の事項が定められています。
① 役務提供を行う際に無形資産を使用しているにもかかわらず，その役務提供の対価の額に無形資産の使用に係る部分が含まれていない場合
② 役務提供が有形資産又は無形資産の譲渡等に併せて行われており，その役務提供に係る対価の額がこれらの資産の譲渡等の価格に含まれている場合

具体的には，日本企業の中国子会社への生産拠点の移転（包括的技術供与）に伴う各種支援業務が対象とされます。

親子会社間の役務提供支払費用に係る企業所得税処理に関する通達
（2008年国税発86号）

1．親会社がその子会社（以下，「子会社」という）に各種役務を提供して生じた費用については，独立企業間公平取引原則に従って役務価額を確定し，企業の通常の労務費用として税務処理を行う。親子会社が独立企業間取引に従わずに収入のやり取りを行う場合，税務機関は調整する権利を有する。

2．（省略）

3．親会社がその複数の子会社に対して同種類の役務提供を行う場合，その役務収入については項目ごとに契約または協議書を締結して回収してもよい。また，役務按分協議方式を採用してもよい。即ち，親会社と各子会社間において役務費用按分契約または協議書を締結し，親会社が子会社に対して行った役務提供により発生した実際の費用に一定の比率の利益を付加して子会社に対して総役務提供費用として回収する。各役務受益子会社（利益企業，欠損企業及び減免税享受企業を含む）の間において中華人民共和国企業所得税法第41条第2項の規定に基づき合理的に配賦を行う。

（以下省略）

第4章

企業グループ内取引（BEPS 重要項目）に対する徴税強化

中国国家税務総局（SAT）は，BEPS行動計画8（無形資産の移転価格）及び行動計画10（租税回避の可能性の高いグループ内低付加価値役務）を重要管理強化項目として，主要都市の外資企業に対して調査対象期間10年の税務調査を実施すると共に，その調査結果に基づきTPガイドライン案（2015年意見募集稿）の主要改正内容を反映した特別納税調査調整等に関するTP公告（2017年）6号）を発遣し，国外関連者取引の徴税強化を図っています。

1 関連企業間取引の実態税務調査の実施

中国国家税務総局（SAT）は，税総弁発（2014年）第146号を2014年7月に発遣し，下記内容の外資企業の国外関連会社取引に対する税務調査を指示し，北京，天津，上海及び広州の各地区にて実施しました。

(1) **調査概要**
① 調査対象期間：2004年～2013年（10年間）
② 調査実施情況：2014年9月に調査実施開始
③ 調査対象取引：企業グループ内の役務提供（IGS）及びロイヤルティー

(2) **企業グループ内役務提供（IGS）に係る調査のポイント**
① 親会社による経営・財務・人事等に関する役務提供の対価
② 企業グループ統一管理に関する役務提供の対価
③ 重複業務に係る役務提供の対価
④ 中国子会社の機能と無関係な業務に対する役務提供の対価
⑤ （回収済）二重請求となる役務提供の対価

(3) 支払ロイヤルティーに係る調査のポイント
① タックスヘイブン地域の企業に支払ったロイヤルティー
② ペーパーカンパニー企業等に支払ったロイヤルティー
③ 不適切（高額）なロイヤルティー
　a) 対象ライセンス（技術，ブランド）に中国子会社が特別の貢献をしている場合
　b) 陳腐化（財産価値低下）したライセンスに対するロイヤルティー

2 国外関連企業への支払費用に係る管理強化通達

　SATは上記税務調査結果に基づき，国外関連企業への支払費用，特に役務提供対価及び（ライセンス）使用料に対する管理強化を図るべく，下記内容の「企業による国外関連者への支払費用に係る企業所得税問題に関する公告」（2015年国家税務総局公告第16号）（以下，「公告16号」）及び「特別納税調査調整および相互協議手続に関する管理弁法（2017年国家税務総局公告第6号）」（以下，「TP公告6号」）を発遣し，適用を開始しています。
　なお，公告16号はTP公告6号に包含，廃止されましたが，基本的内容に相違がないとの公的解釈に拠り，公告16号及び同SAT弁公庁解釈に基づき，以下に国外関連者取引の取扱いを解説します。

(1) 損金算入の基本原則
① 独立企業間取引原則の適用
　国外関連企業への支払費用は独立第三者間取引原則に合致すべきとし，逸脱する費用支払いに関しては，税務当局による更正権限が明記されています。
② 証明資料の提出要求
　税務当局は企業に対して国外関連企業への支払費用に関して，契約書の提出，並びに当該支払費用の真実性を証明する資料の提出を要求できる旨が，明記されています。
③ 実態を有しない国外関連企業への支払費用の損金不算入
　実態を有しない（機能を履行せず，リスクを負担せず，実質的な経営活動を行っていない）国外関連企業に対する支払費用に関して，損金算入は認められ

ません（損金不算入）。

(2) 役務提供対価の損金不算入事例
　国外関連企業への役務提供対価（支払費用）は，その支払企業に対して直接もしくは間接的に経済的利益をもたらすことが損金算入の要件とされ，下記の役務提供対価に関して損金算入は認められません（損金不算入）。
① 現地企業が担う機能及び負担するリスク，もしくは経営と無関係な役務活動
② 親会社外国企業が投資利益確保のために行う管理及び監督等の役務活動（株主活動）
③ 現地企業が既に第三者から購入もしくは自ら実施している役務活動
④ 現地企業が企業グループへの帰属により超過収益を取得しても，具体的な提供がなされない役務活動
⑤ 他の国外関連者間取引により対価が回収済の役務活動
⑥ その他直接，間接的に経済的利益をもたらさない役務活動

(3) 受益性役務原則の適用
　国外関連企業から享受した役務提供対価の支払の妥当性及び損金算入の判断に際しては，受益者原則に基づき受益性（直接的又は間接的な経済的利益）の有無を分析する必要があります。

(4) ライセンス使用料の損金算入要件と損金不算入事例
① **現地（中国子会社）の貢献を考慮した使用料額**
　支払（ライセンス）使用料の算定に際しては，支払根拠となる無形資産の価値創出に対する現地企業の貢献（研究開発，市場開拓等の）を考慮して，ライセンサー及びライセンシー双方が享受すべき経済的利益（使用料額）を確定します。
② **超過収益力のないライセンス等の使用料の損金不算入**
　超過収益力のない無形資産（無形資産の法的所有権のみを保有し，その無形資産価値創出への貢献なし）における独立企業間取引原則に合致しないライセ

ンス使用料の損金算入は認められません。

【事例】
　中国国内市場における超過収益力を有しない国外関連企業の商標又はブランドを使用して現地企業が不動産開発を実施する場合，その商標又はブランドが現地企業による不動産開発の過程において市場に浸透し，かつ，現地企業による維持及び普及により無形資産としての価値（超過収益力）が上昇している場合には，独立企業間取引原則に基づきそのライセンス使用料の損金算入は認められません。

(5)　ライセンス対象無形資産への現地（中国子会社）貢献の評価

　国外関連企業が所有する技術，ブランド等の無形資産に対するライセンス使用料に関しては，その無形資産の開発，価値向上，維持，保護，応用及び普及において現地企業が果たした機能，投入資産，引受リスクの分析結果に基づき，その無形資産への価値創出貢献度を判定し，ライセンサー及びライセンシーの各自が享受すべき経済的利益を確定する必要があります。

　この判定結果及び独立企業間取引原則に基づき，現地企業による国外関連企業へのライセンス使用料の要否及び金額の妥当性を確定することになります。

(6)　税務調査

　a)　税務調査（更正）期間

　企業所得税法実施条例第123条に基づき，国外関連企業への支払費用の税務調査による特別納税調整（更正）期間は10年間とされます。

　b)　企業の準備資料

　企業は，契約書，並びに取引の実在性，金額合理性（独立企業間価格の適用）を証明できる関連資料を準備しなければなりません。

　c)　税務機関の事前審査の要否

　企業の国外関連企業への費用支払は，経営行為に含まれるものであり，税務機関の（事前）審査は必要とされません。

　d)　税務調査での関連資料の提出

　主管税務機関は当該国外関連企業への支払の金額合理性（独立企業間価格の

適用）の調査に際して，契約書，並びに取引の実在性，金額合理性（独立企業間価格の適用）を証明する関連資料の提出を要求することができます。

　独立企業間取引原則に拠らない支払費用に対しては税務調整（更正）の対象とされます。

(7)　国外関連企業への支払費用に係る独立企業間価格適用による調整

　中国税務機関は，国外関連企業への支払費用に対して，独立企業間価格の適用による税務調整（更正）を行う権限が認められています。

①　税務調整（更正）額の算定

　a）　役務提供対価の税務調整（更正）額の算定

　国外関連企業への役務提供対価の独立企業間価格は，受益性分析及び機能原価分析の結果に基づき，現地企業が享受する当該役務の経済的利益及び役務提供に係る実際コストを基礎として算定されます。

　b）　無形資産の使用料（ライセンスロイヤリティー）

　国外関連企業から供与（ライセンス）される無形資産取引対価の独立企業間価格は，受益性分析及び貢献度分析の結果に基づき，現地企業にもたらされる経済的利益，実際価値及び当事者（ライセンサー及びライセンシー）の当該無形資産に対する貢献度（特に無形資産の開発，価値向上，維持，保護，応用及び普及，並びにその過程における役割，資産投入及びリスク負担）を基礎として算定されます。

②　検証方法（基準）

　国外関連企業への支払費用の徴税リスク（利益移転，税源浸食及び非居住者租税回避）に関しては，実在性の検証，必要性の検証，受益性の検証，価値創造性の検証，重複性の検証，対価の妥当性の検証等の方法により判定されます。

　a）　実在性の検証

　契約が現地企業の経営実態に合致するか否かを審査し，必要に応じて現地調査を実施し，役務提供契約記載内容の真実性，無形資産価値の実在性を確認します。また，国外関連企業が提供する機能，リスク負担及び活動の実在性を確認します。特に，タックスヘイブン地域に所在する国外関連企業との取引を重点的に注視するとされています。

なお，実在性を有しない取引の支払費用の損金算入は認められません。

b)　必要性の検証

国外関連企業から提供された役務又は供与された技術及びブランドが現地企業の経営上の需要に合致するか否かを審査して，それらの必要性を検証し，企業経営に無関係な支払費用の損金算入は認められません。

c)　受益性の検証

国外関連企業への役務提供対価及びライセンス使用料の支払により現地企業が経済的利益を享受したか否かを審査すると共に，支払費用（額）と享受した経済的利益（額）が整合性を有するか否かを検証します。独立企業間価格を超える支払費用の損金算入は認められません。

企業グループ帰属による間接的利益（シナジー効果）の享受に関する支払費用の損金算入及び対外支払は認められません。なお，国外関連企業による具体的役務提供に関しては，間接的利益（シナジー効果，損金不算入）を除き，費用支払が認められます。

d)　価値創造性の検証

●価値創造者の検証

現地企業が支払うライセンス使用料の対象無形資産に関して，各当事者（ライセンサー及びライセンシー）の価値創造貢献度を検証し，その無形資産が中国国内で形成され，国外関連企業がその無形資産の法律上の所有権を有していても価値創造に貢献していない場合には，現地企業のライセンス使用料支払は認められません。

国外関連企業と現地企業との共同研究開発により創造された無形資産に関しては，現地企業のその無形資産の価値創造に対する貢献度を検証し，国外関連企業へのライセンス使用料額を算定します。

国外関連企業が所有している（発生済）無形資産に関しては，現地企業のその無形資産に対する応用，技術改良等の貢献を考慮して，国外関連企業へのライセンス使用料額を算定します。

●価値創造地の検証

国外関連企業が役務提供対価を取得する場合，その役務提供の実際発生地を確認し，中国の徴税権の有無を判定します。

e) 重複性の検証

契約関連資料及び実際の契約履行状況を確認し，企業が同一サービス又は同一技術に対し異なる名目で国外関連企業に対する報酬を重複して支払っていないかを検証します。

f) 対価の妥当性の検証

●契約額との整合性検証

契約関連資料を審査し，国外関連企業の役務提供対価を試算して，国外関連企業が取得する役務提供対価（額）と現地企業の支払費用（額）との整合性を検証します。

●取引相殺の検証

役務の提供及びライセンスの供与を行う国外関連企業と現地企業間におけるその他関連取引の有無を調査すると共に，（債権債務）相殺取引の有無を判定し，国外関連企業への支払費用に関して移転価格税制の適用等に基づき価格の妥当性を検証します。

(8) 国外関連企業への支払費用に対する税務機関の対応措置

税務機関は縦断的及び横断的連携を強化し，情報化管理方法及び国際租税徴収管理の協力制度に基づき，現地企業の財務担当者，税務代理事務所との協力関係を構築し，情報の均一化を図ると共に，独立企業間原則に基づき国外関連企業への支払費用に対する税収リスク管理を実施します。

① 自主申告の奨励及び基礎情報の管理強化

国外関連企業支払費用に関しては，現地企業の企業所得税確定申告時に年度関連申告表を提出のうえ，「サービス貿易等項目の対外支払に係る税務届出の関連問題に関する公告」（2013年40号）の要求に基づき，対外支払費用の契約及び対外支払費用の届出表等の資料を提出することが義務付けられています。

各税務機関は，現地企業提出届出資料の審査を強化し，国外関連企業支払費用に対する疑問が発生した場合には，納税者に関連資料の提出を要求できます。また，現地企業は，国外関連企業への支払費用が多額である，もしくは税務リスクがあると判定した場合には，税務リスクを軽減するために対外支払届出手続きに際して，税務機関に関連資料を自主提出することができます。

②　国外租税情報管理システムに基づく税務リスクの選別及び審査の強化

　浙江省は反租税回避の情報管理・非居住者の税収管理・「海外進出」企業の税収管理及びサービス等を含む国際租税事項の情報化システムの省内での普及を完成しました。

　各税務機関はこのシステムを十分に利用して国外関連企業支払費用の管理を強化し，支払費用と企業利益の負の関連性分析に基づき，税務調査対象企業を選別して，関連契約届出資料を重点的に審査し，国外関連者間取引の真実性と合理性を検証します。

③　租税回避防止と税務調査の同時強化による反租税回避業務水準の向上

　「管理，サービス，調査」及び反租税回避体制に基づき，国外関連企業支払費用に対する税務管理における重要度の低い事項に関しては，現地企業の自主調整（損金不算入）を奨励しています。また，重要度の高い事項に関しては，反租税回避税務調査を積極的に実施すると共に，反租税回避サービス機能を強化し，現地企業提出の合理的な移転価格申請を確実に受理するとされています。

④　税務機関内協力体制の向上による国外取引支払の税務監督・管理の強化

　a）　部門間の連携強化

　国家税務局，地方税務局，外国為替管理局，工商行政管理局等の部門間の情報共有及び業務連携体制の充実を図ると共に，税関，公安，銀行等の部門間の協力を強化する。各級税務機関の内部関係部署間の連携を強化し，日常業務において発見した国外関連企業への支払費用に係る租税回避の疑義については，国際税務管理部門に適時移管処理するとされています。

　b）　国際租税徴収管理の協力体制の活用

　国外税務機関からの税収情報を十分に利用し，国内納税者の租税回避行為を審査します。必要な税収特別情報を積極的に要求し，国外税務機関との協力強化により国外関連企業の役務提供及び無形資産の供与状況を把握します。

⑤　税務代理事務所の積極的な活用

　税務代理事務所との意思疎通を図ることによって，税務代理事務所による税務機関と納税者間の仲介機能を十分に発揮させ，また，国外関連企業支払費用に係る税収リスク管理に関する税務機関の要求及び状況を説明させると共に，税務代理事務所指導による現地企業の法令遵守向上の支援をします。

3 参考:国家税務総局による徴税強化に関するコメント

　企業グループ内役務提供(以下,「IGS」(Intra-Group Service))の取扱いに関して,SAT国際税務部門担当者はワシントンでの税務検討会において,下記の内容のコメントをしています。

(1) IGSの損金算入要件の明示

　SATは,外国親会社による中国子会社に対する企業グループ内役務提供(IGS)報酬の請求に対して,移転価格税制の観点から下記の損金算入基準(6つの検証方法)を明らかにし,この基準による分析,判定に基づき管理及び審査の強化を図ることを明らかにしました。今後,中国子会社に対するIGS対価の請求に関しては十分に注意することが必要です。

　またSATは,オブザーバー参加しているOECDの移転価格ガイドラインに規定するIGS報酬の取扱いに同意,遵守する旨を併せて表明していますので,請求内容が,取引の真実性(取引の実在性,子会社における有用性,計算の合理性)を具備することの重要性が明らかとなったといえます。なお,株主活動と関連する「管理費」の請求については損金算入を認めない旨も強調しています。

(2) 損金算入要件(検証基準)

　「管理費」と「企業グループ内役務提供報酬」の明確な区分が容易でないとして,SATは,損金算入要件(検証基準)として,受益性,必要性,重複性,価値創造性,回収妥当性(二重回収防止)及び真実性を明示しています。

(3) 損金不算入とされる管理費

　ここに「管理費」とは,企業所得税法実施条例第49条に規定され,損金算入を否認されている費用です。

　「企業所得税法実施条例第49条

　企業間において支出した管理費,企業内組織間において支出した賃貸料及び特許権使用料,及び非金融機関内組織間において支出した利息は,控除しては

ならない。」

4 参考：浙江省国家税務局の税務管理指針

　浙江省国家税務局は，国外関連企業への支払費用に対する税務管理業務指針として「企業の海外関連者への費用支払に係る税収リスク管理業務指針」を2015年6月に発遣しています。

　この指針は，「特別納税調整管理実施弁法（試行）」（国税発（2009年）2号），「企業による国外関連者への支払費用に係る企業所得税問題に関する公告」（2015年公告16号）及び非居住者税収管理関連規定に基づき，BEPS（税源浸食及び利益移転）行動計画の成果を考慮し，国外関連企業支払費用の徴税リスク管理，税務指導及び対応措置を整理・統括したものです。

　この税務管理指針は現場の税務当局のスタンスを知る上で有効と解されますので，中国子会社として関係会社に対する役務提供対価及びライセンスロイヤルティー（使用料）等の支払に関して，十分に注意する必要があります。

(1) 不合理な役務提供等の支払の否認事例

国外関連者への支払費用の否認事例	TP公告6号	公告16号	SAT検証項目
①取引実態及び合理性のない支払費用 　役務提供及びライセンスの契約相手に対する業務履行，リスク負担及び実質的事業活動を実施していない場合の支払 ● タックスヘイブン地域に登記の関連企業への支払 ● ペーパーカンパニー（経営活動，リスク負担能力のない企業）への支払 ● 役務提供及びライセンス名目の高額対価の支払 ● 超過収益力なき（無価値）ライセンスによる使用料の支払	（役務）37条 （使用料）30条	3条	－
②直接，間接の経済的利益のない支払費用 　現地子会社業務，経営と無関係な役務提供対価 ● 全世界のグループ企業への費用配賦方式による子会社業務と無関係な役務提供対価の請求 ● 親会社による世界各地での会社説明会費用の配賦	35条	4条	－

事例	TP公告6号	公告16号	SAT検証項目
③子会社が第三者から享受済，又は自社実施可能な役務に係る対価請求	35条	4条	－
④他の関連取引により負担済費用に関する役務に係る対価請求 ● 設備売買に含まれる据付・操作指導の費用	35条	4条	－
⑤企業グループ所属の間接的利益のみの支払費用の損金不算入 ● 企業グループとしての統一調達，システム導入，資金調達能力向上の間接的利益（効果）は発生しているが，具体的役務提供がない支払費用 ● 他のグループ企業に対する役務提供の効果が付随的に発生する場合	35条	4条	－
⑥親会社の株主活動費用 　現地子会社業務，経営と無関係な役務提供対価 ● 全世界のグループ企業への費用配賦方式による子会社業務と無関係な役務提供対価の請求 ● 親会社による世界各地での会社説明会費用の配賦	35条	4条	－
⑦不合理（高額）な対価 ● 第三者間取引におけるマークアップ率を大きく超える高額な役務提供対価 ● 売上高比にて対価を計算する支払	34条	2条	－
⑧不合理な対外支払利息 ● 合理的利率水準を超える支払利息 ● 過少資本税制を逸脱する債務・資本比率に係る支払利息	4条	－	－

(2) 不合理なロイヤルティー（使用料）支払の否認事例

国外関連者への支払費用の否認事例	TP公告6号	公告16号	SAT検証項目
①（ハイテク企業）帰属の技術無形資産に係る使用料支払 ● 現地企業（特にハイテク企業）による，研究開発又はブランド（市場）開拓のために多大の資金及び労務を投入して，相応の無形資産を形成したにもかかわらず，自己に帰属すべきライセンスに対しての使用料支払	30条 31条	5条	－

国外関連者への支払費用の否認事例	TP公告 6号	公告 16号	SAT検証項目
● 共同開発技術に関し現地企業による主要な役割と十分な費用負担にもかかわらず多大な使用料支払			
②不必要な使用料支払 ● 工業所有権有効期限がすぎたもの，公開情報で入手可能な技術に対する使用料支払	31条	規定なし	−
③現地子会社の開拓ブランドに係る使用料支払 ● 現地企業がブランド（市場）開拓のために多大の資金及び労務を投入し，無形資産を形成したにもかかわらず，自己に帰属すべきライセンスに対して使用料支払	30条	5条	−
④高額（不合理）な使用料支払 ● 独立企業間価格よりも高額な使用料支払	32条	2条	−

(3) **直接，間接の経済的利益が生じない役務提供対価及びロイヤルティー（使用料）の支払**

国外関連者への支払費用の否認事例	TP公告 6号	公告 16号	SAT検証項目
①現地企業の経営事業に無関係，高額な費用の支払 ● 現地企業の経営・事業に無関係もしくは不相応（高額）な役務提供対価及び使用料支払により現地企業利益（課税所得）が大きく損なわれる場合	35条	4条	−
②受託生産現地企業の使用料支払 ● TP税制に基づき技術的価値控除後として受託生産取引価格が決定されている現地企業の使用料支払	規定なし	規定なし	−
③国外関連企業向け輸出商品に対するブランド（商標）使用料支払	規定なし	規定なし	−

(4) **取引スキーム（契約形態）に基づく租税回避問題**

国外関連者への支払費用の否認事例	TP公告6号	公告16号	SAT検証項目
①役務提供地の解釈に基づく租税回避問題 ● 現地企業の役務享受地は中国国内であるが、インターネット（国外サーバー）による役務提供を理由として中国国外源泉所得とする問題 ● 役務提供契約において提供地を国外と規定する問題	規定なし（BEPS 1）	規定なし（BEPS 1）	－
②ライセンス契約での国外提供の役務とする問題 ● 多数の提供項目記載の役務提供契約によりライセンス使用料を隠蔽する問題 ● 技術ライセンス使用料を技術指導料と仮装する問題	規定なし	規定なし	－
③PE認定の回避 ● 役務提供契約の恣意的な分割、接続によるPE回避問題	規定なし（BEPS 7）	規定なし（BEPS 7）	－
④実質的相殺による役務提供対価及び使用料の隠蔽問題 ● 高額な原材料輸入取引、廉価な製品輸出による役務提供対価及び使用料の実質的相殺による隠蔽問題	規定なし	規定なし	－

(5) **税務調整（更正）**

国外関連者への支払費用の否認	TP公告6号	公告16号	SAT審査基準
①役務提供対価の調整（更正）額の算定 ● 独立企業間価格の適用 ● 収益性分析及び機能原価分析の結果に基づき、実際コストを基礎に算定	34条	2条	－
②ライセンス使用料の調整（更正）額の算定 ● 独立企業間価格の適用 ● 受益性分析及び貢献度分析の結果に基づき、現地企業の経済的利益、実際価値及び契約当事者の貢献（開発・価値向上、維持、保護、応用及び普及、並びに当事者の機能、資産投入及びリスク負担）に基づいて算定	30条	2条	－

(6) 税務調査時の検証方法

国外関連者への支払費用の税務調査（検証方法）	TP公告6号	公告16号	SAT検証項目
①実在性／整合性の検証 ● 現地企業の経営実態との整合性の確認 ● 国外関連企業の機能, リスク負担及び活動の実在性の確認 ● タックスヘイブン地域の企業との取引に注意	37条	3条	真実性
②必要性の検証 ● 現地企業の経営上の需要との合致及び必要性 ● 経営に無関係な費用は損金不算入	35条 不要性役務（反対解釈）	4条 必要性	必要性
③受益性の検証 ● 役務提供対価及び使用料支払に対応する経済的利益の享受状況の確認 ● 支払額と経済的利益の整合性の確認 ● 独立企業間価格超過部分の損金不算入	35条 非受益性役務（反対解釈）	4条 受益性	受益性
④価値創造の検証 a) ライセンス：価値創造者の検証 ● 使用許諾者, 使用者双方の価値創造貢献度の確認 ● 無形資産（商標使用料は特に注意）が中国国内にて形成され, 国外関連企業が法的所有権のみを有する場合の支払使用料の損金不算入 ● 共同研究開発の技術無形資産使用料は現地企業価値貢献を考慮 ● 現地企業による応用, 改良の貢献度を考慮した使用料の決定	30条 無形資産価値貢献	5条 価値創造性	価値創造性
b) 役務提供：価値創造地の検証 ● 役務提供の実際発生地を所得源泉地として課税の要否を確認	規定なし	規定なし	規定なし
⑤重複性の検証 ● 契約書, 役務実施状況に基づき重複費用支払の有無を確認	35条	4条	二重回収防止
⑥請求額の整合性の検証 a) 契約額の整合性の検証 ● 役務提供対価と現地企業支払費用の整合性の確認	規定なし	規定なし	規定なし
b) 取引相殺の検証 ● 他の関連企業間取引による取引相殺の有無の確認	規定なし	規定なし	規定なし

第4章　企業グループ内取引（BEPS重要項目）に対する徴税強化　　79

企業による国外関連者への支払費用に係る企業所得税問題に関する公告
（国家税務総局2015年第16号　2015年3月18日）
第1条　企業所得税法第41条に基づき，企業による国外関連者への支払費用は，独立第三者間取引原則に合致すべきであり，独立企業取引原則に拠らない国外関連者に対する費用の支払については，税務機関はこれを調整することができる。
（第2条，第3条省略）
第4条　企業は国外関連者の役務提供に対して対価を支払う場合，当該役務は企業に直接もしくは間接的に経済的利益をもたらすものでなければならない。企業が下記の役務提供に対して対価として国外関連者に支払う費用は，課税所得額を計算する場合損金算入することはできない。
(1)企業が担う機能及び負担するリスク，もしくは経営と無関係な役務活動
(2)国外関連者が企業の直接もしくは間接の投資者としての投資利益を確保するために，企業に対して実施する支配，管理及び監督等の役務活動
(3)国外関連者が提供する役務活動は，企業が既に第三者から購入もしくは自ら実施している場合
(4)企業は特定の企業グループに帰属することにより超過（特別）収益を取得しているが，企業グループ内関連者から当該企業に対する具体的な役務活動が行われていない場合，
(5)その他国外関連者間取引において，既に対価として回収（補償）されている役務活動
(6)その他，企業に直接もしくは間接的な経済的利益をもたらさない役務活動
第5条　企業は国外関連者が提供した無形資産の使用により特許権使用料を支払う場合には，各関連当事者の当該無形資産の価値創出に対する貢献度を考慮して各自が享受すべき経済的利益を確定する。企業は無形資産の法的所有権のみを保有し，当該（無形資産）価値創出に貢献していない関連者に対して支払う特許権使用料がある場合において，独立企業間取引原則に合致しないときは，企業の課税所得額の計算上，損金算入することはできない。
（以下省略）

「企業による国外関連者への支払費用に係る関連企業所得税問題に関する公告」の解釈

(国家税務総局弁公庁　2015年3月19日)

1. 企業が国外関連者に費用を支払う時に如何なる資料を準備すべきか

　企業が国外関連者に費用を支払う時には，当該関連者と締結された契約書又は協議書，及び取引が実際に発生し，かつ独立企業間取引原則に合致する関連資料を準備しなければならない。

2. 企業が国外関連者に対して費用を支払う際に税務機関の審査を経るべきか否か

　企業が国外関連者への費用支払は，企業の経営行為であり，税務機関の審査を経てから支払う必要はない。ただし，主管税務機関は状況に応じて，当該支払が独立企業間取引原則に合致するか否かを調査確定するために，企業に対して期限つきにて関連者との締結済契約書又は協議書，及び取引が実際に発生し，かつ独立企業間取引原則に合致する関連資料の提出を要求することができる。独立企業間取引原則に拠らずに国外関連者に対して費用を支払った場合には，税務機関が（税務）調整することができる。

3. 企業が経済的利益をもたらさない役務を受け入れた場合に，国外関連者に対して役務提供費用を支払うことができるか

　企業が国外関連者から役務の提供を受けた場合，受益者原則を基準にして当該役務提供に対して受益性の分析を行わなければならない，即ち，当該役務提供は企業に直接又は間接的に経済的利益をもたらすか否かを分析する必要がある。

4. 企業は，如何に各関連者の無形資産の価値への貢献度を判定し，如何に各自が享受すべき経済的利益を確定するか

　企業は国外関連者に対して技術，ブランド等無形資産に係る（特許権）使用料を支払う場合，関連各社が当該無形資産の開発，価値向上，維持，保護，応用及び推進において履行した機能，投入した資産及び引き受けたリスクの分析を通じて，各関連者の当該無形資産への価値創出の貢献度を判定し，各自の享受すべき経済的利益を確定するとともに，独立企業間取引原則に基づき企業が国外関連者に対して（特許）権使用料を支払うべきか，（特許）権使用料をどの程度支払うべきかを確定する。

企業は，無形資産の法律上の所有権をのみ保有しているが，価値創出に貢献をしない関連者に対して特許権使用料を支払うことは，独立企業間取引原則に合致せず，課税所得額の計算上，損金算入してはならない。例えば，国内の不動産企業が国外関連者の商標又はブランドを使用して不動産開発を行う場合において，当該商標又はブランドが国内企業による不動産開発の過程において徐々に市場の承認を得て，かつ国内企業が維持及び推進を加えたことにより価値上昇が実現している場合には，独立企業間取引に従い，国内不動産企業が国外関連者に対して支払う（特許）使用料は課税所得額の計算上，損金算入しない。

第5章

中国の移転価格税制

　中国の移転価格税制（Transfer Pricing Taxation）は，「特別納税調整実施弁法（試行）（2009年国税発2号）」（TP公告（2016年）第42号及びTP公告（2017年）第6号により第2章～第5章，第11章～第12章等の主要条項廃止）を中心に，企業所得税法及び税収徴収管理法に関連規定が置かれており，ガイドラインには，移転価格税制に係る基本原則，情報開示，同時文書化義務が規定されています。また，中国現地企業は「企業年度関連業務取引報告表」の企業所得税申告書への添付が義務付けられています（公告42号1条）。

　なお，BEPS行動計画に対応すべく，2015年9月に「特別納税調整実施弁法（意見募集稿）」（以下，「TPガイドライン案」）が公表され，TPガイドライン案の主要改正内容を反映した「関連申告及び同時文書化管理の完備に係る関連事項に関する公告（2016年国家税務総局公告第42号）」（以下，「TP公告42号」）及び「特別納税調査調整および相互協議手続に関する管理弁法（2017年国家税務総局公告第6号）」（以下，「TP公告6号」），並びに「事前確認制度（APA）の改善事項に関する公告（2016年国家税務総局公告第64号）」（以下，「TP公告64号」）が発遣され，適用が開始されています。

1 移転価格税制の概要

(1) 移転価格税制における管理の定義（TPガイドライン案1章）
① 移転価格管理の定義
　移転価格管理とは，企業の関連者間の業務取引が独立企業原則に準拠しているか否かについての評価，調査，調整等の業務とされます。
② 事前確認管理の定義
　事前確認管理とは，企業の将来年度の関連者間取引の価格設定原則及び算定

方法についての評価，企業との協議による事前確認合意等の業務とされます。

③ **コストシェアリング契約管理の定義**

コストシェアリング契約管理とは，企業のコストシェアリング契約が独立企業原則に準拠しているか否かについての評価，調査，調整等の業務とされます。

④ **被支配外国企業管理の定義**

被支配外国企業管理とは，被支配外国企業による利益の不配当及び利益配当減額の合理性に関する評価，調査，居住者企業に帰属すべき所得の調整等の業務とされます。

⑤ **過少資本管理**

過少資本管理とは，企業に対する関連者からの債権性投資と権益性投資の比率が，規定の比率及び独立企業原則に準拠しているか否かに関する評価，調査，調整等の業務とされます。

⑥ **一般租税回避防止管理**

一般租税回避防止管理とは，企業の非合理的スキーム実施による課税収入又は課税所得額の減少に対する評価，調査，調整等の業務とされます。

(2) **TPガイドライン案の概略**

① **関連申告（TPガイドライン案2章，TP公告42号）**

TP対象の関連者の該当要件及び関連者取引の類型の規定，並びに企業所得税申告書添付の「関連業務取引報告表」の記載内容を規定しています。

② **移転価格同時文書化（TPガイドライン案3章，TP公告42号）**

マスターファイル，ローカルファイル及び特殊事項ファイルの記載内容及び作成要件を規定しています。

③ **移転価格算定方法（TPガイドライン案4章，TP公告6号）**

独立価格比準法，再販売価格基準法，原価基準法，取引単位営業利益法，利益分割法及びその他の方法（資産評価法及び経済活動の発生地と価値の創造地が利益に対応しなければならないとする原則に基づくその他の方法）の内容を規定しています。

④ **特別納税調査及び調整（TPガイドライン案5章，TP公告6号5条〜14条及び40条〜46条）**

特別納税調査及び調整に関する手続を規定しています。

⑤ **無形資産と関連者役務提供の取扱い（TPガイドライン案6章，7章，TP公告6号）**

無形資産（使用料）及び（受益性）役務取引の取扱いを規定しています。

⑥ **事前確認（TPガイドライン案8章，TP公告64号）**

事前確認制度の内容，手続を規定しています。

⑦ **コストシェアリング契約，被支配外国企業及び過少資本管理（TPガイドライン案9章〜11章）**

コストシェアリング契約，被支配外国企業及び過少資本の取扱いを規定しています。

⑧ **対応的調整と相互協議（TPガイドライン案14章，TP公告6号47条〜61条）**

相互協議の趣旨及び手続等を規定しています。

⑨ **その他（TPガイドライン案12章，13章，15章）**

一般租税回避防止（TPガイドライン案12章），利益水準の監督管理（TPガイドライン13章），法的責任（TPガイドライン15章）に関する規定を設けています。

2 移転価格税制対象取引及び定義

移転価格税制は，税務当局による企業関連者間取引の独立企業原則（公正市場価格）への合致に関する審査評価，調査及び更正等を規定しています（企業所得税法41条，同実施条例110条）。

(1) 関連者の定義（TP公告42号2条，企業所得税法実施条例109条，110条）

関連者の範囲には，資本関係以外に実質的な支配関係も含まれ，非常に広範囲となっています。

① **資本関係（親子会社，兄弟会社等）**

直接及び間接に持分総額の25％以上の所有関係（兄弟会社を含む）

② 金銭貸借関係

払込資本の50％以上の金銭貸借関係，もしくは，借入総額の10％以上の保証関係

③ 人事関係（高級管理職の派遣，兼任）

高級管理職の半数以上，もしくは，董事会を支配する董事の派遣，兼任関係（同様の派遣，兼任を受ける兄弟会社関係を含む）

④ 取引の支配関係による補完

資本関連基準に該当しない場合でも，企業の購買，販売，役務提供等の経営活動が支配されている関係

(2) **対象関連取引（TP公告42号4条）**

移転価格税制の対象関連取引には，資本取引以外の棚卸資産取引，無形資産取引等のほぼ全ての取引が該当します。

① 有形資産（商品，製品，建物・建築物，車両運搬具，機械設備，工具器具等）の所有権の譲渡及び貸与

② 金融資産（売掛金，受取手形，未収金，持分投資，債権投資及び金融派生商品）の譲渡

③ 無形資産（特許権，ノウハウ，商業機密，ブランド・商標，顧客名簿，販売網，フランチャイズ経営権，政府認可，著作権）の所有権の譲渡及び貸与

④ 資金融通（長短期の各種資金貸付，保証及び各種の利付き前払債権，延払未収・未払金等）

⑤ 役務提供（市場調査，販売促進，代理業務，設計，コンサルティング，技術サービス，受託研究開発，メンテナンス，法務サービス，財務管理，監査，採用，研修，集中購買等）

3 関連申告（企業所得税確定申告添付関連業務取引報告表）

企業所得税の確定申告（申告期限5月末）に際しては，「年度関連業務取引報告表」（TP公告42号1条）の添付が義務付けられています（企業所得税法43条1項）。

この提出資料に関しては，日本法人税申告書添付の「国外関連者に関する明

細書―別表17(4)」に比して開示情報量が多いこと，そして，中国に提出する「年度関連業務取引報告表」との整合性の確保に留意することが肝要です。

(1) 「国別報告書」の作成（TP公告42号5条）

下記の条件に該当する企業は，「年度関連業務取引報告表」の一部である「国別報告書」の作成・準備が要求されています。国別報告書においては，多国籍企業グループに所属するメンバー企業の全世界所得，税額及び業務内容，機能等を国別に合計し，開示する必要があります。

① 当該企業が多国籍企業の最終親会社であり，グループの連結収益合計が55億元超の場合
② 最終親会社は中国国内ではないが，別途「国別報告書」の作成を要求されている場合

(2) 「国別報告書」提出対象企業（TP公告42号8条）

中国現地企業が最終親会社でない場合でも，所属多国籍企業グループが「国別報告書」の作成対象企業であり，下記の条件に該当する場合は，中国税務当局は現地中国企業に対して「国別報告書」の提出を要求することが認められています。

① 多国籍企業グループがいかなる国においても「国別報告書」を提出していない場合
② 多国籍企業グループが，中国が情報交換システムを有しない国に「国別報告書」を提出している場合
③ 多国籍企業グループが，中国が情報交換システムを有する国に「国別報告書」を提出しているが，情報交換が実現しなかった場合

4 移転価格同時文書化規定（TP公告42号10条，企業所得税法43条，同実施条例114条）

企業は，中国移転価格税務調査に対して，関連資料（移転価格同時文書）の作成，保管，適時提出を義務付けられています。

中国移転価格同時文書は，BEPSの議論に基づく「マスターファイル」，

「ローカルファイル」及び「特殊事項ファイル」により構成されます。なお，OECDは「国別報告書」，「マスターファイル」及び「ローカルファイル」を規定していますが，中国は「国別報告書」は申告書添付資料とし，別途「特殊事項ファイル」を加えています。

(1) 「マスターファイル」の準備対象企業（TP公告42号11条）

関連者間取引総額が年間10億元を超える企業，もしくは関連者間取引が発生し，最終親会社が「マスターファイル」を既に作成している場合には，中国現地企業は「マスターファイル」を準備しなければなりません。

(2) 「マスターファイル」の内容（TP公告42号12条）

「マスターファイル」には，多国籍企業グループの全体像及び企業グループ内の事業概況及び移転価格ポリシー等が記載されます。

① 組織構成

図表の形式で企業グループのグローバルでの組織構成，持分関係及び全メンバー（PEを含む）実体の地理的分布状況を開示（説明）します。

② 企業グループの業務内容の開示（説明）

a) 企業グループ業務の説明（利益に対する重要な価値貢献の要素を含む）
b) 企業グループ営業収入の上位5位及び営業収入に占める割合が5％を超える製品又は役務に係るサプライチェーン及びその主要市場地域の分布状況の開示
c) 企業グループの研究開発以外の重要な関連者間役務及び概要（適性，コスト配賦及び関連者間役務価格決定の移転価格方針を含む）の説明
d) 企業グループ内各メンバーの主たる価値貢献（履行する重要な機能，負担する重大なリスク及び使用する重要な資産を含む）の分析結果の説明
e) 企業グループの会計年度内発生の事業再編，産業構造の調整，グループ内企業の機能，リスク又は資産の移転の開示
f) 企業グループの会計年度内発生の企業の法律形式変更，債務再編，持分買収，資産買収，合併，分割等の開示

③ 無形資産取引の開示（説明）
　a) 企業グループの無形資産の開発，応用及び無形資産所有権帰属の確定に関する全体的な戦略（主要な研究開発機構の所在地，研究開発管理活動の発生地及び主要な機能，リスク，資産及び人員状況を含む）
　b) 企業グループの移転価格方針に影響する無形資産の所有権者
　c) 企業グループ内の無形資産の重要な契約（コストシェアリング契約，主要な受託研究開発契約及びライセンス契約等）リストの開示
　d) 企業グループ内の研究開発活動及び無形資産に係る移転価格方針の説明
　e) 企業グループの会計年度内重要無形資産の所有権及び使用権の関連者間譲渡の状況（譲渡企業・国及び譲渡価格等を含む）の開示

④ 融資活動の開示（説明）
　a) 企業グループ内における各関連者間の融資政策及び非関連者間の主要融資政策の説明
　b) 企業グループ内において集中的に融資機能を提供するメンバー企業の状況（登録地及び実質管理機構の所在地を含む）の開示
　c) 企業グループ内部の関連者間融資政策に係る移転価格方針の説明

⑤ 財務及び税務の状況の説明
　a) 企業グループの直近1会計年度の連結財務諸表の開示
　b) 企業グループ内メンバー企業が締結した国内事前確認協議，2国間の事前確認協議及び国家間の所得配分に係るその他税収裁定リスト及び概要の説明
　c) 国別報告書を提出する企業の名称及び所在地の開示

(3) 「ローカルファイル」の準備対象企業（TP公告42号13条）

関連者間の年間取引額が下記の条件に該当する中国現地企業は，「ローカルファイル」を準備しなければなりません。
① 有形資産（棚卸資産，有形固定資産）の関連者間取引額が2億元超の場合
② 金融資産の取引額が1億元超の場合
③ 無形資産の取引額が1億元超の場合

④ その他関連者間取引額合計が4,000万元超の場合

(4) 「ローカルファイル」の内容（TP公告42号14条）
「ローカルファイル」には関連者間取引に関する詳細情報（機能分析，経済分析を含む）を記載します。
① **企業の概況の開示（説明）**
 a) 組織構成（各部署の設置，業務分掌及び従業員数等を含む）
 b) 管理構造（各級管理層の報告対象及び報告対象の主要な業務所在地等を含む）
 c) 業務（業界の発展状況，産業政策，業界規制等に係る企業及び業界に影響を与える主な経済及び法律の問題，主な競合者等を含む）の記載
 d) 経営戦略（各部門，各プロセスの業務フロー，運用モデル，価値貢献要素等を含む）
 e) 財務データ（類型別の業務及び製品の収入，原価，費用及び利益を含む）
 f) 企業自身が影響を受ける組織再編もしくは無形資産の譲渡状況，並びに当該企業に及ぼす影響の分析
② **関連関係の開示**
 a) 関連者の情報（直接又は間接に持分を保有する関連者及び企業と取引を行った関連者の情報を含む。また開示内容には関連者の名称，法定代表者，高級管理者の構成状況，登録住所，実際の経営地，並びに関連者個人の氏名，国籍，居住地等の状況を含む）
 b) 関連者に適用する所得税の性質を有する税目，税率及び享受する優遇税制
 c) 本会計年度内における関連関係の変更状況
③ **関連者間取引**
 a) 関連者間取引の概況
  i 関連者間取引の説明及び明細の開示
関連者間取引の関連契約の執行状況の説明（取引目的の特性，関連者間取引の類型，関与者，時期，金額，決済通貨，取引条件，貿易形式，並びに関連者

間取引と非関連者間取引の差異等を含む)

　ⅱ　関連者間取引フローの説明

　関連者間取引における情報，物，資金の流れ（非関連者間取引フローとの差異を含む）

　ⅲ　機能・リスクの説明

　企業及びその関連者の機能，負担するリスク（使用する資産を含む）

　ⅳ　取引価格設定に影響を与える要素の説明

　関連者間取引に係る無形資産及びその影響，コストセービング，マーケットプレミアム等の地域特殊要素（地域特殊要素に関しては労務コスト，環境コスト，市場規模，市場競争度，消費者購買力，商品または役務の代替可能性，政府規制等の面からの分析を実施）。

　ⅴ　関連者間取引データの開示

　各関連者，各種の関連者間取引に係る取引価額の開示（関連者間取引及び非関連者間取引に関しては収入，原価，費用及び利益の区分開示，直接区分集計できない場合は合理的な比率にて按分し，按分比率の根拠を明記）

　b)　バリューチェーン分析の開示（説明）

　ⅰ　企業グループ内の業務フロー，物流及び資金の流れの開示

　商品，役務，その他取引対象に関する設計，開発，生産製造，マーケティング，販売，納品，決済，消費，アフターサービス，リサイクル等の各段階及びその関与者の開示

　ⅱ　上述各プロセスの関与者に係る直近会計年度の財務諸表の開示

　ⅲ　地域特殊要素の企業価値創造に対する貢献の定量化及びその帰属の説明

　ⅳ　グローバルバリューチェーンにおける企業グループ利益の配分原則及び配分結果の開示

　c)　対外投資の開示

　ⅰ　対外投資の基本情報の開示

　対外投資プロジェクトの投資地域，金額，主要業務及び戦略企画の開示

　ⅱ　対外投資プロジェクトの概況の開示

　対外投資プロジェクトの持分構成，組織構成，高級管理者の雇用方式，プロジェクト決定権限の帰属の開示

ⅲ　対外投資プロジェクトのデータの開示
　　対外投資プロジェクトの運用データの開示
　　　d）関連者間の持分譲渡の開示
　　　ⅰ　持分譲渡の概況の開示
　　譲渡の背景，関与者，時期，価格，支払方式及び持分譲渡に影響する他の要素の開示
　　　ⅱ　持分譲渡対象の関連情報の開示
　　持分譲渡対象の所在地，譲渡者の当該持分取得時期，方式及びコスト，持分譲渡益等の情報の開示
　　　ⅲ　デュー・ディリジェンス報告または資産評価報告等の持分譲渡に関するその他情報の開示
　　　e）関連者間役務の開示（説明）
　　　ⅰ　関連者間役務の概況の開示
　　役務の提供者と享受者，役務の具体的内容，特性，実施方法，価格設定方針，支払方法及び役務発生後の各当事者の受益状況等の開示
　　　ⅱ　役務のコスト，費用の集計方法，項目，金額，配賦基準，計算過程及び結果等の開示
　　　ⅲ　関連者間と非関連者間に同一，類似の役務取引が存在する場合は，役務の価格設定方針と取引結果の差異の詳細説明
　　　f）関連者間取引に直接関連する中国以外の税務当局と締結した事前確認協議，税務裁定
④　**比較可能性分析の開示（説明）**
　　　a）比較可能性分析の検討要素の説明
　　取引資産又は役務の特性，各取引当事者の機能，リスク及び資産，契約条項，経済環境，経営戦略等の説明
　　　b）比較可能な対象企業が履行する機能，負担リスク及び使用資産等の関連情報の説明
　　　c）比較可能対象の検索方法，情報の出所，選定条件及び理由の説明
　　　d）比較可能な独立企業間取引情報及び比較可能企業の財務情報の開示
　　　e）比較可能データの差異調整及び理由の説明

⑤ 移転価格算定方法の選定と適用の開示（説明）
　a）　検証対象の選定及びその選定理由の説明
　b）　移転価格算定方法の選定及びその選定理由の説明
　企業がグループ全体の利益若しくは残余利益に対して果した貢献の説明
　c）　比較可能な非関連者間取引価格もしくは利益算定過程における仮説及び判断の説明
　d）　合理的な移転価格算定方法とベンチマーキング分析結果の利用による比較可能な非関連者間取引価格又は利益の算定
　e）　その他の選定された移転価格算定方法の証明資料
　f）　関連者間取引価格設定方針が独立企業間原則を充足するか否かに関する分析及び結論

⑸　「特殊事項ファイル」の準備対象企業（TP公告42号15条）
　特殊事項ファイルにはコストシェアリング契約の特殊事項ファイルと過少資本特殊事項ファイルが含まれます。
　企業がコストシェアリング契約を締結・実施する場合には，コストシェアリング契約の特殊事項ファイルを準備しなければなりません。また，企業関連負債資本比率が標準比率を上回り，独立取引原則の適合に係る説明が必要な場合には，過少資本特殊事項ファイルを準備しなければなりません。

⑹　コストシェアリング契約の「特殊事項ファイル」の内容（TP公告42号16条）
　コストシェアリング契約の特殊事項ファイルは以下の内容を含みます。
① コストシェアリング契約の副本の添付
② 各当事者間で締結したコストシェアリング契約履行のためのその他契約の開示
③ 非当事者による成果の使用状況，支払額および形式，並びに支払額の当事者間按分方法の開示
④ 当年度のコストシェアリング契約加入及び離脱の状況（加入及び離脱者の名称，所在国及び関係，加入に係る支払及び離脱に係る補償の金額及び形式

を含む)の説明
⑤ コストシェアリング契約の変更又は中止の状況(変更又は中止の原因,契約(実現)成果の処理,分配の状況を含む)の説明
⑥ 当年度のコストシェアリング契約に基づき発生したコスト総額及び構成状況の開示。
⑦ 当年度の各当事者のコストシェアリング状況(コスト支払金額,形式及び対象,補償金の支払額又は受領額,形式及び対象を含む)の開示
⑧ 当年度契約における予測収益及び実際収益の比較及び調整の説明
⑨ 予測収益の計算(算定基準の選定,計算方法及び変更理由)の説明

(7) 過少資本「特殊事項ファイル」の内容(TP公告42号17条)

過少資本の特殊事項ファイルは以下の内容が含まれます。
① 企業の返済能力と借入能力の分析の説明
② 企業グループの借入能力と融資構成状況の分析の説明
③ 企業登録資本等の権益投資の変動状況の説明
④ 関連債権投資の性質,目的及び取得時の市場の状況の説明
⑤ 関連債権投資に係る通貨の種類,金額,利率,期限及び融資条件の説明
⑥ 非関連者が上述融資条件,融資金額及び利率を受け入れる可能性及び意思の有無の説明
⑦ 企業が債権性投資を取得するために提供した担保の状況及び条件の説明
⑧ 保証人の状況及び担保条件の説明
⑨ 同類同期貸付金の利率状況及び融資条件の説明
⑩ 転換社債の転換条件の説明
⑪ その他独立企業原則と適合することを証明できる資料の開示

5 移転価格調査及び更正

税務機関は,確定申告書,関連取引報告表及び関連資料に基づき,企業の経営状況,関連者間取引等の状況を分析,評価し,移転価格調査対象企業を選別します。

(1) 調査対象企業の選定等（TP公告6号4条）

下記企業が移転価格の重点調査対象とされています。

① 関連者取引額が比較的大きい，あるいは関連者取引の種類が多い企業
② 長期的に欠損状態にある企業，利益が少額の企業，あるいは利益の変動が激しい企業
③ 同業界の利益水準を大きく下回る企業
④ 利益水準と負担する機能・リスクが相応でないあるいは受領収益と負担原価が相応でない企業
⑤ 低税率国（地域）にある関連者との取引がある企業
⑥ 規定に準拠した関連申告をしていない，あるいは同時文書を準備していない企業
⑦ 関連者から受けた関連負債資本比率（債権性投資／権益性投資）が規定基準を超える企業
⑧ 被支配企業が実際税負担率12.5％未満の国・地域に設立され，合理的な経営理由がなく利益未配分又は配分減少の企業
⑨ その他，合理的商業目的を有しないタックスプランニングを実施する企業

(2) 比較可能性分析（TP公告6号15条）

税務当局は調査に際して下記5項目の比較可能性分析を選択，実施するとされています。

なお，比較可能性分析に際して，税務機関は公開情報を優先使用しますが，非公開情報（シークレットコンパラブル）の使用も認められています（TP公告6号24条）。

また，比較可能性分析においては平均値（単純，加重）や四分位法等を使用することとされています（TP公告6号25条）。

① 対象資産等の特性

有形資産の物理的特性・品質・数量等，無形資産の類型・取引形式や保護の程度・期限及び予測収益等，役務の性質及び内容，金融資産の特性・内容・リスク管理等

② 取引当事者の機能，リスク及び使用資産の分析

　機能には研究開発，設計，購買，加工，組立，製造，保守，販売，マーケティング，広告，在庫管理，物流，倉庫保管，融資，管理，財務，会計，法律及び人事管理等が含まれます。

　リスクには，投資リスク，研究開発リスク，購買リスク，生産リスク，市場リスク，管理リスク及び財務リスク等が含まれます。

③ 契約条項の分析

　取引の対象，数量，価格，代金の回収，決済方法及び条件，引渡条件，アフターサービスの範囲及び条件，付帯役務提供の約定，契約内容の変更又は修正の権利，契約有効期間，契約終了又は更新の権利等が含まれます。

　契約条項の分析に際しては，企業の契約執行能力及び行為，並びに契約条項の信頼性に留意します。

④ 経済環境の分析

　業界の概況，地理的状況，市場規模，市場段階，市場占有率，市場の競争状況，消費者の購買力，商品又は役務の代替可能性，生産要素価格，輸送コスト，政府規制，ロケーションセービング及びマーケットプレミアム等の地域特殊要素等が含まれます。

⑤ 経営戦略の分析

　イノベーション及び研究開発，多角化経営戦略，相乗効果，リスク回避戦略，市場占有戦略等が含まれます。

　なお，上記の5項目は，OECD移転価格ガイドラインが掲げる①資産，役務の特徴，②機能分析，③契約条件，④経済状況，⑤事業戦略に準拠していると解されます。

6 移転価格算定方法

(1) 移転価格算定方法の選定（TP公告6号16条）

　税務機関は比較可能性分析結果によって，合理的移転価格算定方法を選定し，関連者取引の分析，評価を実施する旨規定されています。

　「独立企業間取引原則」に合致しない関連者間取引の調整（更正決定）を行う根拠となる「合理的方法」（企業所得税法41条）としての下記移転価格算定

方法（同実施条例111条）に関して，TP公告6号には詳細及び留意点等が規定されています。

> 企業所得税法実施条例第111条
> ① 独立価格比準法：非関連者間において同種同様又は類似の取引が行われる場合の価格を基準に取引価格を決定する方法
> ② 再販売価格基準法：関連者から購入した商品を非関連者に再販売した場合の取引価格から，同種同様又は類似の取引に係る売上総利益を減算することにより取引価格を決定する方法
> ③ 原価基準法：原価に合理的な費用及び利益を加算することにより取引価格を決定する方法
> ④ 取引単位営業利益法：非関連者間において同種同様又は類似の取引が行われる場合の純利益水準により利益を確定する方法
> ⑤ 利益分割法：企業及び当該関連者間の合算利益又は損失を，各者の間において合理的な基準で配賦する方法
> ⑥ その他独立企業間取引原則に合致する方法。

上記の方法は，一般的な移転価格算定方法であり，OECD移転価格ガイドラインに準拠した考え方によるものといえます。中国においても，いわゆる基本三法の優先適用は求められず，事実上利益法の適用が可能になっています。

(2) 独立価格比準法（Comparable Uncontrolled Price Method；CUP法，TP公告6号17条）

独立価格比準法は，関連者間取引と同様・類似の業務内容における非関連者間取引における価格を公正取引価格とする方法であり，全ての関連者間取引に適用可能な方法とされます。

独立価格比準法の比較可能性分析に際しては，関連者間取引と非関連者間取引の資産又は役務の特性，契約条項，経済環境及び経営戦略の差異（下記項目）を検討すると共に，重大な差異がある場合は合理的に調整し，調整不可能な場合は他の移転価格算定方法を選定することとなります。

① 有形資産の譲渡又は貸与における調整項目
　a) 譲渡・貸与の過程：取引の時期及び場所，引渡条件，引渡手続，支払条

件，取引数量，アフターサービス等
  b) 譲渡・貸与の段階：出荷段階，卸売段階，小売段階及び輸出段階等
  c) 譲渡・貸与の環境：民族習慣，消費嗜好，政治的安定性及び財政，税収，外貨政策等
  d) 有形資産の性能，規格，品番，構造，類型，減価償却方法等
  e) 使用権の提供時期，期間，場所，費用受取基準等
  f) 有形資産への投資額，メンテナンス費用等

② 金融資産の譲渡における調整項目

実際保有期間，流動性，安全性，収益性

なお，持分譲渡取引の分析においては，対象企業の性質，事業構成，資産構成，所属業界，業界の事業サイクル，経営モデル，企業規模，資産内容及び使用状況，企業の経営段階，成長性，経営リスク，財務リスク，取引時期，地理的状況，出資関係，過去の経営状況及び将来の経営予測，のれん，課税所得，流動性，経済動向，マクロ政策，企業の収入及び原価構成とその他の要因

③ 無形資産の譲渡及び貸与（使用権譲渡）における調整項目
  a) 無形資産の分類，用途，適用事業，予測収益
  b) 無形資産の開発投資，譲渡・貸与条件，独占度合，代替可能性，法的保護の程度及び期間，地理的状況，使用年数，研究開発段階，維持改良および更新の権利，取得原価及び費用，機能・リスクの状況，償却方法及び資産価値への影響を有するその他の特別要因等

④ 資金融通における調整項目

融資額，通貨，期限，担保，融資者の信用，返済方法，利息計算方法等

⑤ 役務提供における調整項目

役務の性質，技術的要求水準，専門性，負担責任，支払条件及び方法，直接及び間接の原価等

(3) 再販売価格基準法（Resale Price Method；RP法，TP公告６号18条）

再販売価格基準法は，関連者からの購入商品に関して非関連企業への再販売価格から比較可能独立企業間取引の売上総利益を控除した金額をもって独立企業間価格とする方法とされます。

再販売価格基準法は，通常，再販売者が商品の外形，性能，構造に関する改造・ブランド・商標の変更等の実質的価値の付加を行わない簡易加工又は純粋な転売業務に適用されます。

① 算 式

独立企業間価格
　＝非関連者企業への再販売価格×（１－比較可能な非関連者間取引の売上総利益率）

比較可能な非関連者間取引の売上総利益率
　＝比較可能な非関連者間取引の売上総利益÷比較可能な独立企業間取引の売上高×100％

② **比較可能性分析における調整項目**

再販売価格基準法の比較可能性分析に際しては，企業の機能，負担リスク，使用資産及び契約条項上の差異，並びに売上総利益率に影響するその他の下記要因を特に考察し，重大な差異がある場合は合理的に調整し，調整不可能な場合は他の移転価格算定方法を選定することとなります。

　a）マーケティング，販売，商品保証及びサービス機能，b）在庫リスク，c）機器・設備の価値及び耐用年数，d）無形資産の使用及び価値，有価値のマーケティング型無形資産，e）卸売または小売段階，商業上の経験，f）会計処理及び管理効率等。

(4) **原価基準法（Cost Plus Method；CP法，TP公告６号19条）**

原価基準法は非関連者間取引における合理的原価に比較可能な非関者間連取引の売上総利益を加算した金額をもって独立企業間価格とする方法とされます。

原価基準法は，通常，有形資産の譲渡・貸与，資金融通，役務取引等の関連取引に適用されます。

① 算 式

独立企業間価格
　＝非関連者間取引の合理的な原価×（１＋比較可能な非関連者間取引のコストマークアップ率）

比較可能な非関連者間取引のコストマークアップ率

＝比較可能な非関連者間取引の売上総利益÷比較可能な非関連者間取引の原価×100％

② **比較可能性分析における調整項目**

　原価基準法の比較可能性分析に際しては，企業の機能，負担リスク，使用資産及び契約条項上の差異，並びにコストマークアップ率に影響するその他の下記要因を特に考察し重大な差異がある場合は合理的に調整し，調整不可能な場合は他の移転価格算定方法を選定することになります。

　a）製造，加工，据付及び検査機能，b）市場リスク及び為替リスク，c）機器，設備の価値及び耐用年数，d）無形資産の使用及び価値，e）事業上の経験，f）会計処理，生産及び管理の効率性

(5) **取引単位営業利益法（Transactional Net Margin Method；TNMM法，TP公告6号20条）**

　取引単位営業利益法は，比較可能な非関連者間取引の利益率指標による方法（利益法）とされます。利益率指標には支払利息控除前営業利益率，フルコストマークアップ率，資産収益率，ベリーレシオ等があります。なお，利益指標の選定に際しては，取引各当事者の機能，負担リスク及び使用資産を考慮すると共に，利益率指標の計算は企業会計処理を基礎とし，必要に応じて合理的な調整を行うこととされます。

　取引単位営業利益法は，通常，重要無形資産を有しない企業における有形資産の譲渡・貸与及び役務取引等に適用されます。

① **利益率指標の算式**

　a）支払利息控除前営業利益率
　　＝支払利息控除前税引前利益÷営業収入×100％

　b）フルコストマークアップ率
　　＝支払利息控除前税引前利益÷フルコスト×100％

　c）資産収益率
　　＝支払利息控除前税引前利益÷((期首資産総額＋期末資産総額)÷2)×100％

　d）ベリーレシオ＝売上総利益÷(営業費用＋管理費用)×100％

② 比較可能性分析における調整項目

取引単位営業利益法の比較可能性分析に際しては，企業の機能，負担リスク及び使用資産，経済環境，その他の下記要因を考察します。重大な差異がある場合は合理的に調整し，調整不可能な場合は他の移転価格算定方法を選定することになります。

a) 業界及び市場の状況，b) 経営規模，c) 経済周期及び製品ライフサイクル，d) 収入，原価，費用および資産の各取引間での配賦，e) 会計処理及び経営管理効率。

(6) 利益分割法（Profit Split Method；PS法，TP公告6号21条）

利益分割法は，関連者間取引に係る合算利益に対する貢献度に応じて各当事者に分配する利益額を計算する方法であり，一般利益分割法及び残余利益分割法が含まれます。

利益分割法は，通常，企業及び関連者が利益創造に対し独自の貢献を有し，業務が高度に統合され，かつ，各当事者の取引結果を単独で評価することが困難である場合に適用されます。すなわち，利益分割法は経済活動発生地及び価値創造地における課税の基本原則を反映するものとされます。

利益分割法の比較可能性分析に際しては，各取引当事者の機能，負担リスク及び使用資産，収入，原価，費用及び資産の各取引者間の配賦，ロケーションセービング，マーケットプレミアム等の地域特殊要素，並びにその他の価値貢献要因を考慮すると共に，各取引者の残余利益に対する貢献に使用される情報及び仮定条件の信頼性等を検討しなければなりません。

① 一般利益分割法

一般利益分割法は，通常各関連者間取引当事者の機能，負担リスク及び使用資産に基づき，独立企業原則に合致する利益分割方法を採用し，合理的な利益を算定する方法です。いわゆる日本の「比較利益分割法」に該当します。

比較可能取引情報の取得困難な状況において，合算利益が合理的に算定できる場合は，価値貢献に関する収入，原価，費用，資産，雇用人数等の要素を考慮して価値貢献度を分析し，利益を各関連者に配賦します。

② 残余利益分割法

　残余利益分割法は，各関連者間取引当事者の合算利益から各当事者に分配されるべき通常利益を控除した残額を残余利益として，更に各当事者の残余利益に対する貢献度に基づき再分配を行う方法であり，OECD移転価格ガイドラインでも利益分割法の一形態として認められています。

(7) その他の方法（TP公告６号22条）

　独立第三者間取引原則に合致するその他の方法には，原価法，市場法及び収益法等の資産評価方法，並びにその他の利益・経済活動発生地及び価値創造地の対応原則を反映する方法が含まれます。

① 資産評価法

　資産評価法は対象資産価値を評価価格に求めるもので，以下の方法があります。

　a）原価法（コストアプローチ）

　原価法は，代替又は再調達原則に基づき，現時点の市場価格にて類似資産を取得するために発生する支出により対象価値を算定する評価方法とされます。

　原価法は代替可能な資産の価値評価に適用されます。

　b）市場法（マーケットアプローチ）

　市場法は，市場における同様又は類似資産の直近の取引価格を利用して対象の価値を算定する評価方法とされます。

　市場法は，同様又は類似取引情報を入手できる資産の価値評価に適用されます。

　c）収益法（インカムアプローチ）

　収益法は，評価対象の将来予測収益の現在価値により価値を算定する評価方法とされます。収益法は，企業の全体資産及び将来収益予測可能な単体資産の評価に適用されます。

② 参考：価値貢献分配法

　価値貢献分配法は，多国籍企業グループの利益に対する貢献度を分析し，その貢献度に応じて利益を配分する方法とされます。配分にあたっては，価値貢献に係る資産，原価，費用，販売収入，人員等が考慮されます。

ただ、この方法は2015年意見募集稿で記述されていましたが、これに係る各種コメントを踏まえて改正されたTP公告6号には記述されておらず、一般的に経済活動の発生地と価値の創造地が利益に対応しなければならないとする原則に基づくその他の方法が記載されています。

7 無形資産の取扱い

【TPガイドライン案の規定】
(1) 無形資産の定義（TPガイドライン案69条）

無形資産とは経営活動において所有、支配する実物形態のない非金融資産であり、かつ、第三者が比較可能な取引条件にて、所有もしくは使用するために費用を支払う以下のもの等とされます。

① 技術に関する無形資産：特許、技術ノウハウ、商業秘密等
② 市場に関する無形資産：商標、ブランド、顧客リスト、販売チャネル、市場調査結果、フランチャイズ経営権、政府許可等

(2) 無形資産の所有者（TPガイドライン案70条）

無形資産所有者には法的所有者と経済的所有者とがあります。

① 無形資産の法的所有者

合法的な登録、契約等にて確定された無形資産の所有者を言います。

② 無形資産の経済的所有者

無形資産価値の創造、維持に実質的に貢献した経済活動関与者を言います。

価値の創造・維持とは、無形資産の開発、価値向上、維持、保護、応用及び普及活動を言い、経済的所有者とは実際に当該機能を履行し、資源を投入し、リスクを負担する組織等とされます。

(3) 無形資産収益の配分（TPガイドライン案72条）

無形資産の収益配分は経済活動及び価値創造・維持に対する貢献度に相応すべきとされ、関連者による無形資産の開発、価値向上、維持、保護、応用及び普及における機能、使用資産及び負担リスク、並びに投入した資金及び人的資源等に基づき、貢献度を判定して配分することになります。

① 無形資産価値の創造貢献機能

　価値創造貢献機能には，研究開発プロジェクト管理，マーケティング計画策定，イノベーション活動の指導及び計画，研究開発活動，市場情報分析，マーケティングチャネル構築，顧客リレーション管理，ブランドの宣伝普及，ブランドの維持及び現地化応用開発，製品試作，量産実現，品質コントロール等の活動が含まれます。

② 無形資産の形成と使用リスク

　無形資産形成・使用リスクには，研究開発及びマーケティングの失敗リスク，製品の陳腐化リスク，権利侵害リスク，無形資産に係る製品もしくは役務に関する責任リスクが含まれます。

③ 名目所有者の取扱い

　無形資産の形成と使用において，資金のみ提供し，関連機能を履行せず，関連リスクを負担しない関与者には資金コストに相応した合理的対価の帰属のみが認められます。

　無形資産の法的所有権者が無形資産価値に貢献していない場合は，無形資産の収益配分は認められません。

④ 経済的所有者への収益配分

　無形資産収益の配分決定に際しては，技術無形資産に関しては技術要素，市場関連無形資産に関しては市場要素及び現地化活動について，価値創造貢献を考慮すべきとしています。

(4) **無形資産収益の算定**

① **無形資産収益算定の要点（TPガイドライン案73条）**

　無形資産収益の算定に際しては，企業グループのグローバル運営プロセス，無形資産とグローバル業務との関連，マーケットプレミアム，コストセービング等の地域特性及び企業グループ内部シナジー効果等の価値創造要素を全面的に分析し，合理的に配分を行うべきとされます。

② **差異調整（TPガイドライン案75条）**

　無形資産の有償ライセンスにあたっては，以下の状況に基づき，支払額を調整すべきとされます。

a) 無形資産価値の根本的変化の発生
b) 商習慣として，契約上におけるロイヤルティーの調整メカニズムの存在
c) 使用無形資産における，各取引当事者の機能，使用資産，負担リスクの変化の発生
d) 無形資産譲受者による後続開発，価値向上，維持，保護，応用，普及の実施

(5) **無形資産譲渡益の算定（TPガイドライン案77条）**

無形資産譲渡益は，譲渡価格から無形資産関連コストを控除した金額とされ，譲渡価格算定に際しては，インカムアプローチ，マーケットアプローチ及びコストアプローチ等の資産評価方法を採用することが認められます。

【TP公告6号の規定】
(6) **無形資産に対する貢献度分析（TP公告6号30条）**

無形資産価値への関連者の貢献度及び相応の収益分配判定に際しては，企業グループの全世界的運営プロセスの分析，各関連者の無形資産に対する開発，価値向上，維持，保護，応用及び普及の各活動に対する価値貢献度，無形資産価値の実現方式，無形資産のグループ内相互作用を十分に考慮する旨規定されています。

なお，無形資産の所有権のみを有し，価値創造に貢献しない企業は，無形資産の収益分配への参加は認められず，資金提供のみの関連者は合理的な資金コストリターンのみ認められます。

(7) **ロイヤルティーに対する調整事由（TP公告6号31条）**

無形資産のライセンス（使用許諾）に関して，下記の事由が生じた場合には，ロイヤルティー（使用料）の調整が義務付けられています。
① 無形資産価値に根本的変化が生じた場合
② 比較可能な非関連者間使用料の調整方法が存在する場合
③ 無形資産の使用過程における関連者の機能，負担リスク又は使用資産に変化が生じた場合

④　関連者による無形資産の関連開発，価値向上，維持，保護，応用及び普及活動に対する貢献が合理的な補償を得ていない場合

(8) 支払ロイヤルティーと経済的効果との合致（TP公告６号32条）

　企業の支払ロイヤルティー（使用料）は，無形資産ライセンスのもたらす経済的利益（超過収益力の顕現）に合致することが求められています。

　なお，無形資産所有権のみを有し，価値創造に貢献しない関連者に対する支払ロイヤルティーの損金処理に関しては特別納税調整の対象とされます。

(9) その他（上場付帯便益に対する使用料の調整，TP公告６号33条）

　融資のための資金調達を目的とした国外持株会社又は融資会社の上場により生じた付帯利益のみに対する支払使用料（損金処理）に関しては，特別納税調整の対象とされます。

8　関連者間役務取引

(1) 関連者間役務取引の要件（TP公告６号34条，TPガイドライン案79条）

　関連者間の有償役務提供取引に際しては下記条件の充足が要求されており，充足しない場合は特別納税調整の対象とされます。
①　当該役務が受益性役務に該当すること
②　対価の授受が独立企業間原則に合致していること。

(2) 受益性役務及び非受益性役務の定義（TP公告６号35条，TPガイドライン案80条）

　受益性役務とは，役務享受者が直接，間接の経済的利益を享受し，かつ，独立企業が同様・類似の状況において提供を受けるか自ら実施する役務活動とされます。なお，下記の非受益性役務の対価支払いは，特別納税調整（損金不算入）の対象とされます。
①　役務享受者が既に購入，又は自ら実施した役務活動
②　株主活動（投資収益保障目的）に属する下記役務活動
　a）　董事会，株主会，監事会及び株式発行等の株主活動

b) 投資者，企業グループの経営報告又は（連結）財務諸表の作成，分析活動
c) 投資者，企業グループの経営及び資本運営に関する融資活動
d) 企業グループの意思決定，監督管理，支配，コンプライアンスのために実施する財務，税務，人事，法務等の活動
③ 役務享受者に対して具体的役務が提供されず，企業グループへの単なる所属効果としての超過収益取得の役務活動には，下記の内容が含まれます。
a) 資源統合効果及び規模効果を付与する法形式の変更及び企業組織再編活動
b) 企業グループの信用評価向上による融資コスト低減等の関連活動
④ 既に他の関連者間取引により対価回収済の下記役務活動
a) 支払使用料の対象とされている特許権又は非特許技術（無形資産）に係るサービス
b) 支払利息の対象とされている融資サービス
⑤ 役務享受者の機能及び負担リスクと無関係な，あるいは経営需要に合致しない役務活動
⑥ 役務享受者に直接的又は間接的な経済利益をもたらさない，あるいは非関連者が購入又は自ら実施することを望まない役務活動

(3) **受益性役務の比較可能性分析（対価計算）（TP公告6号36条，TPガイドライン案81条）**

受益性役務の比較可能性分析（対価計算）に際しては，役務の具体的な内容及び特性，役務提供者の機能，リスク，原価及び費用，役務享受者の受益状況，市場環境，取引当事者双方の財務状況，並びに価格設定状況等の要因を十分に考慮し，合理的な移転価格算定方法を選定すると共に，下記の原則を遵守することとされています。

① 役務享受者，役務プロジェクト単位でのコスト・費用の集計が可能な場合は，合理的原価費用に基づき，取引価格を算定します。
② 役務享受者，役務プロジェクト単位でのコスト・費用の集計が困難な場合は，合理的な基準及び比率に基づき配賦して，取引価格を算定する。配賦基

準は役務の性質に基づき合理的に算定し，実際の状況に応じ営業収入，営業資産，従業員数，人員給与，設備使用量，データ使用量，作業時間及びその他の合理的な指標を使用すると共に，配賦結果が役務享受者の受益程度に合致しなければなりません。

なお，非受益性役務の関連原価費用支出を配賦基数に計上することは認められません。

(4) **損金不算入とされる国外関連者への支払費用（TP公告6号37条）**

機能を有さず，リスクを負担せず，かつ，実質的な経営活動を行わない国外関連者に対する支払費用は，特別納税調整（損金不算入）の実施対象とされます。

(5) **証明資料としての特殊事項ファイルの作成（TPガイドライン案83条）**

関連者間役務提供取引に関しては，下記の事項記載の特殊事項ファイルの作成が規定されています。

① 関連契約書及び役務の真実性を証明する資料
② 役務の具体的な内容，特性及び実施方法，対価の支払方法及び金額，並びに役務享受者の受益状況
③ 役務支出の集計及び会計処理方法（支出の集計方法，科目と金額，及び配賦基準，指標及び比率の算定過程を含む）
④ 役務の価格算定方法，その選定理由及び関連情報
⑤ 非関連者との類似取引の有無並びに当該非関連者間役務取引の価格設定方法
⑥ 企業グループとしての役務価格設定方法及び各関連者の負担額

9 独立企業間原則の適用による評価に係るその他の留意点

(1) **地域特殊要素分析による利益貢献度の算定（TP公告6号27条）**

税務機関はロケーションセービング，マーケットプレミアム等の地域特殊要素を分析し，利益に対する貢献を算定する旨規定されています。

(2) **単一機能企業の欠損の取扱い（TP公告6号28条）**

　委託加工・販売，受託開発等を担う単一機能企業には合理的利益水準の維持が求められ，欠損年度におけるローカルファイル（同時文書化資料）準備が義務付けられると共に，税務機関によるローカルファイルの重点審査及び監督管理強化が規定されています。

　また，関連者（委託企業）が負担すべき経営意思決定ミス，稼動率不足，販売不振，研究開発失敗等に起因するリスク，損失の負担は特別納税調整の対象とされます。

(3) **来料加工の取扱い（原材料及び設備の価値還元調整）（TP公告6号26条）**

　来料加工の分析評価に際しては，無償供与の原材料及び設備の価値を調整し，全体バリューチェーン関連資料により各関連者の利益水準を反映できる場合は，原材料及び設備の価値還元による資金（運転資本）占用差異の比較可能性調整が認められます。

10 事前確認制度（APA）

(1) **事前確認制度（Advance Pricing Arrangement；APA）の概要**

　企業は税務機関に対して関連者間取引価格の決定原則及び算定方法を提出し，「事前確認取極」を締結することができます（企業所得税法42条）。事前確認取極は，企業が税務機関に申請をし，税務機関と協議，確認を行った後に合意されるものです（企業所得税法実施条例113条，TPガイドライン案第8章及び2016年国家税務総局公告第64号「事前確認制度の改善事項に関する公告」（以下，「TP公告64号」）。

(2) **APAの種類**

　中国APAは，制度上，国内APA（Unilateral APA），二国間APA（Bilateral APA）及び多国間APA（Multilateral APA）の3種類に分類されます。（TPガイドライン案86条）。

(3) APAの手順（TP公告64号）

① 予備会談（「事前確認予備会談申請書」の提出）
② 税務機関の承認に基づく意見書及び草案の提出（税務機関による「税務事項通知書」交付に基づき企業は「事前確認協議意向書」及び事前確認申請草案を提出）
③ 分析及び評価（税務当局による独立企業間原則への適合性の検証，特に，地域特殊要素（ロケーションセービング，マーケットプレミアム等）の重視）
④ 正式申請（「事前確認正式申請書」の提出）
⑤ 協議及び締結（双方の合意に基づき「事前確認協議書」の起草，締結）
⑥ 実施状況の監督

(4) APAの適用期間（TP公告64号）

　APAは，事前確認申請の意向の承認に係る「税務事項通知書」交付を受けて正式申請を行った翌年度から連続する3年度〜5年度の関連者取引に適用され，原則として，企業のAPA正式申請の当年度及び過年度の関連取引に対する税務機関の移転価格調査に影響を与えないものとされています。
　ただし，申請当年度又は過年度に係る関連取引がAPAの適用年度と同様又は類似する場合には，企業の申請及び税務機関の承認を得て，APAで確定した移転価格設定原則及び算定方法を申請年度及び過年度の関連取引の評価及び更正に適用することも可能とされます（遡及適用；ロールバック）。

11 コストシェアリング

(1) コストシェアリング契約の概要

　企業とその関連者が共同で開発，購入等により取得した無形資産，又は共同で提供した，又は受け入れた役務により発生した原価（コスト）は，課税所得を計算するにあたり，独立企業間原則に基づいて配賦するとされています（企業所得税法41条2項）。
　この行為は，通常「コストシェアリング」と呼ばれますが，その共同取引により生じたコストの負担（配賦）に関して，各当事者企業（グループ企業間）

にて契約合意することが認められています（実施条例112条）。費用分担の契約合意は，独立企業間原則に合致するものでなくてはならず，原価及び予想収益対応の原則に従った配賦が必要とされます。また，当該契約締結に際しては，税務機関から要求される資料の提出が義務付けられています（実施条例112条）。

コストシェアリング契約は，制度的にはOECDガイドラインに準拠するものですが，実際の運用，執行については，留意する必要があります。

(2) コストシェアリング契約の意義

コストシェアリング契約を締結する場合には，コストシェアリング契約当事者は，開発もしくは取得した無形資産，並びに関与した役務活動に対する受益権を有し，応分の活動費用を負担しますが，関連当事者の負担費用は，非関連者による上記の受益権取得コストと一致させる必要があります（TPガイドライン案105条）。すなわち，独立企業間原則が適用されます。また，各関与者は，コストシェアリング契約に基づき開発若しくは取得した無形資産を使用する場合には，別途，（特許権）使用料を支払うことは認められません。

(3) コストシェアリング契約の内容

役務に係るコストシェアリング契約は，通常，グループでの共同購買及びグループの営業販売戦略に適用され，下記の内容が含まれます（TPガイドライン案107条，108条）。

① 契約による各参加者の名称，所在国（地域），関連関係，契約における権利及び義務
② コストシェアリング契約に係る無形資産又は役務の内容，範囲，契約に係る研究開発又は役務活動の具体的な実行者およびその職責，任務
③ 契約期限
④ 各参加者の予想収益の計算方法及び前提条件
⑤ 各参加者の初期投資及び継続的な支払金額，形式，価値の認定方法及び独立企業原則に合致することの説明
⑥ 各参加者の会計方法の運用及び変更についての説明
⑦ 実績収益と予測収益の差異の調整方法

⑧　各参加者の契約への加入，又は脱退に関する手続及び取扱に関する規定
⑨　各参加者間の補償支払の条件及び取扱いに関する規定
⑩　契約変更又は終了の条件及び取扱いに関する規定
⑪　非参加者の契約成果の使用に関する規定

12　対応的調整及び相互協議

(1)　対応的調整

　移転価格課税により二重課税が生じた場合，または，二国間APAの申請があった場合には，企業の申請に基づき，国家税務総局と租税条約相手国の主管税務機関は，相互協議を行うことになります（TP公告6号47条〜61条，TPガイドライン案151条，152条）。

(2)　相互協議の手続

　中国税務当局は，「税収協定（租税条約）相互協議手続実施弁法」（2013年国家税務総局公告56号）及び「特別納税調査調整および相互協議手続に関する管理弁法」（2017年国家税務総局公告6号）により，相互協議の手続について明らかにしています。

第3編

中国の税務問題

第1章

外国企業の源泉徴収課税

1 納税義務者となる外国企業

(1) 外国企業

　中国源泉所得の納税義務を負う（非居住者）外国企業とは，中国支店等の営業拠点である「機構・拠点」，すなわち，税務上の課税概念である恒久的施設（PE；Permanent Establishment，固定的設備に限定されない）を有する外国法人及びPEを有しない外国法人（非居住者）で，中国国内に実際の管理機構を有さない企業です。

(2) 外国企業の居住者企業認定課税の特例

　中国国内に「実際の管理機構」を有する外国企業に関しては，中国居住者企業と認定（全世界所得課税）を受ける可能性があります。外国企業の居住者企業認定基準は，中国国内に「実際の管理機構」を有し実質的かつ全面的に管理・支配しているか否かであり，具体的には企業の生産経営・人員・財務・財産等に対する管理，支配実態により判定されます。

　例えば，香港子会社による中国華南地区での委託加工事業において，現地委託先工場に香港子会社の実質的管理機能が帰属している場合には，この居住者企業認定による全世界所得課税について十分留意する必要があります。

2 外国企業の源泉徴収課税の概要

(1) 非居住者外国企業の源泉徴収課税の範囲
① 中国国内に施設，固定場所（PE）を有しない外国企業
② 中国国内に施設，固定場所（PE）を有するが，課税所得が当該PEと実質

的関係を有しない外国企業（「帰属主義」の適用）

(2) 中国国内源泉所得
所得源泉地が中国国内であるか国外であるかの判定は，以下の取扱いにより区分されます。
① 物品売上所得：取引活動の発生地
② 役務提供所得：役務発生（提供）地
 （例）建設請負工事，機械設備等の据付，組立，技術指導，その他業務支援
③ 財産譲渡所得
 不動産譲渡所得：不動産の所在地
 動産譲渡所得：動産譲渡企業の所在地
④ 持分（投資）譲渡所得：被投資企業の所在地
⑤ 配当・特別配当の持分投資収益所得：配当・特別配当を分配する企業の所在地
⑥ 利息所得・賃貸料所得・特許権使用料所得：負担・支払企業の所在地，又住所地

(3) 源泉課税の課税所得額
① 配当，利子，使用料：収入金額の全額が課税所得とされます。
② 財産譲渡所得：譲渡益（収入全額から財産簿価純額を控除）が課税所得額とされます。
 収入全額とは，支払者から受領する全ての収入（対価及び価格外費用の合計）とされます。

(4) 非居住者外国企業への適用源泉税率
① 標準税率：20％
② 優遇（軽減）税率：10％（外国企業に適用）

(5) 日中租税条約の取扱い

① 配当所得

配当所得に対しては居住地国（受取企業所在地）及び源泉地国（支払企業所在地）の双方で課税できるとされ，源泉地国での課税税率（源泉税率）は10％以下に軽減されます。なお，親子会社間の源泉税率の軽減規定はありません。

② 利子所得

利子所得に対しては居住地国（受取企業所在地）及び源泉地国（支払企業所在地）の双方で課税できるとされ，源泉地国での課税税率（源泉税率）は10％以下に軽減されます。また，利子所得の源泉地（発生地）の認識にあたっては，支払者の居住地国とする債務者主義を採用しています。

なお，独立企業間の利子を超えるとされる利子額部分については，この条約の適用はなく，源泉地国にて別途課税されます。

③ 使用料所得

使用料（ロイヤルティー）所得については，居住地国（受取企業所在地）及び源泉地国（支払企業所在地）の双方で課税できるとされ，源泉地国での課税税率は10％以下に軽減されます。また，使用料所得の源泉地（発生地）の認識にあたっては，使用料の支払者の居住地国とする債務者主義を採用しています。なお，独立企業間の使用料を超えるとされる使用料額部分については，この条約の適用はなく，源泉地国にて別途課税されます。

この租税条約において「使用料」とは，著作権，工業所有権及びその他商業上，産業上の設備（リース資産等）並びに諸権利（コンピューターのソフトウェア，ノウハウ等を含む）の使用に対する対価とされます。

3 使用料に対する源泉徴収課税

(1) 租税条約解釈通達の取扱い（2010年国税発75号）

（特許権使用料の定義）

① 知的財産権

中国関係部門への登記の有無及び要否にかかわらず，各種形式の文学，芸術，工業，商業及び科学実験に関連する情報として確定される知的財産権とされます。特許権使用料には，使用許諾対価のみならず，権利侵害に係る賠償金も含

まれます。

② **設備賃貸料**

特許権使用料には設備賃貸料も含まれます。ただし，設備所有権が最終的に使用者に移転するファイナンスリース契約の利子認定部分は含まれません。また，不動産賃貸料は不動産所得（条約6条）として取り扱われます。

③ **専用技術**

特許権使用料には，工業，商業，科学の経験に関する情報（専用技術）の使用許諾対価が含まれます。専用技術とは，一般的特定製品の生産又は工程の複製に必須かつ未公開の専用技術の性格を有する情報又は資料とされます。

専用技術に関連する特許権使用料取引では，技術許諾者がその未公開技術を他者に許諾し，他者は自由にこれを使用でき，技術許諾者は通常，自ら技術被許諾者の許諾技術の具体的な応用には関与せず，かつ，実施結果について保証していません。

また，被許諾技術には被許諾者の要求により研究開発後に許諾される技術も含まれます。

④ **ライセンス契約に基づく技術サービスの取扱い**

専用技術の使用許諾過程において，技術許諾者が技術者を派遣してその技術に関連する技術支援・指導等の役務提供を有償にて行う場合には，単独で受領されるものであるか技術使用料対価に含まれるか否かにかかわらず，特許権使用料とみなされます。

ただし，この有償技術サービスが恒久的施設（PE）と認定される場合には，PE帰属所得として事業所得の条項が適用されると共に，関与技術者に関しては給与所得の条項が適用されます。なお，PE認定されない技術サービス対価又はPEに帰属しない技術サービス対価は，特許権使用料として処理されます。

⑤ **ライセンス契約と無関係な技術サービスの取扱い**

技術サービス契約において特定の専門知識と技術が使用される場合でも，技術使用権が許諾されていない場合には，その技術サービスは特許権使用料の範囲外とされます。なお，役務提供により生じた成果の所有権が技術サービス提供者に帰属し，技術サービス享受者が成果に対して使用権のみを有する場合には，その技術サービス所得は特許権使用料に該当します。

⑥　簡易技術サービスの取扱い

　単純な輸入物品のアフターサービス対価，製品保証期間内のサービス対価，工事，管理，コンサルティング等の専門サービスを提供する企業もしくは個人の関連サービス対価は，特許権使用料ではなく，役務提供所得として事業所得の条項が適用されます。

(2)　**PE（恒久的施設）に帰属する特許権使用料所得**

　特許権使用許諾者が中国に有するPEを通じて技術サービスを提供する場合において，特許権使用料所得の起因となる権利が恒久的施設（PE）の資産を構成する場合，または，その権利がPEと実質的関連性を有する場合には，特許権使用料はPEの帰属所得として課税されます。

(3)　**特許権使用料の所得源泉地**

　特許権使用料の所得源泉地国はその特許権使用料支払者の居住地国とされます。

　なお，特許権使用料の支払者が中国に有するPEが特許権使用料を負担する場合の所得源泉地は，PE所在地国である中国とされます。

(4)　**技術サービスの課税関係**

①　10％源泉課税が適用される技術サービス

　技術使用許諾を実行するための技術サービスに関しては，技術サービス対価として請求されるか技術対価として請求されるか否かにかかわらず，租税条約の使用料所得条項（源泉課税）が適用されます。

②　PE認定課税が適用される技術サービス

　ただし，上記技術サービスがPE（恒久的施設，日中租税条約5条）認定される場合には，使用料所得条項（同12条）ではなく，事業所得条項（同7条）が適用されます。

　PE認定課税においては，推定課税方式の適用が認められます。

(5) 役務提供所得

下記の役務提供報酬は，租税条約の使用料には該当しません。なお，租税条約に特段の規定がある場合は除かれます。
① 輸出物品に対する単純なアフターサービス
② 製品保証期間内に販売者が購入者に提供するサービス
③ 工事，管理，コンサルティング等の専門的関連サービス
④ 国家税務総局が規定するその他の類似サービス

(6) 租税条約の適用対象者

租税条約の使用料条項の適用対象者は，締約相手国の適正な居住者である受益権者のみに限定されます。

(7) イニシャルロイヤルティーとランニングロイヤルティーの取扱い

1982年財税字第109号通達により，外国企業が供与する技術ライセンス（特許権，専有技術，ノウハウ等）の対価として支払う報酬については，一括払い・分割払い，イニシャルロイヤルティー，ランニングロイヤルティー等の支払方法の別を問わずに，全てが源泉徴収課税の対象とされます。

4 株式（持分）譲渡益課税

外国企業が保有する中国国内の外国投資企業持分の譲渡においては，出資額を超える部分の譲渡利益に対して10％の税率で源泉所得課税が行われます。なお，一定の条件（企業再編）においては原価による譲渡も認められます。

(1) 間接譲渡課税

中国国家税務総局は，外国企業が中国に投資する中国国外子会社（中間持株会社）持分の譲渡により中国国内の課税財産を間接譲渡することに対して，徴税強化（課税範囲の拡大）を図っています（2015年総局公告7号）。

すなわち，外国企業による合理的事業目的のない間接持分譲渡に関しては，中国国内課税財産を直接譲渡したとみなして，中国企業所得税が課されます。

① 課税対象財産の意義

課税対象とされる中国国内の財産（持分等）とは，外国企業が直接保有する課税対象譲渡所得の対象となる財産，不動産，その他投資権益，並びに当該国企業のPEが所有する財産とされます（以下，「中国課税財産」）。

② 間接譲渡の意義

中国課税財産の間接譲渡とは，外国企業が中国課税財産を直接又は間接に保有する中国国外子会社持分（類似権益を含む）を譲渡することにより，中国課税財産を直接譲渡する場合と同様・類似の結果が生じる取引とされます。中国課税財産を間接譲渡する外国企業を「持分譲渡者」と言います。

なお，課税対象とされる間接譲渡には外国における企業再編による外国企業株主の変更が含まれます。

(2) 間接譲渡課税に関する税務処理

中国課税財産帰属所得（以下，「中国課税財産の間接譲渡所得」）に対する課税は，以下の分類で税務処理されます。

① PE帰属財産に対する課税（PE財産の間接譲渡所得）

持分譲渡対象とされる国外企業が中国国内に有する支店，駐在員事務所等のPE（Permanent Establishment；恒久的施設）に帰属する財産の間接譲渡に関しては，企業所得税法第3条第2項に基づき徴税対象とされます。

② 中国国内不動産に対する課税（不動産の間接譲渡所得）

持分譲渡対象とされる国外企業が所有する中国国内不動産の間接譲渡に関しては，企業所得税法第3条第3項に基づき徴税対象とされます。

③ 中国子会社財産に対する課税（持分の間接譲渡所得）

持分譲渡対象とされる国外企業が所有する中国子会社持分（権益性投資資産）の間接譲渡に関しては，企業所得税法第3条第3項に基づき徴税対象とされます。

(3) 合理的事業目的の判定基準

合理的事業目的の判定に際しては，中国課税財産の間接譲渡取引に関連する全ての計画（一連の取引）を全体的に考慮すると共に，事実に基づき下記の事

項を総合的に分析して，判定されます。
① 国外企業持分の主たる価値が直接，間接保有の中国課税財産から構成されるか否か
② 国外企業の資産が主として直接的，間接的な中国国内投資から構成されるか否か，又は主たる収入が直接的，間接的に中国国内源泉に由来するか否か。
③ 国外企業等の実際の機能履行及びリスク負担に関して，経済的実質を証明できるか否か
④ 国外企業の株主，業務内容及び関連組織の継続期間
⑤ 中国課税財産の間接譲渡取引に対する外国所得税の納付状況
⑥ 中国課税財産の間接投資・間接譲渡取引と直接投資・直接譲渡取引との代替可能性
⑦ 中国課税財産の間接譲渡所得に対する租税条約の適用状況
⑧ その他の関連要素

(4) **合理的事業目的を有さないとされる（課税）ケース**

下記のケースにおいては，合理的事業目的を有すると認められず，徴税対象とされます。
① 国外企業持分の75％以上の価値が直接的，間接的に中国課税財産に由来する場合
② 間接譲渡取引の前年度の一定時点における国外企業の資産総額（現金を除く）の90％以上が直接，間接の中国国内投資により構成される場合，又は，間接譲渡取引の前年度における国外企業の収入の90％以上が直接，間接の中国国内源泉に由来する場合
③ 国外企業等について，実際の機能履行及びリスク負担が限定的であり，経済的実質を十分に証明できない場合
④ 中国課税財産の間接譲渡取引による国外納付所得税額が，直接譲渡取引による中国納付所得税額より小さい場合

(5) **非課税とされる間接譲渡のケース**

中国課税財産間接譲渡の全体計画（一連の取引）が次のいずれかに該当する

場合には，間接譲渡課税は適用されません。
① 株式市場における外国企業の上場外国企業株式売買により，中国課税財産の間接譲渡が生じる場合
② 外国企業が中国課税財産を直接（保有）譲渡する場合において，租税条約による免税が適用できる場合

(6) 合理的商業目的が認められる（非課税）ケース

中国課税財産の間接譲渡取引が下記の条件を充足する場合には，合理的な商業目的を有すると認められます。
① 取引当事者双方の出資関係が下記のいずれかに該当する場合
　a) 持分譲渡者が持分譲受者の80％以上の持分を直接，間接に保有する場合
　b) 持分譲受者が持分譲渡者の80％以上の持分を直接，間接に保有する場合
　c) 持分譲渡者及び持分譲受者が同一者により80％以上の持分を直接，間接に保有される場合

なお，外国企業持分価値の50％超が直接的，間接的に中国国内不動産に由来する場合には，上記a)～c)の出資比率要件は100％とされます。間接保有持分比率は各関係企業の持分比率を乗じて算定されます。
② 将来の同一取引における中国納付税額に減額の影響がない場合
　間接譲渡取引後に同一もしくは類似取引が発生した際，その間接譲渡取引が存在しない場合に比して，中国納付所得税が減少しない場合
③ 自社株による譲渡対価支払の場合
　持分譲受者が自社もしくは子会社の株式をもって譲渡対価全額を支払う場合

(7) 源泉徴収義務と申告納税義務の併用

不動産及び持分の間接譲渡所得に対する徴税は，第一義的には，対価を支払う譲受者が源泉徴収義務者となります。

なお，源泉徴収義務者が源泉徴収義務を履行しない場合（徴収不足を含む）には，譲渡者は主管税務機関に申告納付すると共に，源泉徴収報告表を記入提出することが義務付けられています。

また，譲渡者が納税しない場合には，主管税務機関は期限付納付命令を出すことができます。

(8) 税務機関への自主提出資料

中国課税財産を間接譲渡する取引当事者双方及び譲渡対象中国子会社は，主管税務機関に対して持分譲渡事項を報告すると共に，下記資料を提出します。

① 持分譲渡契約書（外国語の場合は中国語翻訳添付）
② 持分譲渡前後の企業持分（出資）関係図
③ 国外企業等の前2年度分の財務諸表
④ 中国課税財産の間接譲渡に対して課税規定を適用しない理由の説明書

(9) 税務機関要求資料

中国課税財産の間接譲渡取引当事者双方及び立案者，並びに譲渡対象中国子会社は，主管税務機関の要求に基づき下記資料を提出します。

① 上記(8)に規定する契約書等の自主提出資料（提出済資料を除く）
② 中国課税財産間接譲渡取引の全体計画の決定又は実行過程に関する情報
③ 国外企業等の事業概況，人員，財務，財産等の情報，並びに内部及び外部監査状況
④ 国外持分譲渡対価を確定する資産評価報告及びその他の価格決定根拠資料
⑤ 中国課税財産の間接持分譲渡取引に関する国外における所得税納付状況
⑥ 非課税適用に関する証拠情報，
⑦ その他の関連情報

第2章

外国企業のPE課税

　外国企業が中国において長期の建設及びコンサルティング業務等の役務提供に従事する場合において，その業務が税務上の課税概念であるPE（Permanent Establishment；恒久的施設）と認定された場合には，企業所得税及び個人所得税が課税されることになります。なお，増値税は，PE認定の有無にかかわらず，中国居住者との取引及び中国国内での業務が課税対象とされます。

1 PE認定（租税条約解釈通達の取扱い）

　租税条約適用の規範（網羅性及び他の租税条約の適用解釈への準用）となる解釈通達として発遣された中国・シンガポール租税条約解釈通達（2010年国税発75号）において，PEは課税権を確定するための概念と位置づけられました。その課税対象範囲はPEに帰属する所得に限定されています。

(1) 定　義
① 実在性
　事業を行う実質的場所が存在すること。なお，規模及び範囲の制限はなく，一定の支配可能な空間を有する場合には，事業を行う場所とみなされます。
② 固定性
　PE（事業を行う場所）には，事務所，支店等の固定の場所が含まれます。なお，経常的に移動して行う営業活動に関しては，一定の区域内での拠点の移動は，固定の場所を有するとされます。
③ 継続性
　PE（事業を行う場所）は，時間的に一定の継続性を有するものであり，業務活動の暫定的中断又は停止は，時間的な継続性に影響を与えないとされます。

④ 帰属主義

外国企業がPE（事業を行う場所）を通じて業務に従事する場合には，そのPEから生じる所得がPEに帰属する課税所得とされます。すなわち，外国企業が複数の個別の事業活動を直接行う場合には，各々の事業活動について個別にPEを判定されるので，複数のPEを有することがあります。

⑤ 事業の意義と非営利組織の活動

事業には，生産経営活動のみならず，非営利組織が従事する業務活動が含まれます。なお，準備的，補助的活動は除かれます（非課税）。すなわち，非営利組織の中国PEが課税対象となるか否かは，事業所得の有無によります。

⑥ PEを「通じて」の意義

PEを「通じて」の活動は広義に解釈され，外国企業が管理支配可能なものであれば，全てPEとされます。すなわち，役務提供においては，その役務提供PEを通じて外国企業が事業を行っていると認定されます。

(2) 例示列挙PE（日中租税条約5条2項）

① PEとされる「管理の場所」

「管理の場所」とは，企業の管理職責の一部を担う営業所又は事務所等の場所であり，本店及び居住者企業判定基準である「実質的管理機構」とは異なります。

② 天然資源開発PE

「天然資源を採取する場所」とは，投資により権益を取得し，生産経営に従事する場所とされます。なお，天然資源の探査，開発の請負工事業務期間が6ヶ月を超える場合，PE認定されます。

(3) 非課税規定（PE例外規定）

外国企業が商品の保管，展示，購買及び情報収集の活動のための準備的・補助的業務を遂行するための事業の場所はPE認定課税の対象とはされません。

① 準備的・補助的業務の内容

a) 独立した経営活動に従事せず，かつ，企業活動の基本部分又は重要な部分を構成しない

b)　役務提供対象は当該企業のみであり，他の企業に対する役務提供を行わない
　　c)　事務的な役務提供に限定され，直接的に営利活動の機能を果たさない

② **非課税PEに該当しない課税事例－１（単純購入非課税の原則の不適用）**

　外国企業が客先の購買業務を有償で支援（役務提供）するために，中国に事務所を設置し，中国で購買活動を行う場合には，この購買活動は，主たる業務と同一であることから，非課税PE業務には該当しません（PE認定課税）。

③ **非課税PEに該当しない課税事例－２（保守サービス）**

　外国企業が顧客への保守サービス提供のために，中国に事業の場所を設置し，販売機器設備の保守サービスもしくは部品供与を行う場合には，この顧客サービス活動は，外国企業の業務上基本的，重要な構成部分であることから，非課税PEとされる準備的・補助的業務には該当しません（PE認定課税）。

④ **非課税PEに該当しない課税事例－３（宣伝業務）**

　外国企業が中国に設置する事務所が本店以外の第三者のための宣伝業務に従事する場合には，非課税PEとされる準備的・補助的業務には該当しません（PE認定課税）。

⑤ **非課税業務の兼営における合算課税**

　外国企業が上記非課税PE業務に従事すると共に，PE課税業務を兼営する場合には，非課税業務と課税業務に係る所得を合算して徴税対象とされます。

2　PE認定課税の概要

(1)　PE認定の基本的課税関係

　外国企業によるプロジェクト業務及びコンサルティング業務に関する課税上の取扱いの詳細については後述しますが，基本的な課税上の取扱いは以下のようになります。

① **PEの認定なしの場合**

　企業所得税：非課税
　個人所得税：中国非居住者で183日免税ルールの適用あり
　（参考）増値税：中国居住者との取引及び中国国内業務は課税

② PEの認定ありの場合
　企業所得税：課税（推定課税）
　個人所得税：中国非居住者であっても183日免税ルールは適用されず，関与者全員が課税
（参考）：増値税：中国向け取引及び中国国内業務は課税

(2) **課税方法**
① **企業所得税**
　企業所得税については，多くの場合，報酬額にみなし利益率（15％〜50％）を乗じた推定課税方式が適用されます。
② **個人所得税**
　PE業務に関与した非居住者の個人所得税については，中国での勤務期間に応じて，税額日数按分方式により個人所得税が課税されます。
③ **増値税等**
　増値税（6％）は基本的に中国向け取引を対象として課税されます。また，都市維持建設税（1％，5％，7％），教育費付加（3％）及び地方教育費付加（2％）が増値税額を課税標準として付加されます。

3　外国企業課税所得の査定管理弁法

　中国税務当局は，「非居住者（外国）企業所得税査定徴収管理弁法」（2010年国税発19号通達）を発遣し，非居住者外国企業（PE）に対する課税を規範化し，課税所得計算においては実際所得方式を原則とすると共に，推定課税所得方式におけるみなし利益率の引上げを明確にしています。
　なお，駐在員事務所に関しては，別途，企業所得税査定徴収弁法規定が適用されます。

(1) **実際所得課税方式**
　外国企業（PE）は，中国税収徴税管理法等の関連規定に従い，帳簿を設置し，適正な証憑に基づき記帳し，PEの業務機能とリスク負担との対応原則に基づき，課税所得額（帰属利益）を正確に計算し，実際の課税所得に基づいて企業

所得税を申告納付することとされています。

(2) 推定課税方式

外国企業（PE）の会計帳簿が不完全であり、資料不備の事由により税務機関による帳簿調査が困難である場合、もしくはその他の事由により課税所得額の正確な計算に基づく実際課税所得額による申告納付が困難な場合には、税務機関は下記の方法により課税所得額を査定（推定計算）する権限を有します。

① 収入総額に基づく課税所得額の推定計算

収入（総）額を正確に算定できるが、原価費用を正確に算定することができない場合

課税所得額＝収入総額×税務機関査定のみなし利益率

② 原価費用に基づく課税所得額の推定計算（Gross-up計算）

原価費用を正確に算定できるが、収入（総）額を正確に算定することができない場合

課税所得額＝原価費用総額／（1－税務機関査定のみなし利益率）×税務機関査定のみなし利益率

③ 経費支出に基づく課税所得額の推定計算（Gross-up計算）

課税所得額＝経費支出総額／（1－税務機関査定のみなし利益率）×税務機関査定のみなし利益率

(3) みなし利益率

外国企業に対する推定課税方式におけるみなし利益率は、以下のように規定されています。なお、税務機関は、実際利益率が上記の基準を明らかに上回ると認められる場合には、実際利益率に基づいて課税所得額を査定することが認められています。

① 請負工事、設計及びコンサルティング役務のみなし利益率：15％～30％
② 管理サービスのみなし利益率：30％～50％
③ その他の役務提供及び役務以外の経営活動のみなし利益率：15％以上

推定課税方式が適用される外国企業が、中国国内において適用みなし利益率が異なる複数の経営活動に従事する場合には、課税所得を区分計算すると共に、

対応する適用（みなし）利益率に基づいて，企業所得税を計算納付することとされています。

なお，区分計算が困難な場合には，企業所得税の計算納付に関して最も高いみなし利益率が適用されることとなっています。

(4) 設備売買契約に包含される役務提供に対する推定課税

外国企業が中国居住者企業（現地法人）と締結する機械設備，物品等の売買契約に設備の据付，組立，技術研修，指導，監督（管理）サービス等の役務提供が包含され，その役務提供の対価が売買契約書上明記されていない場合，もしくはその役務提供の対価が合理的でないと判定された場合には，主管税務機関は実態に基づき同種又は類似業務の対価水準を参照し，役務提供収入（課税対象収入）を査定することが認められています。

なお，類似業務の参照対価水準がない場合には，売買契約対価総額の10％以上を役務提供収入とみなすことが認められています。

① 中国国内の役務提供

外国企業の役務全てが中国国内で提供される場合には，収入全額が中国企業所得税の課税（申告納付）対象とされます。

② 中国国外の役務提供（合理的区分が可能な場合）

役務が中国国内及び国外において提供される場合には，役務発生地の原則に基づき，役務提供対価を中国国内及び国外の収入に区分し，中国国内で提供された役務収入が企業所得税の申告納付の課税対象とされます。

③ 中国国外の役務提供（合理的区分が困難な場合）

税務機関は，役務提供対価の中国国内・国外の収入区分の真実性に疑義があると認識した場合には，外国企業に対して関連証明資料の提出を要求することができると共に，作業量，作業時間，原価費用等の役務提供要素に基づき，合理的に中国国内・国外収入の区分を行うことが認められています。

なお，外国企業が真実性を証明する有効な資料を提出できない場合には，税務機関はその役務の全てが中国国内で提供されたものとみなし，役務提供対価総額に対して企業所得税を徴収することが認められています。

(5) 推定課税方式の適用手続き

外国企業に対する推定課税方式の適用に際しては、主管税務機関が外国企業に「非居住者企業所得税徴収方式鑑定表」（以下、「鑑定表」）を適宜送付し、非居住者企業は鑑定表受領後10業務日以内に、鑑定表の記入を完成のうえ主管税務機関に送付し、主管税務機関は鑑定表受理後20業務日以内に、当該徴収方式の確認作業を完了、通知することとなっています（2015年総局公告22号）。

なお、税務機関は、外国企業が推定課税方式による申告納付した課税所得額に関して、真実性及び機能とリスク負担の原則に問題があることを確認した場合には、更正（課税調整）を行う権限を有しています。

(6) （臨時）税務登記

PE認定課税においては、基本的に外国企業はPEとして工商登記及び税務登記（企業所得税は国家税務局、個人所得税は地方税務局）を行い、申告・納税することになります。

(7) 海外送金に関する税務届出表の提出義務

外国企業への報酬の外貨送金に際しては、国家税務当局受領の税務届出表を外国為替銀行（状況に応じて外国為替管理局）に対して提出することが義務付けられています。なお、免税若しくは非課税の場合も、同じく免税若しくは非課税の税務届出表の提出が要求されます。

現在、1回の送金額が50,000米ドル超の非貿易取引（役務提供等）対価の送金に関しては、事前の税務届出が義務付けられています。

4 建設、組立、据付に関するPE課税

(1) 日中租税条約の規定

> 日中租税条約第5条第3項〔建設現場等〕
> 　建築工事現場又は建設、組立工事若しくは据付工事若しくはこれらに関連する監督活動は、6ヶ月を超える期間存続する場合に限り、「恒久的施設」とする。

① 建設現場等の意義

　6ヶ月超存続する建築工事，プロジェクト等（建設，設備機器の組立及び据付等の管理監督活動を含む）の建設現場等はPEと認定されて課税されます。

　この工事等には，道路，橋，運河の建設，パイプラインの施設及び掘削等が含まれ，その設計及び管理監督を請負企業がする場合にはその行為も含まれることとされています。

② 工事（役務提供）期間の計算

　PE認定の基礎となる工事期間は，基本的に工事の着工日を開始時期として工事の終了までが工事期間とされます。なお，複数の作業現場が存在する場合には，各々の作業現場ごとに作業期間を計算するのではなく，全体が連続する作業期間として認識されることになります。

　また，工事の一部を下請けする場合には，下請けの作業期間も元請工事の工事期間に含められます。

(2) PE認定の判定基準（租税条約解釈通達の取扱い）

　建設工事（建築，組立工事もしくは据付工事）及び関連する管理監督活動は，工事期間，活動期間が6ヶ月を超える場合，当該建設工事等はPE認定課税の対象とされます。

① 建設工事PEの判定期間計算

　建設工事PE判定の期間基準とされる活動の開始日には準備活動を含み，終了日は業務（試運転業務を含む）が全て完了し，引渡がなされる日とされます。

　外国企業が中国国内での同一工事に関して連続する複数の業務項目（プロジェクト）を実施する場合には，業務項目ごとにPEを判定するのではなく，最初の業務項目の開始日から最終業務項目完了日までの期間でPE判定されます。なお，当該外国企業の過去の完了済プロジェクト及び現行の工事プロジェクトと関連性を有しないプロジェクトは含まれません。

　例として，道路工事，運河堀削，水道管の据付等の工事に関しては，工事現場が工事進行に伴い移動することにより，特定の場所での業務期間がPE判定期間に達しない場合であっても，PE認定は全工事期間をもって判定されることになります。一般的に，同一企業が同一工事現場で請け負ったプロジェクト

は，ビジネス上の関連性を有するプロジェクトと認定することができます。

② **工事関連管理監督活動PEの判定計算期間**

外国企業による関連管理監督活動のPE判定計算期間には，プロジェクトを下請した場合における元請企業としての監督指揮活動が含まれ，元請企業の管理監督活動期間は，全ての工事期間と一致することになっています。

③ **元請企業のPE算定期間と下請企業のPE認定**

外国企業が工事を下請けする場合，下請企業の工事期間は元請（外国）企業のPE判定における工事期間に含めて算定されます。下請企業の工事開始日が元請企業の工事開始日に先行する場合，外国企業のPE判定計算期間は，下請企業の工事開始日をもって起算されます。

なお，下請企業の請負工事は別途単独にてPE判定されることになり，元請企業のPE認定をもって回避されることはありません。

(3) PE認定の課税関係

① **企業所得税の課税**

企業所得税の課税においては，PEの課税所得額は実際の収益から当該プロジェクト等に係わる原価・費用を控除して課税所得額を算定するのが原則ですが，実務的には計算の簡便性及び税収確保の観点から推定課税方式が採られるケースが多く，報酬額に対してみなし利益率を乗じて，課税所得額を算定し，当該課税所得に税率25％が課税されます。

推定課税方式におけるみなし利益率は15％～50％と規定されていますが，実務的には，契約内容に基づき個別に適用みなし利益率を税務当局と交渉することになります。

企業所得税額＝報酬額×みなし利益率×25％

② **増値税等の課税**

中国国内業務報酬額に対して6％の増値税が課されると共に，増値税額を課税標準として都市維持建設税（1％，5％，7％），教育費付加（3％）及び地方教育費付加（2％）が付加されます。

増値税等の額＝報酬額÷(1＋6％)×6％×(1＋付加費率)

(4) 課税対象報酬額の計算

課税対象報酬額の計算にあたり，契約額から原価及び費用を控除することの可否に関しては，税務上以下のように取り扱われることとされています。

① 下請業者への支払代金

企業所得税及び増値税共に課税報酬額からの控除が認められます。

② 設備機器代金の控除

設備機器の購入・製造代金については，企業所得税法上は課税報酬額からの控除が認められます。

5 設備機器販売及び据付工事等に関する非課税特例

外国企業が中国国内の企業（外国投資企業を含む）に対して設備機器を販売する場合における設備機器販売及びこれに付随する各種役務提供に関する税務上の取扱いは，以下のようになります。

なお，一定の条件を充足する機械及び設備の販売又は賃貸に係わるコンサルティングについては，PEとはみなされないとされています。すなわち，実際の業務が設備機器の販売であっても，契約上包括的エンジニアリングサービスであれば，免税特例の適用は困難となると考えられます。

(1) 日中租税条約・議定書の非課税特例規定

> 日中租税条約議定書第1条
> 　協定〔条約〕5条5の規定にかかわらず，一方の締約国〔日本〕の企業が他方の締約国〔中国〕において使用人その他の職員を通じて機械及び設備の販売又は賃貸に関連するコンサルタントの役務を提供する場合には，当該企業は，当該他方の締約国内〔中国〕に「恒久的施設」を有するものとされない。

(2) 議定書の中国解釈通達

PE認定の例外規定としての議定書の適用については，以下のように取り扱われます（1997年国税函429号通達）。

① 免税対象者

設備機器の販売者もしくは賃貸者がコンサルティングの提供者である場合に

はPEは認定されません。

② 免税業務

　設備機器の販売者もしくは賃貸者がプロジェクト全体の指揮権を有する場合もしくは全面的に技術責任を負う場合には，スーパーバイジングサービス（管理監督活動，6ヶ月超はPE認定）とされ，この例外規定は適用されません。

③ スーパーバイジングサービスに該当する場合（例）
　a）　プラント設備機器の販売・賃貸の場合
　b）　中国国内において土木建設の設計，建築工事の設計，並びに設備機器の据付，据付指導を行い検査合格までの責任を負う場合

（参考） 租税条約のPE規定

　日中租税条約第5条第5項のPE対象とされるコンサルタント役務提供とは，設備機器の販売・賃貸と異なり，技術支援，経営管理改善サービス，分析等の純粋な人的役務提供とされます。

6　コンサルティング，エンジニアリング，技術指導，その他の役務提供業務に関するPE課税

(1)　日中租税条約の規定

> 日中租税条約第5条第5項〔役務提供活動〕
> 　一方の締約国〔日本〕の企業が他方の締約国〔中国〕において使用人その他の職員（7項の規定が適用される独立の地位を有する代理人を除く）を通じてコンサルタントの役務を提供する場合には，このような活動が単一の工事又は複数の関連工事について12ヶ月の間に合計6ヶ月を超える期間行われるときに限り，当該企業は当該他方の締約国〔中国〕に「恒久的施設」を有するものとされる。

① コンサルティング業務の意義

　6ヶ月超の期間にわたるエンジニアリングサービス，設計，スーパーバイジングサービス（管理監督活動），フィージビリティスタディーの作成，技術支援等の各種コンサルティング役務の提供は，PEとされます。当該コンサルティング活動は，上記4の建設現場と異なり，物的施設に関係なく役務提供行為そのものがPEとみなされます。

② 役務提供期間

PE認定基準である6ヶ月の期間判定は契約期間を基礎とし，準備期間から始まり実際作業期間を経て作業終了日までの期間の計算により判定されます。

③ 日中租税条約・議定書の非課税特例

機械及び設備の販売又は賃貸に係わるコンサルティングについては，PEとはみなされないとされています。

実際の業務が設備機器の販売であっても，前述のように契約上包括的エンジニアリングサービスであれば，この免税特例の適用は困難と考えられます。

(2) PE認定の判定基準

PE認定基準の役務提供期間「6ヶ月」の計算については，2006年国税函第694号通達において，その解釈が示されています。

① 役務提供期間の計算（PE判定基準）

日中租税条約第5条第5項の規定に基づき，日本企業が中国においてその使用人等により一定のプロジェクト及びこれに関連するコンサルティング業務等の役務提供を実施するに際して，そのコンサルティング業務活動期間が12ヶ月の間に連続して合計6ヶ月を超える場合には，その日本企業は中国国内にPEを有するものとみなされます。なお，役務提供者が独立の地位を有する代理人である場合は除かれます（PEとは認定されない）。

12ヶ月とは前述4の建設現場と同じく，1月から12月までの暦年ではなく，年を越えて計算されることになっており，契約に従いコンサルティング業務等の役務提供を開始した時点からの12ヶ月間において役務提供活動期間が合計6ヶ月を超えて実施される場合には，役務提供行為そのものが中国国内におけるPEと認定されます。

PE認定された場合には，その報酬に対して企業所得税が課税されることになり，役務提供期間が6ヶ月以下の場合には，PE認定されず，企業所得税は課税されません。

② 役務提供行為の内容

租税条約において規定されているコンサルティング業務等の役務提供の内容について，通達は以下のように解釈しています。

a) 中国での各種工事に係わるコンサルティング
b) 企業の既存生産技術改善に係わるコンサルティング
c) 経営管理改善に係わるコンサルティング
d) 技術の選択採用に係わるコンサルティング
e) フィージビリティスタディーの作成に係わるコンサルティング
f) 各種設計の選択採用に係わるコンサルティング
g) その他のコンサルティング

③ PE帰属利益の範囲

PE認定された場合におけるPEに帰属する利益（課税所得）の範囲に関して，PE認定されたプロジェクト（長期役務提供）に関連する中国国内業務から生じる利益は，PEに帰属するものとしています。

(3) 参考：中・星租税条約解釈通達の取扱い

中国・シンガポール租税条約第二議定書（2009年8月29日締結）において，中国・シンガポールのサービスPEの判定期間が"6ヶ月"から"183日"に修正されています。なお，日中租税条約におけるPE判定期間に関する改定はなく，従前どおり6ヶ月とされています。

① 役務提供の内容（例）
a) 工事プロジェクトに関連する技術指導，コンサルティングサービス
b) 生産技術の使用等，経営管理改善，フィージビリティスタディー，設計に関するサービス
c) 企業経営，管理等に関する専門的サービス等

② 関連性・連続性を有するサービスプロジェクトの取扱い

同一外国企業が従事する事業関連性又は連続性を有するサービスプロジェクトに関しては，同一プロジェクト又は関連性プロジェクトとみなされ，PE判定期間が算定されます。

③ サービスPEの判定期間

サービスPE（任意の12ヶ月間における累積183日超）の判定期間は，当該役務提供に従事する使用人の最初の中国入国日から起算して，役務提供の完了日までの期間とされます。

なお，複数年にわたる長期プロジェクトにおいて，特定の12ヶ月間における役務提供期間が183日超となる場合には，当該プロジェクト全体がPEとして認定されます。すなわち，当該長期プロジェクトの他の12ヶ月間における役務提供期間が183日以下であっても，その期間の役務提供に関するPE認定課税を回避することは認められません。

なお，2007年の（改正）中国・香港二重課税防止協定の解釈通達（2007年国税函403号，2011年失効）における6ヶ月の解釈は「月」を計算単位として日数を考慮しないとされ，具体的には，プロジェクト業務遂行のために最初に（中国）入国した日の属する月から業務完了に伴う最終出国月までの期間が計算期間とされ（1日でも1ヶ月とカウントされる），連続30日間中国で業務を行わない場合には1月を控除されていました。ただし，実際のPE認定においては，（累積）183日による認定ではなく，従前の1日を1ヶ月とカウントして判定している税務局もあるので，留意する必要があります。

(4) 累積183日の具体的計算方法

役務提供関与使用人の中国滞在累積日数は，以下の事例計算では4日間と計算されます。すなわち，役務提供者の誰か1人でも滞在勤務していれば，関与人数に関係なく1日としてカウントされます。関与者の滞在勤務延べ日数ではありません。

事例：

役務提供関与派遣使用人　A氏，B氏

○：中国滞在勤務，×：日本帰国

◎：PE対象日数

	9月1日	9月2日	9月3日	9月4日	9月5日	9月6日	累積日数
PE日数	◎	◎	—	—	◎	◎	4日間
A氏	○	○	×	×	○	×	—
B氏	○	○	×	×	○	○	—

⑸ 技術サービスの取扱い

技術サービスの取扱いに関して，中・星租税条約解釈通達では，以下のように規定されています。

① ライセンス契約に関連する技術サービス

専用技術の使用許諾過程において，技術許諾者が技術者を派遣して当該技術に関連する技術支援・指導等の役務提供を有償で行う場合には，単独で受領されるものであるか技術使用料対価に含まれるかにかかわらず，特許権使用料とみなされ，10％源泉課税が適用されます。

ただし，その有償技術サービスが恒久的施設（PE）と認定される場合には，PE帰属所得として事業所得の条項が適用されると共に，関与技術者に関しては給与所得の条項が適用されます。なお，PE認定されない技術サービス対価又はPEに帰属しない技術サービス対価は，特許権使用料として処理されます。

② ライセンス契約と無関係な技術サービス

技術サービス契約において特定の専門知識と技術が使用される場合，技術使用権が許諾されていない場合には，当該技術サービスは特許権使用料の範囲外とされます。

なお，役務提供により生じた成果の所有権が技術サービス提供者に帰属し，技術サービス享受者が成果に対して使用権のみを有する場合には，その技術サービス所得は特許権使用料に該当します。

③ 簡易技術サービス

単純な輸入物品のアフターサービス対価，製品保証期間内のサービス対価，工事，管理，コンサルティング等の専門サービスを提供する企業もしくは個人の関連サービス対価は，特許権使用料ではなく，役務提供所得として事業所得の条項が適用されます。

⑹ 委託製造に係る技術サービスのPE課税リスク

外国企業が中国現地企業に対して製造を委託する場合において，技術指導，監督及び製品検査のために中国現地に専門家を長期間（6ヶ月超）派遣する場合には，当該長期役務提供はPE認定課税の対象とされます（1999年国税函59号通達）。

「非居住者（外国）企業所得税査定徴収管理弁法」の公布に関する通達
（国家税務総局　2010年国税発19号　2010年2月20日）
（第1条～第3条省略）
第4条（推定課税方式）
　　非居住者企業の会計帳簿が不完全であり，資料不備の事由により帳簿調査が困難である場合，又はその他の事由によりその課税所得額を正確に算定し実際額で申告納付することができない場合には，税務機関は次に掲げる方法に従いその課税所得額を査定する権限を有する。
(1)収入総額に基づき課税所得額を算定する方法
　　収入額を正確に算定できる，または合理的な方法を通じて収入総額を推定することができるが，原価費用を正確に算定することができない非居住者企業に適用される。算式は次の通りである。
　　課税所得額＝収入総額×税務機関査定のみなし利益率
(2)原価費用に基づき課税所得額を算定する方法
　　原価費用を正確に算定することはできるが，収入総額を正確に算定することができない非居住者企業に適用される。算式は次の通りである。
　　課税所得額＝原価費用総額÷（1－税務機関査定のみなし利益率）×税務機関査定のみなし利益率
(3)経費支出を収入に換算し，課税所得額を査定する。
　　算式は次の通りである。
　　課税所得額＝経費支出総額÷（1－税務機関査定みなし利益率－営業税税率）×税務機関査定みなし利益率
第5条　税務機関は次に掲げる基準に基づき非居住者企業の利益率を確定することができる。
(1)請負工事，設計及びコンサルティング役務に従事する場合，（みなし）利益率は15％～30％とする。
(2)管理サービスに従事する場合，（みなし）利益率は30％～50％とする。
(3)その他の役務又は役務以外の経営活動に従事する場合，（みなし）利益率は15％を下回らない。
　　税務機関は非居住者企業の実際の利益率が上記基準を明らかに上回る根拠を有すると認められる場合，上記基準より高い利益率に基づきその課税所得額を査定することができる。
第6条　非居住者企業が中国居住者企業と機械設備又は物品販売契約を締結すると同時に，設備の据付，組立，技術研修，指導，監督サービス等の役務提供を行う場合において，

その物品販売契約書に上記役務提供対価を明記していない，又は役務提供対価の算定が合理的でないときは，主管税務機関は実際の状況に基づき同類又は類似業務の対価水準を参照し，役務収入を査定することができる。参照基準がない場合，物品販売契約対価総額の10%を下回らないことを原則とし，非居住者企業の役務収入を確定する。

第7条　非居住者企業が中国国内顧客に対し役務提供を行い，取得する収入については，その役務提供が全て中国国内で発生する場合，その（収入の）全額は，中国国内において企業所得税を申告納付しなければならない。その役務提供が中国国内外において同時に発生する場合，役務発生地を原則とし，その国内・国外収入を区分し，その中国国内で取得する役務収入につき企業所得税を申告納付する。税務機関はその国内・国外の収入区分に係る合理性及び真実性に疑義がある場合，非居住者企業に真実かつ有効な証明の提出を要求することができるとともに，作業量，作業時間，原価費用等の要素に基づき合理的に国内・国外収入の区分を行うことができる。非居住者企業が真実かつ有効な証明を提出することができない場合，税務機関はその役務提供が全て中国国内で発生したものとみなし，その役務収入を確定し，これをもって企業所得税を徴収することができる。

（第8条以下省略）

7　出向者PE課税問題

　従来，特別の事例を除き，出向者のPE認定課税は生じていませんでしたが，中国税務当局は，出向形式による中国子会社等への役務提供活動に対するPE認定課税を強化するために，中・星租税条約解釈通達（2010年国税発75号）及び人員派遣PE通達（2013年総局公告19号）において課税要件を明確にしています。すなわち，外国人出向者の業務実態が出向元外国企業による役務提供とされる場合には，出向契約がPE認定課税の対象となります。

(1)　出向者PE認定課税の概要

　中国税務当局は，外国企業が形式的には出向契約の形式を取りながら，実態は人材派遣により中国現地企業に対して役務提供を行っているとみなされる状況に対して徴税強化を図っています。

(2) 出向者PE認定課税対応のポイント

人員派遣PE通達（2013年総局公告19号）における下記課税要件に基づき，形式的ポイントと実質的ポイントを考慮する必要があります。

① 基本的PE認定要件

出向元企業が出向者の業務結果に対するリスクを負うと共に出向者の業績評価を行う場合

② 具体的PE認定要件

下記事項を総合的に勘案してPE認定されます。

a) 支払対価の内容：出向対価として管理費もしくはサービス費を支払う場合

b) 支払対価と人件費：支払対価が出向者人件費（給与，社会保険料，他）を超える場合

c) 支払対価の留保：支払対価の一部が出向者に支払われず，出向元企業に留保される場合

d) 個人所得税申告額：出向者が給与所得全額の中国個人所得税を申告・納税していない場合

e) 出向元企業の権限：出向人数，職位，賃金基準及び勤務地の決定権限が出向元企業に帰属する場合

③ 株主活動の除外（非課税）

外国企業が株主権を行使するために，人員を派遣し，株主総会及び董事会に出席させる場合，又は出資先企業に各種提案等をする場合は，PE認定の対象とはされません。

(3) 参考：中・星租税条約解釈通達（2010年国税発75号）の取扱い

親子会社間の特殊関係を考慮し，中国子会社が外国企業（親会社）の従属代理人PEと認定されるかについては，以下の事項に基づいて判定されます。

① 出向者PE認定の判定ポイントと課税根拠

外国企業（親会社）が中国子会社に人員を派遣（出向）させ，外国企業の業務に従事させる場合には，サービスPEの規定に基づき，その出向者は外国企業のPEと認定されます。

すなわち，下記要件のいずれかに該当する場合には，PEと判定されます。

a) 出向者の指揮命令権及び業務リスク負担

外国企業が出向者の業務に対する指揮権を有し，かつ，リスクと責任を負担していること。

b) 出向者の選定権限

中国子会社への出向人数及び（選定）基準を外国企業が決定していること。

c) 給与負担

出向者の賃金給与を親会社が負担していること。

d) 利益の取得

外国企業は中国子会社への出向行為において利益を取得していること。

② PEとされない出向者の要件

中国子会社の要求に基づき，外国企業（親会社）が自社人員を子会社に出向させる場合，中国子会社が出向者との間に雇用関係を有し，出向者に対する指揮権を有し，業務責任及びリスクを中国子会社自らが負担する場合には，その出向者の活動は外国企業のPEとはなりません。この場合，中国子会社が負担する出向者人件費に関して，直接出向者に支払うか，外国企業経由（立替払い・清算）で支払うかは問わず，中国子会社の費用（損金）とされます。

③ PE認定における中国子会社人件費の取扱い

外国企業が出向（役務提供）により報酬を得る場合には，独立企業間取引の原則に従い，中国子会社負担（損金算入）人件費の合理性を確認する必要があります。また，当該ケースでは，外国企業は子会社からの報酬に対して企業所得税（PE課税）が課されます。

④ 子会社の従属代理人PE

中国子会社が外国企業（親会社）に対して契約締結権限を常習的に行使する場合には，従属代理人PEとして認定課税されます。

(4) 従属代理人PE（日中租税条約5条6項）

企業に代わって契約締結権限を有し常習的に行使する非独立（従属）代理人は，当該外国企業のPEとして認定課税されます。本解釈通達では従属代理人の範囲は広く解釈されていること，すなわち，親会社の輸出業務に関与する中

国子会社がPE認定されるリスクが高いことに留意する必要があります。
① 従属代理人の意義
　従属代理人は個人及び会社等の全ての組織形態を含むと共に，外国企業からの正式な代理権授与の必要もなく，また，中国居住者である必要性もなく，固定の場所を有する必要もないとされます。
② 企業の名による契約締結の意義
　「当該企業の名で契約を締結」は広義に解釈され，外国企業の名で契約されていなくとも，契約が当該外国企業に対して拘束力を有する場合が含まれます。
　また，「締結」は契約締結行為そのものに限らず，代理人が外国企業の契約交渉権を有する場合も含まれます。
③ 契約の意義
　「契約」とは，外国企業の経営活動に関連する業務契約をいい，企業内部事務に関する契約は従属代理人PE判定における「契約」には含まれません。
④ 反復的の意義
　「反復的に」には詳細な統一基準はなく，契約の性質，業務の特質及び代理人の関連活動の頻度等を総合的に勘案して判断されます。
⑤ 権限行使の意義
　権限の「行使」は，実質課税の原則に基づき判定されます。すなわち，従属代理人が中国において実質的契約締結交渉に従事し，その活動が外国企業に対して拘束力を有する場合には，外国企業が直接契約締結したとしても，その従属代理人が契約締結権限を行使したと認定されます。
⑥ 準備的・補助的業務に関する代理人
　非課税PEとされる準備的・補助的業務に関する代理人に関しては，PE認定課税の対象とされる従属代理人には含まれません。
⑦ 従属代理人に対する183日ルールの不適用
　従属代理人のPE認定の判定に際しては，条約第5条第3項（サービスPE）の累積183日ルールは適用されません。

(5) **参考：独立代理人**
　特定の企業に限定せずに専ら代理業務に従事する問屋等の独立代理人は，

PEとはされません。

なお，独立代理人条項の濫用（租税回避）を防止するために，代理人の独立性について判定し，代理人の活動の大部分以上が被代理（外国）企業を代表し，代理人と外国企業が商業上及び財務上密接，従属的な関係にある場合，その代理人は独立代理人とは認められません。

また，代理人の活動が下記の2要件を共に充足する場合には，独立代理人に該当するとされます。

① **法的・経済的独立性に基づく独立代理人の判定要件**

代理人が法律上及び経済上，外国企業から独立し，独立性を保持しているか否かの判定に際しては，下記の要素を考慮することとされています。

a) 代理人の商業活動の自由度

代理人が外国企業の具体的な指示及び支配下で商業活動に従事し，業務方法を自己決定できない場合には，一般に独立性は認められません。

b) 商業活動のリスク負担者

外国企業が代理人の商業活動リスクを負担する場合には，一般に独立性は認められません。

c) 代理企業数

代理人が長期間大部分を特定企業のために活動する場合には，独立代理人とならない可能性が高いといえます。

d) 代理人の専門知識

一般的に，独立代理人は商業活動に従事する専門知識及び技術を所有し，外国企業の支援を必要とせず，また，当該外国企業は通常，代理人の専門知識及び技術を利用して，自社の業務推進を図っていると解されます。

② **通常業務性に基づく独立代理人の判定要件**

独立代理人は一般的に，約定に従い代理業務活動に従事し，外国企業の他の経済活動には従事しない，とされます。すなわち，代理業務行為は代理人にとって通常の経営業務とされます。

なお，代理人が外国企業の代理人として販売活動に従事すると共に，経常的にその外国企業の契約締結権限を行使する場合には，契約締結代理活動は，自己の営業活動以外の業務に該当し，その外国企業の従属代理人として，PE認

定されます。

> 非居住企業の派遣人員が中国国内において役務提供を行った場合の企業所得税関連問題に関する公告
> （2013年国家税務総局公告19号）
> 1．非居住企業（以下，「派遣企業」）の派遣人員が中国国内において役務提供を行った場合，派遣企業が被派遣人員の業務結果に対して一部又は全部の責任及びリスクを負い，通常被派遣人員の業務成績を評価することは，中国国内において機構・場所を設置して役務提供を行っていると見なされる。派遣企業は租税協定の他方締約国企業に属し，かつ役務提供を行っている機構・場所が相対的な固定性及び継続性を有する場合，当該機構・場所は中国国内に設立された常設機構を構成する。
> 　上記の判断をする際に，以下の要素を総合的に考慮し確定しなければならない。
> ⑴役務提供を享受する国内企業（以下，「受入企業」）が派遣企業に対して管理費，サービス費の性質を有する費用を支払う場合
> ⑵受入企業が派遣企業に支払う金額が派遣企業が立て替えた派遣人員の給料，賃金，社会保険料及びその他の費用を超過した場合
> ⑶派遣企業は受入企業が支払った関連費用の全額を被派遣人員に支給せず，派遣企業が一定の金額を保留した場合
> ⑷派遣企業が負担した被派遣人員の給与，賃金の全額を中国で個人所得税の申告納付としていない場合
> ⑸派遣企業が被派遣人員の数，職位，賃金基準及び被派遣人員の中国国内の勤務地を決定する場合
> 2．派遣企業が株主権を行使し，合法的な株主権益を保障する目的でのみ，人員を派遣して中国国内で役務提供を行う場合，被派遣人員が派遣企業のために受入企業に対して提供する関連提案，派遣企業を代表して受入企業の株主総会又は董事会等の活動に参加することを含め，当該活動が受入企業の営業拠点内で行われたことにより，派遣企業が中国国内に機構，拠点または常設機構を有すると認定してはならない。
> 3．第1条の規定に合致した派遣企業及び受入企業は「非居住者工事請負及び役務サービス提供の税収管理暫定弁法」（国家税務総局令19号）の規定に基づき，税務登記，登録，税金の申告及びその他の納税手続を行わなければならない。
> 4．1．の規定に合致した派遣企業は法律に則り，取得した所得を正確に計算し，事実に基づき企業所得税を申告納付しなければならない。事実に基づき申告できない場合，税務機関は関連規定に基づき課税額を査定する権利を有する。
> 5．主管税務機関は派遣行為の徴税に対する管理を強化し，下記の派遣行為と関連する資

料及び派遣が行われた経済的実態及び執行状況を重点的に審査し，非居住企業の所得税納付義務を確定する。
(1) 派遣企業，受入企業及び被派遣人員の間で締結された契約又は約定。
(2) 派遣企業または受入企業の被派遣人員の管理規程。当該規程には被派遣人員の職責，業務内容，業務評価，リスク負担などに関する具体的な規定を含む。
(3) 受入企業が派遣企業に対して支払った項目及び関連の帳簿処理状況，被派遣人員の個人所得税申告納付資料。
(4) 受入企業が相殺取引，債権放棄，関連者間取引又はその他の形式を通じて派遣関連費用を仮装隠蔽して支払った事実があるか否か
6. 主管税務機関が企業所得税法及び本公告の規定により，派遣企業の納税義務を確定する場合，被派遣人員が提供した役務に係る個人所得税，営業税の主管税務機関との交流を強化し，被派遣人員の役務提供関連情報を交換し，税収政策の正確な執行を確保しなければならない。
7．8．（省略）

8 PEと個人所得税

　PE認定された業務に関与する者（日本人）には，183日免税ルールが適用されず，中国勤務期間が1日でも個人所得税が課税されることになります。

(1) 183日免税ルール

　中国での滞在（勤務）期間が183日以下の非居住者（中国滞在期間1年未満の日本居住者）については，日中租税条約第15条第2項の3要件を全て充たすことにより，勤務地での課税が免除されています。したがって，関与業務がPE認定された場合には，日中租税条約第15条第2項（c）の免税条件を満たさなくなり，中国源泉所得に対して個人所得税が課税されることになります。

　この点に関して，2006年国税発35号通達でも，PEに関与して取得する給与所得については，中国個人所得税が課税されることになるとしています。

日中租税条約　第15条　給与所得（抜粋）
2．1．の規定にかかわらず，一方の締約国〔日本〕の居住者が他方の締約国〔中国〕内において行う勤務について取得する報酬に対しては，次の（a）から（c）までに掲げることを条件として，当該一方の締約国〔日本〕においてのみ租税を課することができる。

(a) 報酬の受領者が当該年を通じて合計183日を超えない期間当該他方の締約国〔中国〕内に滞在すること。
(b) 報酬が当該他方の締約国〔中国〕の居住者でない雇用者又はこれに代わる者から支払われるものであること。
(c) 報酬が雇用者の当該他方の締約国〔中国〕内に有する恒久的施設又は固定的施設によって負担されるものでないこと。

(2) PEなし（183日免税ルール適用あり）

中国現地業務がPE認定されない場合には、その業務に関与する出張担当者の中国国内勤務（滞在）期間が183日以内（日中租税条約15条、中国国内法は90日）であれば、その給与（中国国内源泉所得）のうち日本（国外）企業から支給され、かつ中国国内のPEにより負担されない部分については、中国では非課税とされます。

(3) PEあり（183日免税ルール適用なし）

中国現地業務がPE認定される場合には、PEへの企業所得税の推定課税方式との関係により、その業務に関与する出張担当者の中国国内勤務（滞在）期間が183日以内であっても、中国個人所得税が課税されます。

なお、中国税務当局によりPEが認定され、企業所得税について推定課税が適用される場合には、推定利益計算上、派遣担当者の給与は中国での企業所得税の課税所得計算上費用として減算される（日本からの給与費用の付替え有り）ことから、183日免税ルールの（c）の条件を充たさなくなります。

(4) 中・星租税条約解釈通達の取扱い

① 183日免税ルールの不適用

3要件のいずれかを充足しない場合には、使用人個人は役務発生（所得源泉）地国での納税義務を負うことになります。

a) 183日超の計算期間

任意の連続する12ヶ月の間に中国滞在期間が累積183日を超える場合

b) 183日の算定方法

（課税対象）日数算定においては出国日数を控除することができますが，183日の算定にあたっては，中国に滞在する全日数，すなわち，出国・入国当日等の一日に満たない全ての日数，週末，祝休日，並びに当該勤務従事前後の休日等が含まれます。

② PEによる給与負担（個人の給与を雇用者が中国に有するPEによって負担される場合）

外国企業が使用人を中国に有するPE（請負工事又は役務提供プロジェクト）に派遣し，業務に従事させる場合には，その個人は中国における業務期間の長短，又は賃金給与の支払者を問わず，中国のPEにおける業務期間に対応する（給与）所得は，PEにより負担されると判定されます。

ただし，本規定は本店から臨時的にPEに派遣される視察，検査，又は臨時的なサポート等の活動には適用されません。

(5) 省を横断する建設据付工事従事者の納税地

省を横断して実施される建設，据付工事に従事する工事従事者（工事管理者，技術者及びその他作業者）の当該作業期間中の給与賃金に対する個人所得税は，元請企業，下請企業もしくは労働派遣会社が源泉徴収し，工事所在地の税務機関に申告納付します。

元請企業，下請企業及び労働派遣会社の所在地税務機関が，工事従事者に係る給与賃金の個人所得税納付状況を把握する必要がある場合には，工事所在地の税務機関は適宜情報を提供しなければなりません。なお，企業所在地税務機関は，その工事従事者の納税済給与賃金に対して，二重課税を行うことは認められません。

9 PE課税の計算事例

（仮定）
外国企業：日本法人ABC株式会社
業務内容：技術指導サービス契約（技術ライセンス契約は締結していない）
業務地：広州

報酬額：80,000,000円＝70,000,000円（役務対価）＋10,000,000（諸経費）
(70,000,000円＝70,000円／日／人×(10人×100日))

担当者（関与出張者）：10名（給与，出張日数，中国及び日本所得税等は全員一致と仮定する）

業務期間：2017年3月～12月（各人出張日数は100日であるが，累積日数は6ヶ月超である）

2017年	1月	2月	3月	4月	5月	6月	7月	8月	9月	10月	11月	12月	合計
入国日数	0日	0日	21日	21日	0日	6日	15日	11日	17日	4日	11日	0日	106日
業務日数	0日	0日	20日	20日	0日	5.5日	14.5日	10日	16.5日	3.5日	10日	0日	100日

※入国日数（183日免税ルール適用）は，入国日及び出国日を各1日として計算する。

※業務日数（日数按分課税）は，入国日及び出国日を各0.5日として計算する。

a) 中国企業所得税（推定課税方式）：
① みなし利益率は30％（報酬額の30％を課税標準とみなす）とします。
② 企業所得税税率は25％。

b) 中国増値税等：
① 増値税率6％（報酬額を課税標準）とします。
外国企業の増値税額は報酬額に6％の増値税が含まれているとして，以下の算式により計算されます。
増値税額＝報酬額÷(1＋6％)×6％ （⇒ 実質税率は約5.66％）
② 都市維持建設税7％，教育費付加3％及び地方教育費付加2％（増値税額を課税標準）とします。
（⇒ 増値税と合算した実質税率は約6.34％）

c) 中国個人所得税：
① PE認定により，関与出張者に対する183日免税ルールは不適用とします。
② 月次給与は日数按分課税，賞与は月数按分課税とします。
③ 会社負担日本社会保険料は課税対象とします。

d) 実際の業務利益：
実質業務利益率は25％

e) 関与者人件費

本プロジェクト関与者10人（1000日分）の人件費合計は約40,000,000円

技術指導サービス業務			（千元）	（1元＝16円，千円）
収入額　A	①		5,000	80,000
中国における課税関係				
みなし利益30％　（①×30％）	②	1,500		24,000
企業所得税25％（日本外税控除対象）（②×25％）	③	(375)		(6,000)
増値税等（約）6.34％（日本損金処理）（①×6.34％）	④	(317)		(5,072)
会社負担中国個人所得税（10人）	⑤	(757)		(12,112)
差引日本手取収入（①－③－④－⑤）	⑥		3,551	56,816
日本における課税関係				
日本税前利益（実質利益率25％仮定）（①×25％）	⑦	－		20,000
増値税等は損金処理	④	－		(5,072)
会社負担中国個人所得税	⑤	－		(12,112)
日本所得税（外税控除後手取保証）（10人）	⑧	－		(526)
課税所得（⑦－④－⑤－⑧）	⑨		－	2,290
法人税等（実効税率31％）（⑨×31％）	⑩	－		(710)
外国税額控除（控除余裕額なし）	⑪	－		710
日本での納付税額（外税控除後）	⑫		0	0
資金収支				
＝（収入80百万－人件費45百万－経費10百万）	⑬	－		25,000
中国企業所得税	③	－		(6,000)
中国増値税等	④	－		(5,072)
中国個人所得税	⑤	－		(12,112)

日本所得税（外税控除・Gross-up,手取保証）	⑧	−		(526)	
日本法人税等（外税控除後）	⑫	0		0	
日中の税負担合計（③+④+⑤+⑧+⑫）	⑭		−	(23,710)	
手取り額　B（⑬−⑭）	⑮		−	1,290	
手取り率　B／A（⑮÷①）	⑯		−	1.6%	

第3章

企業再編税制

　企業再編税務の取扱い（企業所得税法20条及び同実施条例75条）を明確にするために、「企業再編取引の企業所得税処理通達」（2009年財税59号、以下「再編税制」）及び「企業再編取引の企業所得税管理弁法」（2010年国家税務総局公告4号、以下「管理弁法」）、並びに「企業再編取引の企業所得税徴収管理に関する若干問題の公告」（2015年国家税務総局公告48号、以下「2015年総局公告48号」）が規定されています。

1 定義（再編税制）及び総則（管理弁法）

　企業の組織再編とは、企業の法的、経済的性質の重大な変更であり、以下の法的形式変更、債務再編、持分買収、資産買収、合併及び分割等が含まれます。

(1) 法的形式変更

　法的形式変更とは、企業の登録名称、住所及び企業の組織形態等の単純な変更とされます。

(2) 企業再編の類型
① 債務再編

　債務再編とは、債務者の逼迫した財政に配慮した債権者と債務者の合意もしくは裁判所の裁定に基づく、債務弁済に関する譲歩行為とされます。

② 持分譲渡（買収）

　持分譲渡（買収）とは、譲渡（被買収）企業の持分を購入して、当該譲渡企業に対する支配を実現する行為とされます。持分譲渡対価には、持分、非持分、並びに両者組合せの方式があります。

③ 営業譲渡（資産買収）

営業譲渡（資産買収）とは，営業譲渡企業の実質的な経営性資産（営業）の買収行為とされます。営業譲渡対価は，持分，非持分，並びに両者組合せの方式があります。

④ 合　併

合併とは，2以上の企業が全ての資産及び負債を既存企業又は新設企業（「合併企業」）に移転（譲渡）して法的に合一し，対価として被合併企業の出資者が合併企業の持分又は非持分対価を交換取得する行為とされます。

⑤ 分　割

分割とは，一つの企業が一部，又は，全部の資産を既存会社又は新設会社（「分割企業」）に分割（譲渡）して法的に分離し，対価として被分割企業の出資者が分割企業の持分又は非持分対価を交換取得する行為とされます。

(3) 組織再編における各当事者の定義（2015年総局公告48号1条）

組織再編の類型に応じて，各企業再編の当事者とは次の各当事者とされます。
① 債務再編：債務者，債権者
② 持分譲渡：譲受者，譲渡者及び被譲渡者
③ 営業譲渡：譲受者，譲渡者
④ 合併：合併企業，被合併企業及び被合併企業株主
⑤ 分割：分割企業，被分割企業及び被分割企業株主

(4) 税務処理一致の原則

企業再編取引の各当事者は，税務処理一致の原則に基づき，一般税務処理もしくは特殊税務処理のいずれかの統一的適用が義務付けられています。

(5) 用語の定義

① 実質的経営性資産

実質的経営性資産とは，生産経営活動に使用され，経営収入の直接的源泉となる資産とされます。実質的経営性資産には，経営に使用される各種資産，企業保有の商業情報及び技術，経営活動により発生する売掛債権及び投資資産等

が含まれます。

② 支配企業

支配企業とは，当該企業の持分を直接保有する企業とされます。

③ 企業再編日の確定（定義）（2015年総局公告48号3条）

a) 債務再編については，債務再編契約（協議）又は裁判所裁定書の発効日を再編日とします。

b) 持分譲渡は，譲渡契約が発効し，かつ，持分変更手続きが完了した日を再編日とします。

なお，関連企業間の持分譲渡において，譲渡契約発効後12ヶ月以内に持分変更手続きが完了していない場合には，譲渡契約の発効日を再編日とします。

c) 営業譲渡は，譲渡契約（協議）が発効し，かつ，各当事者が会計処理を実施した日を再編日とします。

d) 合併は，合併契約が発効し，各当事者が会計処理を実施し，かつ，工商新設登記又は変更登記が完了した日を再編日とします。

e) 分割は，分割契約が発効し，各当事者が会計処理を実施し，かつ，工商新設登記又は変更登記が完了した日を再編日とします。

④ 企業再編取引業務の完了年度の確定（定義）（2015年総局公告48号3条）

企業再編取引業務の完了年度とは，再編日の属する企業所得税納税年度とされます。

(6) 評価機関

評価機関とは，中国の法的資格を有する中国資産評価機関とされます。

(7) 支払対価

① 持分支払

持分支払とは，企業再編において，資産の譲渡，交換の支払対価として，当該企業，又は親会社の持分，株式を提供する行為とされます。

② 非持分支払

非持分支払とは，支払対価として持分以外の現金，銀行預金，売掛債権，持分以外の有価証券，棚卸資産，固定資産，その他資産を提供する行為，並びに

債務引受等の行為とされます。

(8) **企業再編の税務処理方法**

　企業再編の税務処理には一般税務処理規定と特殊税務処理規定があり，その状況に応じて適用されます。

2　一般税務処理規定の適用

(1) **法的形式の変更（再編税制4条1項）**
① **法人格の喪失**

　企業が法的形式を，法人から個人独資企業もしくはパートナーシップ企業等の非法人組織に変更した場合，又は，（本店）登記地を国外に移転した場合には，企業は清算を行い，残余財産を分配しなければならず，清算所得は時価により算定されます。

② **法人格喪失における清算手続き**

　法人から非法人格組織への変更，又は，登記地の国外移転に関しては，「企業清算業務の企業所得税処理に関する通達」（2009年財税60号）に基づき，清算されなければなりません。

　なお，「企業清算所得納税申告表」には下記資料の添付が義務付けられています。

　　a)　企業の法的形式の変更に関する工商部門又はその他政府部門の批准文書
　　b)　企業の全資産の課税の基礎及び評価機関発行の資産評価報告
　　c)　企業債権・債務処理又は帰属状況の説明
　　d)　主管税務機関が要求するその他の証明資料

③ **簡易な変更**

　簡易な法的変更に関しては，税務登記を直接変更でき，税務事項は変更後の企業に承継されます（住所変更により税収優遇条件を充足しなくなる場合を除く）。

(2) 債務再編（弁済）の一般税務処理（再編税制4条2項）

① 非貨幣性資産による債務弁済

非貨幣資産による債務弁済に関しては，債務者による譲渡取引と債権者による時価の債務弁済取引に区分して，各々損益を認識します。

② 資本振替による債務弁済

債務の資本振替による弁済に関しては，債務者による債務弁済取引と債権者による持分投資取引に区分して，各々損益を認識します。

③ 債務免除益

支払債務弁済額が債務額を下回る場合には，その差額は債務再編所得（債務免除益）を認識します。他方，債務弁済受取額が債権額を下回る場合には，その差額は債務再編損失（貸倒損失）を認識します。

④ 関連資料の保管

企業は債務再編に際して，税務調査に備えて，下記関連資料の準備が義務付けられます。

　a) 非貨幣資産による債務弁済

債務弁済協議書（契約書），並びに非貨幣資産の公正価値の合法的根拠資料等

　b) 債権の資本化

債権資本化の協議書（契約書）

(3) 持分譲渡及び営業譲渡の一般税務処理（再編税制4条3項）

① 持分譲渡損益，営業譲渡損益

持分譲渡企業は持分譲渡損益を，営業譲渡企業は営業譲渡損益を認識します。

② 時価評価

取得持分及び取得営業の取得原価は時価によって認識します。

③ 関連資料の保管

持分譲渡及び営業譲渡に際しては，税務調査に備えて下記資料を準備します。

　a) 持分譲渡，営業譲渡の協議書（契約書）

　b) 関連持分及び資産の公正価値に関する合法的な根拠資料

(4) 合併の一般税務処理（再編税制4条4項）

① 時価評価
合併企業は被合併企業からの継承資産，負債の取得原価を時価によって認識（評価）します。

② 清算所得の認識
被合併企業の出資者は，清算所得を認識します。

③ 被合併企業の繰越欠損金
被合併企業の繰越欠損金額は，合併企業には承継されません。

④ 合併における清算手続き（管理弁法13条）
合併に際しては，「企業清算業務の企業所得税処理に関する通達」(2009年財税60号) に基づき清算されます。

なお，「企業清算所得納税申告表」には下記資料の添付が義務付けられています。

　a) 企業の合併に関する工商部門又はその他政府部門の批准文書
　b) 企業の全資産の課税の基礎及び評価機関発行の資産評価報告
　c) 企業債権・債務処理又は帰属状況の説明
　d) 主管税務機関が要求するその他の証明資料

(5) 分割の一般税務処理（再編税制4条5項）

① 時価評価：譲渡損益
被分割企業は，分割資産に関する譲渡損益を時価によって認識します。

② 時価評価：取得原価
分割企業は受入資産の取得原価を時価によって認識（評価）します。

③ みなし配当
被分割企業の存続において被分割企業の出資者が取得する対価は配当とみなされます。

④ 清算所得
被分割企業が清算される場合は，被分割企業及びその出資者は清算所得を認識します。

⑤ 被分割企業の繰越欠損金

被分割企業の繰越欠損金額は分割企業には承継されません。

⑥ 非持分支払に対する損益の認識（一般税務処理の適用）

企業再編取引に関して，後述の特殊税務処理（課税繰延べ）の適用対象取引として認められるのは持分支払部分のみであり，非持分支払部分に関しては，一般税務処理規定により下記算式により，損益が認識されます。

非持分支払による資産譲渡損益
＝（被譲渡資産の時価－被譲渡資産の簿価）×（非持分支払金額÷被譲渡資産の時価）

⑦ 分割における清算手続き（管理弁法14条）

分割に際して被分割企業が存続しない場合は，「企業清算業務の企業所得税処理に関する通達」（2009年財税60号）に基づき清算します。

なお，「企業清算所得納税申告表」には下記資料の添付が義務付けられています。

a) 企業の分割に関する工商部門又はその他政府部門の批准文書
b) 被分割企業の全資産の課税の基礎及び評価機関発行の資産評価報告
c) 企業債権・債務処理又は帰属状況の説明

⑧ 優遇税制の継続適用

合併及び分割において，合併企業もしくは分割企業は，自社の期間未了経過的優遇措置（企業所得税法57条）についてのみ継続適用（享受）することができます（再編税制9条）。すなわち，被合併企業，被分割企業の期間未了の優遇措置の存続企業への承継及び，新設企業への承継は認められません。

3 特殊税務処理規定の適用(1)：中国国内企業間取引

企業再編取引に関して特殊税務処理（課税繰延）の適用対象取引（特殊再編）として認められるのは，下記(1)に示す要件を充足する持分支払取引に係る部分のみであり，非持分支払部分に関しては，一般税務処理規定により損益が認識されます。

(1) 特殊税務処理の適用要件（再編税制5条）

下記要件の全てを充足するケースにおいてのみ，特殊税務処理規定が適用されます。

① 商業合理性及び非租税目的性（再編税制5条1項）

当該企業再編が合理的な商業目的を有し，かつ，租税回避を主目的としない場合とされます。

② 合理的商業目的の説明（2015年総局公告48号5条）

企業再編取引における特殊性税務処理の適用にあたっては，下記事項に関する企業再編の合理的商業目的を説明しなければなりません。

a) 再編取引の方法
b) 再編取引の実質結果
c) 再編各当事者の税務状況の変化
d) 再編各当事者の財務状況の変化
e) 非居住者企業の再編活動への関与状況

③ 規定出資比率の確保（再編税制5条2項）

持分譲渡，営業譲渡，合併，並びに分割の対象とされる資産又は持分に関して，規定の出資比率が確保される場合とされます。

④ 事業の継続性（再編税制5条3項）

企業再編後12ヶ月以内に経営活動の実質的な変更が行われない場合とされます。

a) 12ヶ月以内の定義：再編日から起算して連続する12ヶ月以内とされます。
b) 税務当局への説明文書提出

企業再編完了年度の企業所得税年度申告時（翌年）に，企業再編後12ヶ月以内に特殊税務処理の適用要件に変更がない旨の状況説明書を，主管税務機関に提出します。

⑤ 規定の持分支払率の確保（再編税制5条4項）

企業再編取引対価の持分支払額が規定の比率（条件）である場合とされます。

⑥ 持分の継続保有（再編税制5条5項）

従来の主たる出資者が，企業再編取引対価として受領する持分を，再編後12ヶ月以内に処分しない場合とされます。

a）　従来の主たる出資者

譲渡企業または被買収企業の持分の20％以上を所有する出資者。

　b）　税務当局への説明文書提出

企業再編完了年度の企業所得税年度申告時（翌年）に，企業再編後12ヶ月以内に特殊税務処理の適用要件に変更がない旨の状況説明書を主管税務機関に提出します。

(2) （国内）関係会社間の特殊税務処理認容要件（2014年財税109号3条）

100％の直接支配関係を有する居住者企業間，及び同一又は複数の同一居住者企業により100％支配されている居住者企業間の持分譲渡（持分買収）及び営業譲渡（資産買収）に関しては，以下の要件全てを充足する場合には，特殊税務処理（簿価移転）が認められます。

① 　合理的商業目的を有し，税の削減，納付先送りを主たる目的としない場合
② 　持分又は資産の移転後1年以内は実質的経営活動内容を変更しない場合
③ 　当事者企業共に会計上損益を計上せず，下記処理を実施する場合
　a）　当事者企業共に所得を認識しない
　b）　持分又は資産の課税計算基礎は，取引（再編）前の帳簿価格にて評価する
　c）　資産の減価償却は，取引（再編）前の帳簿価格に基づき計算する

(3) 債務再編の特殊税務処理（再編税制6条）

① **債務再編：債務免除所得の繰延計上（再編税制6条1項前段）**

債務再編の債務免除益により発生した課税所得額が当年度課税所得額の50％以上を占める場合には，5年間の（均等）繰延計上が認められます。

② **債務再編：資本振替の簿価評価（再編税制6条1項後段）**

債務の資本振替においては，債務弁済及び持分取得に関して時価による損益は認識せず（課税の繰延），債権額をもって持分の取得原価とします。

③ **債務再編所得の記録**

債務再編に際して，企業は認識した債務再編所得を正確に記録し，関係年度の企業所得税確定申告時に当年度の認識額及び繰延計上額の状況を説明しなけ

ればなりません。税務機関は台帳を設置し，企業申告の年度ごとの債務再編所得と台帳記録とを比較，分析し，継続管理を強化します。

(4) 持分譲渡の特殊税務処理（再編税制6条2項）

持分譲渡（持分買収）において，譲受け持分が全持分の50％（2014年財税109号により75％から50％に緩和）以上，かつ，持分譲渡対価に占める持分支払額が85％以上である場合は，特殊税務処理の適用が認められます。

① 譲渡企業出資者：取得持分の簿価評価

譲渡企業の出資者が取得する譲受け企業持分額は譲渡持分の簿価を基礎とします。

② 譲受け企業：取得持分の簿価評価

譲受け企業が取得する譲渡企業持分の額は，譲渡企業の持分簿価を基礎とします。

(5) 営業譲渡の特殊税務処理（再編税制6条3項）

営業譲渡（資産買収）において，譲り受けた営業が譲渡企業の全資産の50％（2014年財税109号により75％から50％に緩和）以上，かつ，営業譲渡対価に占める持分支払額が85％以上である場合には，特殊税務処理の適用が認められます。

① 譲渡企業出資者：取得持分の簿価評価

譲渡企業の出資者が取得する譲受け企業持分額は，譲渡営業資産の簿価を基礎とします。

② 譲受け企業：取得営業資産の簿価評価

譲受け企業が取得する営業資産の額は，譲渡企業の資産簿価を基礎とします。

(6) 合併の特殊税務処理（再編税制6条4項）

合併において，合併対価に占める持分支払額が85％以上である場合，もしくは合併企業及び被合併企業が同一支配下にあり，かつ，対価の支払を必要としない場合には，特殊税務処理の適用が認められます。

① 合併受入資産及び負債の簿価評価

合併企業が受け入れる資産，負債の取得原価は，被合併企業の簿価を基礎とします。

② 税務事項の承継

合併企業は被合併企業の税務事項（優遇税制等）を承継します。

③ 繰越欠損金の承継

合併企業が活用（控除）できる被合併企業の欠損金限度額は，以下の算式によります。

繰越欠損金の承継限度額＝被合併企業の純資産時価×合併年度末の最長国債利率

なお，合併企業が承継（補填・控除）できる被合併企業の欠損金限度額は，残余繰越控除期限内の欠損金とされます。

④ 被合併企業出資者：取得持分の簿価評価

被合併企業の出資者が取得する合併企業持分額は，被合併企業持分の簿価を基礎とします。

⑤ 用語の定義

a) 同一支配下の定義

合併関与企業が合併前後において，同一の者又は同一の複数の者による最終支配を受けており，かつ，当該支配が一時的ではないこととされます。

b) 同一の複数の者の定義

契約書（協議書）の約定に基づき，合併関与企業に係る財務及び経営に対し，決定支配権を有する投資者集団とされます。

c) 支配期間

合併前における合併関与当事者の支配期間が12ヶ月以上である場合には，合併後の被支配期間も12ヶ月以上でなければなりません。

(7) 分割の特殊税務処理（再編税制6条5項）

分割において，被分割企業の出資者が分割企業の持分を従前の出資割合にて取得し，被分割企業及び分割企業の実質的経営活動に変更がなく，かつ，分割対価に占める持分支払額が85％以上である場合には，以下の特殊税務処理の適

用が認められます。

① **分割受入資産及び負債の簿価評価**

分割企業が受け入れる資産，負債の取得原価は，被分割企業の簿価を基礎とします。

② **税務事項の承継**

分割企業は分割資産に関する被分割企業の税務事項（優遇税制等）を承継します。

③ **繰越欠損金の承継**

分割企業が活用（控除）できる被合併企業の欠損金額は，分割資産の全資産に占める割合で按分して承継されます。

④ **被分割企業出資者：取得持分の簿価評価**

　a)　被分割企業持分の放棄を伴う分割企業持分取得のケース

被分割企業出資者が分割企業（新）持分の取得にあたって，被分割企業（旧）持分の一部又は全部を放棄する必要がある場合には，被分割企業出資者が取得する分割企業（新）持分額は放棄する被分割企業（旧）持分の簿価を基礎とします。

　b)　被分割企業持分の放棄を伴わない分割企業持分取得のケース

被分割企業出資者が分割企業（新）持分の取得にあたって，被分割企業（旧）持分の放棄をしない場合には，下記2つの方法のうちいずれかを選択することができます。

　a)　分割企業（新）持分の取得原価をゼロとする。

　b)　分割される被分割企業純資産の割合による被分割企業（旧）持分の減算調整（均等按分）後の簿価を基礎とする。

(8) **適用要件逸脱の取扱い**

規定期限内に生産経営業務，資産，持分構成等の状況変更により，特殊税務処理要件を逸脱した場合には，変更発生日から30日以内に全ての関係当事者に書面通知し，主たる企業再編者は，通知受領後30日以内に変更通知を主管税務機関に提出しなければなりません。

また，各当事者は変更発生後60日以内に一般税務処理への調整を行い，取引

完了時の資産及び負債の公正価値に基づき収益又は損失を算定し，課税所得額及び対応資産・負債の課税基礎を調整し，かつ，各々の主管税務機関に企業所得税年度申告表の申告調整（修正申告）をしなければなりません。

(9) 特殊税務処理済資産及び持分の譲渡（2015年総局公告48号10条）

企業が特殊性税務処理を適用した再編資産（持分）を譲渡又は処分した場合には，企業所得税申告時に譲渡所得又は損失の状況に関する特別説明書を提出しなければなりません。この特別説明書には，対象再編資産（持分）の特殊税務処理時の課税計算基礎及び譲渡，処分時の課税計算基礎の対比状況及び繰延税金負債の処理状況等が含まれます。

特殊性税務処理済再編資産（持分）の譲渡又は処分に関しては，主管税務機関は評価及び審査を強化し，再編資産（持分）の特殊性税務処理時課税計算基礎及び譲渡，処分時の課税計算基礎，並びに関連する年度納税申告表の対比を行い，問題を発見した場合には税務調整（更正）を実施します。

(10) 追跡管理

各主管税務機関は，特殊税務処理の適用に際して追跡管理を行い，再編企業の状況を把握し，問題を発見した場合，ただちに関連他当事者の主管税務機関に連絡することとなっています。

4 特殊税務処理規定の適用(2)：非居住者外国企業との取引（再編税制7条）

上記の条件を充足する中国国内企業の持分及び資産を対象とする中国国外企業との取引（特殊再編）に関しても，下記の要件を充足する場合には，特殊税務処理（課税繰延べ）の適用が認められます。

なお，当該企業再編取引には外国企業の分割，合併により中国居住者企業の持分が譲渡（異動）される場合が含まれます（2013年総局公告72号）。

(1) 中国国外企業間の持分譲渡（再編税制7条1項）

非居住者（外国）企業が中国子会社（中国居住者企業）の持分を，別の中国

国外の100％直接出資子会社（非居住者（外国）企業）に簿価により譲渡すると共に，譲渡外国企業が譲受外国企業（100％直接出資）持分を3年以上継続保有する旨の書面を主管税務機関に提出する場合に適用されます。

本ケースでは，譲渡外国企業が被譲渡企業の主管税務局に届出を行うこととされています（2013年総局公告72号）。

(2) 非居住者外国企業による持分譲渡（再編税制7条2項）

非居住者（外国）企業が100％直接出資する中国子会社（居住者企業）に対して，保有する他の中国子会社（居住者企業）の持分を譲渡する場合に適用されます。

本ケースでは，譲受中国企業が自社の主管税務局に届出を行うこととされています（2013年総局公告72号）。

(3) 特殊税務処理の適用届（2013年総局公告72号）

特殊税務処理を適用するためには，持分譲渡契約発効及び工商登記変更手続き完了後30日以内に主管税務機関に届け出なければなりません。なお，持分譲渡企業又は譲受企業は代理人により届出（授権委任状添付）を行うことができます。

① 届出資料

特殊税務処理の適用届出に際しては，次の資料を作成提出しなければなりません。

- 非居住者企業持分譲渡の特殊税務処理適用届出表
- 持分譲渡取引全体状況説明書
  （持分譲渡の商業目的，特殊税務処理の要件合致証明資料，持分譲渡前後の会社持分関係図等の資料を含む）
- 持分譲渡取引契約書又は協議書（外国語文書の場合には中文訳を添付）
- （工商行政管理局等）関連部門の企業持分変更事項批准の証明資料
- 持分譲渡までの被譲渡企業の未処分利益の資料
- 税務機関が要求するその他資料

② 届出表の受理

届出表等を受理する主管税務機関は，資料が完備されている場合には，その場で「非居住者企業持分譲渡の特殊税務処理適用届出表」に署名・押印の上，一部を返却します。

③ 主管税務機関による調査・確認

a) 外国企業間の持分譲渡

外国企業間の持分譲渡の場合には，主管税務機関は受理後30業務日以内に届出事項の事実調査・確認を行った上で，処理意見を提出し，届出資料及び処理意見を省級税務機関に随時報告することとなっています。

調査・確認により，当該持分譲渡が将来の持分譲渡所得課税（源泉所得税負担）に影響（課税地域から非課税・軽税率地域への持分譲渡を含む）をもたらすと判断した場合には，特殊税務処理の適用は認められません。

b) 外国企業による100％出資中国子会社への持分譲渡

外国企業による100％出資中国子会社（中国居住者企業）への他の中国子会社（居住者企業）の持分譲渡に際して，譲受企業と被譲渡企業とが異なる省に所在し，又は，異なる税務機関に所管される場合には，譲受企業所在地の省級税務機関は主管税務機関の処理意見受理後30日以内に，非譲渡企業所在地の省級税務機関に対して「非居住者企業持分譲渡特殊税務処理適用告知函」を送付することとなっています。

④ 一般税務処理の適用

外国企業の持分譲渡に関して特殊税務処理届出がなされていない場合，又は主管税務機関の調査・確認により適用要件を充足していないとされた場合には，一般税務処理規定が適用されます。

⑤ 被譲渡企業配当の譲渡益源泉課税

外国企業間の持分譲渡に特殊税務処理を適用した場合において，譲渡企業と譲受企業が異なる地域に所在し，被譲渡企業の持分譲渡前未処分利益が譲渡後に譲受者に分配されたときは，譲受者所在地と中国との間の租税条約の配当優遇措置は適用されず，被譲渡企業は外国企業の譲渡所得に対し源泉税を徴収し，主管税務機関に申告納付することとなっています。

(4) 非居住者外国企業への投資（再編税制7条3項）

中国親会社（居住者企業）が保有する資産又は持分を，100％直接出資支配する外国子会社（非居住者企業）に対して投資する場合は，資産又は持分譲渡収益に関して，10年間での均等課税所得計上が認められます。

① 主管税務機関への提出資料（管理弁法37条）

居住者企業は，主管税務機関に下記資料を提出することが義務付けられています。

- 企業再編状況説明（持分譲渡の商業目的を含む）
- 持分譲渡の協議書（契約書）
- 評価機関発行の譲渡持分の公正価値資料（資産，負債別）
- 特殊税務処理要件の合致証明資料
  （持分比率，対価の支払状況，12ヶ月以内に実質的な経営活動を変更しないこと，並びに従来の主たる出資者が取得持分を譲渡しない承諾書等を含む）
- 税務機関が要求するその他の証明資料

(5) 管理弁法の準用

① 特殊税務処理の適用関連規定（管理弁法35条）

非居住者企業が関与する企業再編における特殊税務処理の適用にあたっては，管理弁法第3章（16条～34条）が準用されます。

② 準備資料（管理弁法36条）

特殊税務処理の適用にあたっては，「非居住者企業所得税源泉徴収管理暫定弁法の公布に関する通達」（2009年国税発3号）及び「非居住者企業の持分譲渡所得に係る企業所得税管理の強化に関する通達」（2009年国税函698号）の要求に基づき，資料を準備しなければなりません。

5　優遇税制の承継適用

(1) 合併（再編税制6条4項）

吸収合併における合併（存続）企業の優遇税制適用要件充足状況等に変更がない場合は，当該優遇措置の残存期間を承継し，優遇措置を享受できます。優

遇適用対象額は，合併（存続）企業の合併前年度の課税所得額（欠損の場合は零とする）に基づいて計算します。

① 承継優遇措置

合併後の企業の性質及び優遇措置の適用要件に変更がない場合は，合併前の各企業の残余期間の優遇措置を継続して享受できます。なお，各企業の残余期間が異なる場合は，課税所得額を合併後企業の合併日資産総額に占める各企業の資産割合に基づき按分して，適用します。

(2) 分割（再編税制6条5項）

分割における分割（存続）企業の優遇税制適用要件充足状況等に変更がない場合は，被分割企業の当該優遇措置の残存期間を承継し，優遇措置を享受できます。優遇適用対象額は，分割（存続）企業の分割前年度の課税所得額（欠損の場合は零とする）に分割存続企業の資産の分割直前の被分割企業の全資産に占める割合を乗じて計算します。

① 承継優遇措置

分割後の企業の性質及び優遇措置の適用要件に変更がない場合は，分割前の各企業の残余期間の優遇措置を継続して享受できます。

6 漸次進行する企業再編の取扱い（再編税制10条）

企業再編の実施に際して，1年以内に漸次，資産及び持分取引を行う場合は，一連の企業再編取引として処理されます。

(1) 特殊税務処理の暫定適用（2015年総局公告48号7条）

同一の再編取引が12ヶ月以内に段階的に実施され，かつ，2課税年度にわたる場合に，各当事者が最初の課税年度において特殊税務処理の要件を充足すると予測し，合意の上，特殊税務処理を選定している場合には，特殊税務処理を暫定的に適用すると共に，企業所得税確定申告時に，書面にて申告資料を提出します。

なお，翌課税年度の取引完了後に特殊税務処理の適用可否を判断し，特殊税務処理を適用する場合には，各当事者は関連申告資料を提出します。一方，一

般税務処理の適用となった場合には，対応課税年度の企業所得税年度申告表を調整し，企業所得税を納付します。

(2) 特殊税務処理の暫定不適用

企業再編当事者が，課税初年度において取引全体が特殊税務処理要件を充足するか否か予測できない場合は，一般税務処理を適用します。なお，翌課税年度の取引完了後，特殊税務処理要件を充足する場合は，前年度の企業所得税年度申告表を調整することができ，過大納付の場合には，各主管税務機関は還付又は当年度納付税額から控除します。

7　特殊税務処理適用証明資料の提出義務（再編税制11条）

(1) 届出（備案）の提出

本企業再編通達に規定する特殊再編の条件を充足し，かつ，特殊税務処理を適用した場合は，納税者は当該企業再編取引完了の日の属する年度の企業所得税確定申告時に，条件の充足を証明する関係資料を主管税務機関に提出（届出（備案））します。なお，納税者が証明資料の提出を怠った場合には，特殊税務処理（課税繰延）の適用は認められません。

(2) 特殊税務処理の企業所得税申告（2015年総局公告48号4条）

特殊税務処理の適用に際しては，再編当事者は再編取引完了年度の企業所得税申告時に，主管税務機関に「企業再編所得税特殊税務処理報告表及び付表」及び申告資料を提出します。なお，合併もしくは分割中に当事者に登記抹消状況が生じた場合には，税務登記抹消手続き前に税務申告を行います。

特殊税務処理に関する企業所得税申告時期は，再編主導者が申告した後に，他の当事者が主管税務機関に申告納税を行います。なお，他の当事者は，再編主導者の主管税務機関受理済の「企業再編所得税特殊税務処理報告表及び付表」（写し）を，併せて提出しなければなりません。

(3) 再編対象持分等の取引状況書の企業所得税申告時提出（2015年総局公告48号6条）

特殊税務処理の適用にあたっては，企業所得税申告時に各取引当事者は，主管税務機関に企業再編前12ヶ月以内の再編関連持分及び資産の取引有無の状況説明書を提出すると共に，当該取引と企業再編とが一連の取引を構成するか否かに関する説明書を併せて提出します。

(4) 企業再編主導者（2015年総局公告48号2条）

企業再編各当事者企業が特殊税務処理を適用する場合における再編主導者は，以下の規定に基づき確定します。

① 債務再編の主導者は債務者とする。
② 持分譲渡の主導者は持分譲渡者とする。なお，持分譲渡者が2以上の場合は譲渡比率が最大の者を主導者とし，同率の場合は協議とする
③ 営業譲渡の主導者は営業譲渡者とする。
④ 合併の主導者は被合併企業とする。なお，複数企業の合併に際しては，純資産最大の被合併企業を主導者とする。
⑤ 分割の主導者は被分割企業とする。

8 非貨幣性資産による対外投資（譲渡所得の課税繰延措置）

国家税務総局は非貨幣性資産対外投資譲渡所得の課税繰延措置に関して，「非貨幣性資産投資の企業所得税政策問題に関する通達」（2014年財税116号）を発遣しました。

(1) 対外投資譲渡所得の繰延処理

居住者企業の非貨幣性資産対外投資に係る譲渡所得は，5年内の均等額課税所得計上による企業所得税計算が認められます。

すなわち，非貨幣性資産譲渡所得計上年度から5課税年度を超えない各課税年度において，均等分割して課税所得額に計上し，企業所得税を計算・納付します（2015年総局公告33号）。また，「非貨幣性資産投資繰延納税調整明細表」（付表・省略）を提出します。

(2) 譲渡所得額の計算

非貨幣性資産対外投資に関しては，非貨幣性資産の公正価値から課税計算基礎額を控除した残額を譲渡所得として認識します。

非貨幣性資産対外投資は，契約発効後，持分登記手続き時に譲渡収入の実現を認識します。

なお，関連企業間の非貨幣性資産投資においては，契約締結後12ヶ月以内に持分変更手続きを完了していない場合には，投資契約締結時に譲渡所得が実現したものとみなされます（2015年総局公告33号）。

(3) 取得被投資企業持分価額の税務調整

非貨幣性資産対外投資により取得した被投資企業持分は，その非貨幣性資産の税務上の課税計算基礎額に譲渡所得を加えて毎年調整を行います。

被投資企業が取得した非貨幣性資産の課税計算基礎額は，公正価値に基づき算定します。

(4) 取得被投資企業持分の5年以内処分の税務調整

企業が対外投資後5年以内に上記持分を譲渡又は投資回収する場合には，課税繰延措置を停止し，かつ，繰延期間中の未認識譲渡所得を持分譲渡又は投資回収年度の企業所得税確定申告時に一括認識して，企業所得税を計算納付します。

持分譲渡所得を計算する場合には，当該持分の課税計算基礎額を一括調整することができます。

(5) 非貨幣性資産の定義

非貨幣性資産とは，現金，銀行預金，売掛金，受取手形及び満期保有目的債券投資等の貨幣性資産以外の資産とされます。

非貨幣性資産投資とは，非貨幣性資産をもって新たに居住者企業を設立する場合，又は，非貨幣性資産をもって現存居住者企業に投資する場合に限定されます。

(6) 特殊税務処理の適用

非貨幣性資産投資に関しては，特殊税務処理要件を充足すれば，特殊税務処理規定の選択適用が認められます。

(7) 関連資料の保管義務（2015年総局公告33号）

企業は持分投資契約書，対外投資の非貨幣性資産（明細）公正価値評価報告書，非貨幣性資産（明細）課税基準の状況説明書，被投資企業設立（変更）の工商部門証明資料等の関連資料を保存して調査に備え，かつ，正確な税法と会計の差異計算を可能としなければなりません。

主管税務機関は非貨幣性資産の投資に関する繰延課税の追跡管理を強化しています。

9 増値税免税

納税者が資産再編を行う過程において，合併，分割，売却，交換等による資産再編により，資産及び関連債権，債務の全部又は一部を移転すると共に，労務（従業員）が他の企業に一括移転される場合には，増値税の課税対象取引とはされません（2011年総局公告13号）。

なお，資産及び関連債権，債務を分割して譲渡する場合であっても，最終譲受人及び従業員受入者が同一企業である場合には，増値税の課税対象取引とはされません（2013年総局公告66号）。

第4章

出向・出張の税務(リスク)留意点

　中国への出向者(中国居住者)は，原則として，現地(中国)払い，国外(日本)払いを問わず，中国での勤務に係る報酬は課税所得とされます。中国の税務当局は課税範囲の明確化，徴税強化を図っており，特に国外払給与の申告漏れがないようにすることは，中国の税務リスク(過大なペナルティー)への対応において重要です。

1　居住形態と課税範囲

　中国への出向者・出張者の個人所得税の課税範囲は，基本的に居住形態に基づき決定されます(1994年国税発148号及び1995年国税函発125号)。

(1)　居住期間による分類

　居住(滞在)期間の形態(長短)と課税範囲の関係は以下の4つに分類されます。
① 　非居住者：183日免税ルール適用あり，非課税
② 　非居住者：183日免税ルール適用なし，中国国内源泉所得課税
③ 　非永住・居住者：中国国内源泉所得課税
④ 　永住・居住者：全世界所得課税

　基本的に出向者・出張者は，1年未満の滞在者を非居住者，1年以上5年以下の滞在者を非永住・居住者，5年超の滞在者を永住・居住者として分類されます。

【中国滞在期間】

```
         ┌─ 5年超              ─→ 全世界所得課税
1年以上 ─┤  （永住居住者）
         └─ 1年以上5年以内     ┐
            （非永住居住者）    │
                                ├→ 中国源泉所得課税
         ┌─ 183日超又はPE関与 ─┘
1年未満 ─┤
         └─ 183日以内，かつ    ─→ 給与所得は免税
            免税要件充足             （中国払給与は課税）
```

(2) 居住期間の判定

居住期間の判定で使用される概念である連続（通年）中国に居住することとは，中国に連続して居住している場合，もしくは当該年度に連続30日あるいは合計90日以上の期間中国を離れていないこととされます（1995年財税字98号）。

すなわち，次の状況が発生した場合には，居住期間の連続性が中断され，その後の中国滞在に関しては，その後の入国日が居住期間の計算開始日とされます。

① 年間連続30日あるいは合計90日以上の期間中国国外に滞在
② 第6年度目以降における中国居住期間が183日（租税条約適用のない国では90日）未満

2 居住形態別の課税概要

(1) 非課税の非居住者

（183日免税ルールの適用あり，中国での申告不要）

中国滞在期間183日以下の出張者（日中租税条約15条2項適用）が該当します。

中国での勤務（滞在）期間が183日（中国国内法は90日）を超えず，給与が日本企業（中国国外企業）から支払われ，かつ，その給与について中国国内の支店等のPE（恒久的施設）に対して付替えがなされない場合においてのみ，当該給与所得に対する中国での課税は生じません（中国では免税，日本でのみ課税）。

なお，中国現地払い給与もしくは現地PEへの付替えがあれば，その時点で申告・納税義務が生じます。

(2) 課税の非居住者
（183日免税ルールの適用なし・中国での申告必要）

出張期間183日超1年未満，もしくは出張期間183日以下ですが給与を中国PEが負担しているとされる出張者は，申告納税が必要となります（日中租税条約15条2項，中国個人所得税法1条）。

中国非居住者として中国での勤務に係る中国国内源泉所得（日本支払給与を含む）のみが中国での（按分）課税対象とされます。

なお，日本においては永住・居住者として全世界所得に対して課税され，中国個人所得税には外国税額控除が適用されます。

(3) 非永住・居住者
出向期間が1年以上5年以下の出向者（中国個人所得税法実施条例6条）が該当します。

（給与所得）居住者として，中国国内源泉所得（中国国内での勤務に基づく）及び中国国外源泉所得のうち中国国内払所得が課税範囲とされます。

(4) 永住・居住者
出向期間5年超の出向者（中国個人所得税法実施条例6条）が該当します。

永住・居住者として全世界所得（中国国内源泉所得及び中国国外源泉所得）が課税対象とされます。なお，中国国外源泉所得に対する外国税額については，外国税額控除が適用されます。

3 課税対象とされる給与所得の範囲

(1) 課税所得の範囲
外国人出向者（非永住・居住者）の課税所得の範囲は，原則として中国国内及び中国国外（日本）で支払われた給与，手当及び賞与，並びに一部の経済的利益供与で，これらが課税所得とされます。

① 給与・賃金：基本給
② 手当及び賞与：超過勤務手当，賞与，海外勤務（生活）手当，その他奨励金等，並びに手取保証給与に係る企業負担の補填個人所得税
③ 経済的利益供与：従業員の実際住居賃借料を超える住宅手当（実際賃借料までは非課税，日本の所得税のような社宅家賃の一部課税の取扱いはない）

(2) 国外払給与の課税所得算定（1995年国税函発125号）
① **国外払給与の報告義務**

外国人出張者及び出向者の給与所得の課税範囲は中国国内源泉所得とされ，給与の支払地は中国国内外を問わないため，国外払給与について中国税務当局への報告義務を負います。

② **国外払給与の税額按分**

中国企業と外国企業の両者と雇用契約（二重雇用契約，国外での役職兼務）を有する外国人出向者の国外払給与については，下記の計算式に基づき，中国源泉給与所得が計算されます（勤務日数には勤務期間中の公休日が含まれます）。

個人所得税額＝（給与）所得総額に基づく所得税額

$$\times \left(1 - \frac{中国国外払い給与}{（給与）所得総額} \times \frac{中国国外の勤務日数}{当月の日数} \right)$$

(3) 経済的利益供与の取扱い（1997年国税発54号）
① **住宅手当，食事手当，クリーニング手当**

領収書等を保管して実費精算する場合は，非課税とされます。

② **引越費用**

中国赴任及び中国帰任に際して支給される引越費用の実費は，非課税とされます。

③ **出張手当**

海外及び中国国内出張時に支給される合理的出張手当（交通費，ホテル代，雑費等の補填）は非課税とされます。

④　ホームリーブ費用（一時帰国費）

　年間2回，本人のみの帰国に係る実費支給のホームリーブ費用は，非課税とされます（家族呼び寄せ費用を含め，家族のホームリーブ費用は課税されます（2001年国税函336号））。

⑤　語学レッスン費用，教育手当

　合理的範囲で実費支給される語学レッスン費用，（義務）教育手当については，非課税とされます。なお，中国国外就学の教育手当は，課税対象とされます。

(4)　賞与の取扱い

① 　現金主義課税

　非永住・居住者の外国人出向者及び非居住者の外国人出張者が受け取る賞与は，支払月の個別給与・賃金として課税されます（1996年国税発183号）。通常の月次給与に関して既に（給与）基礎控除の減算がなされている場合には，賞与からの（給与）基礎控除は認められず，賞与全額が，課税所得として高い累進税率により課税されます。

② 　期間按分課税

　賞与のうち国外（日本）勤務対応が明確な部分については，中国国外源泉所得として，課税対象から除外することが認められます（1997年国税函546号）。

③ 　非居住者の賞与課税所得額

　外国人出張者（非居住者）に対しては，中国出張期間対応の賞与課税所得額について，支払月に中国滞在が1日でもあればその月に対応する賞与全額（対象期間で按分した1ヶ月分）が課税対象とされます（1999年国税函245号）。

④ 　低税率適用の特例（年度一括賞与）

　年に1度支給される年度一括賞与に関しては，12等分した金額に対応する（低）累進税率を適用して個人所得税額が計算され，高税率負担の軽減が図られます（2005年国税発9号）。

　なお，12等分による累進税率の軽減は，年度一括賞与支給時の年1回に限定されており，日系企業のように年2回の賞与支給に適用されるかは不明であり，適用される場合でも，他の1回については賞与全額が支給月の給与所得として

高税率で課税されます。

(5) 海外社会保険料の取扱い

　海外社会保険料の出向元及び出張元（外国企業）負担分については，一定の要件により個人所得税は非課税とされていましたが（1998年国税発101号），2011年に本通達が廃止され，外国企業負担社会保険料は中国個人所得税の課税対象とされています。なお，地域により取扱いに差異があります。

(6) 参考：中国出向者外国人に対する中国社会保険料の徴収

　2011年施行の中国社会保険法及び中国国内就業外国人の社会保険加入暫定弁法により，中国出向者に対して，下記の中国社会保険料が徴収されることになっています。なお，日中社会保険協定は協議中のため，中国社会保険料徴収を回避することは困難です。

　日本企業の場合，中国出向者の給与は手取保証方式が適用されるのが一般的なので，中国社会保険料（掛金）の現地会社負担部分以外に，出向者個人負担部分についても会社が負担することが想定されます。

① 出向者個人負担掛金の税務取扱い

　会社が負担する出向者個人負担掛金は中国個人所得税上課税対象給与とされますが，中国社会保険個人掛金は，所得控除の対象とされるので，結果的に課税所得の増加とはなりません。

② 社会保険掛金のシミュレーション

　社会保険掛金は給与額に一定率を乗じて算定されますが，日本の社会保険と同様に標準月額に上限基数が設定されており，日本人出向者の給与水準はこの上限基数を超えているので，出向者1人当たりの実質会社負担額は概ね，年間約100,000元程度（2017年現在）と考えられます。

	上海		北京		広州	
	会社負担	本人負担	会社負担	本人負担	会社負担	本人負担
養老保険	20%	8%	20%	8%	14%	8%
医療保険	9.5%	2%	10%	2%+3元	7%	2%
失業保険	0.5%	0.5%	0.8%	0.2%	0.48%〜0.8%	0.2%
生育保険	1%	0%	0.8%	0%	0.85%	0%
傷害保険	0.2%〜1.9%	0%	0.5%〜2%	0%	0.2%〜1.4%	0%
合計	31.2%〜32.9%	10.5%	32.1%〜33.6%	10.2%+3元	22.53%〜24.05%	10.2%
上限基数額	19,512元		23,118元		・養老保険18,213元 ・他22,275元	
上限掛金	6,419元	2,049元	7,768元	2,361元	4,789元	1,947元
会社負担合計	8,468元		10,129元		6,736元	
年間負担額	101,616元／人		121,548元／人		80,832元／人	

(注) 地域により養老保険，医療保険，失業保険，生育保険及び傷害保険の基数が異なることがあります。

4 出向・出張の税額計算ポイント

(1) 補填税金の給与課税(グロスアップ計算)

　雇用者(企業)が被雇用者(出向者及び出張者)の中国個人所得税を全額もしくは一部を補填(Tax Reimbursement，手取保証)する場合には，その補填金は課税対象給与となるため，個人所得税額計算においてはグロスアップ計算が必要です。(1996年国税発199号，2011年国家税務総局公告28号)。

＜グロスアップ方式における課税所得計算式＞

　課税所得＝(月次課税所得－速算控除額)÷(1－適用税率)

（グロスアップ計算のための速算控除表）

月次所得の範囲	税率	月額速算控除額
0～1,500元	3％	0元
1,501～4,500元	10％	105元
4,501～9,000元	20％	555元
9,001～35,000元	25％	1,005元
35,001～55,000元	30％	2,755元
55,001～80,000元	35％	5,505元
80,001元～	45％	13,505元

(2) **中国国外源泉所得課税除外方法（税額按分方式）**

　非居住者及び非永住・居住者の課税所得範囲が中国国内源泉所得に限定され，中国国外源泉所得に対する課税が除外される場合の税額計算について，月次給与に適用される日数按分計算方法は，税額按分方式が採られています。なお，賞与については，上述のように月数按分方式が採られています。

　すなわち，（月次）給与所得の総額に対する累進税率を適用して，一旦税額を算出し，その税額を月内の中国滞在日数で按分計算して，納税額を算定することになります。

5　外国人に対する管理強化

(1) **個人所得税管理弁法**

　個人所得税管理弁法において，外国人に対する管理強化のために，納税記録資料の作成・保管に関する取扱いが規定されています（2006年国税函58号）。

① **企業ごとの外国籍者台帳の作成・設置**

　所管税務機関は，外国人（中国滞在期間の長短，人数に関係なし）の氏名，国籍，職務，任期等の情報を記載した管理台帳を企業ごとに作成，設置すること。

② **個人別ファイルの管理**

　企業ごとの管理台帳には，下記の内容の個人別ファイルを作成すること。

　a)　氏名，性別，出生地，生年月日，国外の住所

b)　中国の住所，電話番号，郵便番号
　　c)　派遣元（企業）名称，任期又は役務提供期間，職務
　　d)　居住期間，出入国日
　　e)　収入金額，報酬支払地
　　f)　源泉徴収義務者，申告額，納税額，納税済額，国庫納付日

(2)　個人所得税自己申告納税弁法

年次申告制度の導入に向け，自己申告の規範化を目的として，個人所得税自己申告納税弁法（2006年国税発162号）が公布されています。

①　制度の概要

年間所得12万元以上の所得者等，特定の所得者に対して年次申告納税を義務付けています。

②　年次申告納税が義務付けられる納税者

　　a)　年間所得が12万元以上の場合
　　b)　中国国内において2以上の機構から賃金・給与を取得する場合
　　c)　中国国外源泉所得を有する場合
　　d)　源泉徴収されない所得を有する場合，その他

③　年次申告納税義務

年間所得が12万元以上の納税者は，各種所得について個人所得税を納付しているか否かにかかわらず，年次申告納税義務が課されます。

④　非居住者の年次申告義務免除

年間所得が12万元以上の納税者には，中国国内の滞在期間が1年間未満の非居住者は含まれないことになっています（一部地域では非居住者も申告が要求されている）。また，同様に国外源泉所得を有する年次申告義務者には非居住者は含まれません。

6　出向者の税務リスク

(1)　退職金の取扱い

①　給与所得課税

出向者が中国国内滞在期間中に受領する退職金に関しては，基本的に外国人

出向者（駐在員）への免税規定はなく，受領時の月次給与と同じように課税されます。

また，非永住・居住者出向者の場合には，退職金支給期間のうち中国勤務対応分（月数按分）が課税対象となり，永住・居住者出向者の場合には，支給退職金全額が課税対象となります。

② 軽減制度

退職後速やかに再就職しない者に対しては，退職金の税額計算にあたり，退職金を6等分した額に適用される累進税率をもって，退職金全額に適用する税率とすることが認められます。また，現地従業員平均賃金の3ヶ月分以下の退職金に対しては，免税とされます。

なお，外国人出向者の給与水準は高いため，この制度の実効性は乏しいと言えます。

(2) 日本企業役員の課税問題

① 中国居住者役員に対する課税

外国（日本）企業の役員が中国現地企業等において実質的に経営・管理業務に従事している場合の受領報酬には，中国勤務に起因して取得する給与（中国源泉所得）として，中国個人所得税が課税されます（1999年国税函284号）。未申告の場合には，推計課税が適用されます。

② 日中租税条約の解釈及び課税上の取扱い

日中租税条約第16条は，役員報酬に対する支払企業居住地国（日本）での課税権を認めているのであって，受領者居住地国（中国）での課税権が否定されているのではないと解されます。

なお，日中両国での課税に対しては，外国税額控除の適用により二重課税が回避されますが，日本では非居住者に対する外国税額控除は適用されませんので，日本非居住者・中国居住者の日本企業役員報酬の二重課税（日本は20％源泉徴収）においては，中国で外国税額控除の適用を受けることになります。

(3) 出向者PE課税問題

出向形式による中国子会社等への役務提供活動に対するPE認定課税強化の

ために、中・星租税条約解釈通達（2010年国税発75号）及び人員派遣PE課税通達（2013年総局公告19号）において課税要件が明確にされており、出向が外国企業による役務提供とされる場合には、出向がPE（Permanent Establishment；恒久的施設）として認定課税の対象となります（詳細については、PE課税の章参照）。

(4) 日本での課税上の留意点
① 帰国後納付の外国個人所得税の取扱い

日本人（日本国籍）駐在員が日本に帰国した場合、帰国者は日本の所得税法上は永住・居住者として、原則全世界所得が課税対象となります。帰国後に支払を受けた給与は日本の課税対象とされますが、その給与には海外駐在時に発生した外国所得税の補填額も含まれるため、その補填税金は、結果的に出向先国と日本の双方において（二重）課税が生じます。

② 較差補填給与の損金処理

国外勤務出向者に伴う較差補填給与の支払いについては、日本の法人税法上及び個人所得税法上、以下のように取り扱われます。なお、生活費及び留守宅手当等の較差補填給与は外国（中国）の国内源泉所得として外国（中国）においても課税対象となります。

　a）法人税（法人税基本通達9―2―47）

以下の性質を有する支払額は、格差補填として妥当である場合、損金算入が認められます。

- 現地国における給与格差の実在性
- 出向元負担の合理性（出向元への利益貢献）
- 金額の妥当性

　b）個人所得税

較差補填給与は、日本国内の勤務に起因する所得ではないので（日本の国外源泉所得）、非課税とされます。

7 出張者の税務リスク

(1) 短期滞在者免税の規定（183日免税ルール）

日中租税条約第15条2項により，下記3要件の全てを充足する場合には，中国個人所得税は免除されます。

① 給与の受領者（出張者）の年間中国滞在日数が，合計183日以下であること
② 給与が中国国外（日本）の雇用者等によって支払われていること
③ 給与が（日本の）雇用者が中国に有する恒久的施設（PE）によって負担されていないこと

なお，中国国内法における判定基準（滞在日数）は90日とされています。

(2) PE認定と183日免税ルールの関係

6ヶ月超の工事（管理）及び役務提供はPEと認定され（日中租税条約5条），推定課税方式が適用される場合には，そのPEのみなし費用には出張者給与が含まれると解されることから，現地PEへの給与付替えがあったとみなされ，183日免税ルールは適用されません（2006年国税発35号）。なお，税額按分方式を採る中国個人所得税では，たとえ1日の出張であっても，PE関与出張者には申告・納税義務が発生します。

日本の所得税法上，企業が負担した中国個人所得税は，出張者の給与所得として課税対象とされると共に，日本の所得税確定申告における外国税額控除の適用対象となります。したがって，出張者が中国個人所得税を課税される場合には，中国個人所得税及び日本所得税の両方でグロスアップ計算の適用対象となります。

(3) 中国滞在日数の計算基準（2004年国税発97号）

短期滞在期間（90日，租税条約は183日）の計算方法に関しては，中国の入国日及び出国日共に1日として計算されるため，例えば，入国日の翌日に出国した場合の中国滞在日数は2日となります。

なお，個人所得税の計算においては，中国の入国日及び出国日共に半日とし

て計算されます。

(4) **高級管理職等の183日免税ルール不適用（1994年国税発148号，2004年国税発97号）**

　中国現地法人の董事もしくは高級管理職の非居住者については，中国現地法人から取得する役員報酬又は給与所得（中国払給与）に関して，183日免税ルールは適用されません。

　なお，課税実務上は，総経理等の高級管理職の業務執行責任者としての職務の性質を考慮して，その高級管理職が中国国内企業において実務に携わる場合（名目上の高級管理職ではない）には，一般的に居住者として取り扱われ，183日ルールが適用されないこともあります。この点，滞在期間及び職務内容を明確にして，現地税務当局に対して183日ルールの適用を事前に確認することが必要と考えられます。

(5) **外国税額控除の適用**

　中国出張者（日本居住者，中国非居住者）が中国個人所得税を課税された場合，日本の所得税確定申告において外国税額控除を適用することができます。

　ただし，中国では所得控除額が小さく，また，賞与課税も厳しく（1月のうち1日でも滞在していれば1月分の賞与が課税対象とされます），適用累進税率が日本に比して急進するという制度上の相違もあることから，納付中国個人所得税額全額の税額控除は困難であり，控除できない部分については，後述のように給与として（日本）所得税が課税（手取保証グロスアップ計算）されることになります。

(6) **手取保証における補填税金のグロスアップ課税**

　出張者の中国個人所得税を企業が補填（負担）する場合には，その補填税金は出張者に対する給与として中国個人所得税のグロスアップ計算対象となります。また，日本において外国税額控除できない中国個人所得税部分について，個人の最終的な手取り金額を減少させないために企業が負担する場合も，日本の所得税等の増加分をグロスアップして補填することになります。

(7) **会社が補填する個人所得税の給与処理（手取り保証）**

上述のように会社補填（負担）の中国個人所得税は給与処理され，個人所得税の対象とされますが，会社経理上「租税公課」として処理され，会社の人事部においてその情報が把握されず，給与（源泉徴収対象）に含まれないケースが考えられますので，留意する必要があります。

(8) **中国税金支払時に日本の非居住者である場合の外国税額控除不適用**

日本の所得税確定申告による外国税額控除は，日本居住者のみに認められており，非居住者に対しては適用されません。したがって，出向前の中国出張期間において発生した中国個人所得税については，出向（出国）後の日本非居住者期間において納税する場合には，実務上外国税額控除を適用することができないという問題が生じます。

第5章

輸出に係る増値税不還付問題

1 輸出に係る増値税不還付問題の概要

(1) 増値税本法の取扱い

　付加価値税とされる増値税は，消費者が最終税負担者とされます。また，輸出に関しては，最終消費者（国外における消費）に対する課税権は基本的に及ばないものとして，原則，免税措置がとられています。すなわち，1994年施行増値税法の規定では，課税対象販売取引は物品の運送起点をもって国内取引の判断基準としているため，輸出は概念的には増値税の課税対象取引とされますが，増値税法第25条により，輸出には0％税率が適用（実質免税）されることとなっています。また，同法に従えば，国内販売と同じように売上（増値）税額からこれに係る仕入（増値）税額を控除した残額をもって納税もしくは還付されることになっていますが，増値税法上輸出については，通常の中国国内課税取引と異なり，仕入（増値）税額の還付が認められることになっています（国内課税取引の控除未済仕入増値税額は翌期以降繰越）。

(2) 通達による増値税還付問題

　しかしながら，不正な増値税伝票（発票）の使用による還付請求，免税輸入原材料の国内販売製品製造への不正使用による過剰還付及び徴税不足への対応を理由として，中国税務当局は，その徴税不足分の補填方法として輸出増値税の還付率引下げという方法を採用しています。すなわち，実務上の取扱いにおいては，増値税法（条文）そのものが改正されていないにもかかわらず，1996年国税発123号通達及びその後の通達により，輸出に係る仕入（増値）税額（一般税率17％）の一部（還付率：17％，15％，13％，11％，9％，6％，5％，

０％）のみが還付されることになっています。

(3) FOB価格による不還付額計算の問題

　輸出企業の不還付仕入増値税の計算において，製品の輸出価格（FOB）がベースとされることから，実質的に輸出に対する増値税課税としての負担（コスト増）が発生しており，輸出企業にとって大きな問題（コスト増）となっています。すなわち，不還付仕入増値税額が，付加価値を含まない原材料の仕入増値税額をベースに計算されるのではなく，付加価値を含む輸出製品FOB価格の××％（不還付率）として算定されるため，実質的にはむしろ輸出売上に対する××％相当の増値税が課されることになるといえます。

(4) 進料加工取引の増値税一部負担（有償支給原材料輸入による製品加工輸出取引）

　進料加工事業では，大部分について免税輸入原材料を使用しており，本来増値税の不還付問題とは無関係と思われますが，輸出製品FOB価格をベースに不還付仕入増値税額を計算するため，結果的に進料加工の付加価値分に対しても増値税が課税されることになります。なお，無償支給原材料を使用して委託加工貿易を行う「来料加工」に関しては，免税扱いされていますが，原材料の仕入増値税の控除そのものが認められません（原価算入）。

(5) 保税物流センター（物流園区）での取引

① 保税物流センターの意義

　保税物流センター（B型）（以下「物流センター」）とは，税関総署の認可により物流企業に保税倉庫管理が実施される税関監督管理区域とされます。

② みなし輸出規定

　物流センター外企業が通関のために物流センターへ貨物を搬入する場合は，輸出とみなされて，輸出通関申告手続が行われ，輸出貨物通関申告書（輸出税額還付専用）が署名・発行されます。

　物流センター外の企業が物流センターから貨物を搬出する場合は，輸入貨物関連規定に基づき，輸入通関申告手続きが行われ，かつ通関申告された貨物は，

輸入貨物関連規定に基づき，輸入段階での増値税，消費税が課税あるいは免税されます。「物流センター外（にある）企業」とは，対外貿易企業又は製造企業とされます。

③ **輸出増値税の還付**

物流センター外企業が物品を物流センター内企業に販売する場合，あるいは，物流センター外企業が物品を中国国外企業に販売した後に中国国外の企業が物品を物流センター内企業の倉庫へ搬入する場合は，物流センター外企業には，輸出領収証，輸出貨物通関申告書（輸出税額還付専用），増値税専用領収証などの証憑をもって，現行の規定に従い税額還付（免除）手続きが認められます。

また，物流センター外企業が物流センター内企業に販売し，かつ物流センターへ搬入され物流センター内企業において使用に供される国産機器，積卸し設備，管理設備，検査・検測設備，包装容器・材料については，物流センター外企業が輸出領収証（発票），輸出貨物通関申告書（輸出税額還付専用），増値税専用領収証などの証憑をもって，現行の関連規定に基づき税額還付（免除）手続きを申請することが認められます。

なお，物流センター外企業が物流センター内企業に販売し，かつ物流センターに搬入されて使用に供される生活消耗品，車両・運搬具については，税関は輸出貨物通関申告書（輸出税額還付専用）の署名・発行を行わず，税務部門は税額還付（免除）を行いません。

④ **保税物流センター内製品の免税取引と輸出増値税還付の不適用**

物流センター内企業が物流センター内において加工した物品で，物品を直接輸出するあるいは物流センター内のその他の企業へ販売する場合には，増値税，消費税が免除されます。物流センター内企業が輸出する物品に対しては，税額還付（免除）処理を行いません。

⑤ **保税物流センター内取引及び輸出加工区，保税区間取引の免税措置**

物流センターにおける企業間あるいは物流センターと輸出加工区，保税区・港湾区間で物品の取引，流通を行う場合には，流通段階での増値税，消費税が免除されます。

2 還付増値税の計算

還付額の具体的計算方法として「免税,控除,還付方式」が適用されます。

(1) 還付(納付)増値税の計算式
① 一般の生産・輸出企業
   控除不能増値税額＝輸出FOB価格×不還付率
   納付増値税額＝国内売上増値税額－(仕入増値税額－控除不能増値税額)
② 進料加工
   控除不能増値税額
   ＝(輸出FOB価格－税関販売確認免税輸入原材料部品の課税標準価格)×不還付率
   納付増値税額＝国内売上増値税額－(仕入増値税額－控除不能増値税額)

「税関販売確認免税輸入原材料部品の課税標準価格」とは,進料加工における免税輸入原材料のみなし課税価格(CIF価格)を言います。

(2) 還付増値税計算の留意点
(1)の計算式において,仕入増値税額より免税・控除・還付不能な増値税額(控除不能増値税額)を控除した残高が未払増値税として計上され,繰越処理及びマイナスとなった場合のゼロ処理は認められません。

第6章
ロイヤルティーに対する関税課税問題

1 ロイヤルティーに対する関税課税規定

　中国主要都市の税関当局が，外資系中国現地子会社が海外親会社に支払うライセンスロイヤルティーに対して関税の課税を指摘したり，徴税したりする状況が発生しています。

　すなわち，税関当局は下記条件に該当する場合において，支払ロイヤルティーに対して関税を課税すると主張しています（「中華人民共和国税関輸出入物品の課税価格の認定弁法」（2013年税関総署令213号））。

(1) 技術ロイヤルティーと輸入物品とが特定の関係を有する場合
① 輸入物品（対価）にロイヤルティー対象技術が含まれる場合
② 輸入物品がロイヤルティー対象技術により製造されている場合
③ 輸入物品がロイヤルティー対象技術の実施のために設計されている場合

(2) ブランド・商標ロイヤルティーと輸入物品とが特定の関係を有する場合
① 輸入物品にロイヤルティー対象商標が貼付されている場合
② 物品輸入後にロイヤルティー対象商標を添付して直接販売できる場合
③ 輸入物品（対価）にロイヤルティー対象商標が含まれ，簡易加工後に商標貼付し販売できる場合

(3) ロイヤルティー支払が物品輸入条件となっている場合
① 物品輸入者がロイヤルティーを支払わないと購入できない場合
② 物品輸入者がロイヤルティーを支払わないと取引が成立しない場合

2 ロイヤルティー関税課税規定の本来趣旨と現場の状況

(1) ロイヤルティー関税課税規定の本来趣旨

現在よりも中国の関税率が高かった時期（平均関税率25％超）に，外国からの輸入部品の関税額負担軽減を図るべく，本来の輸入部品価格を低減し，相当額をロイヤルティー（源泉税10％）として回収する取引があったようです。

そこで，中国税関総署はこのような関税回避行為を防止すべく，中国子会社が支払うライセンスロイヤルティーに対する関税課税規定「中華人民共和国税関輸出入物品の課税価格の認定弁法（2006年税関総署令148号）」及び同改正（2013年税関総署令213号）を制定しました（以下，「認定弁法」）。

すなわち，技術ライセンス契約及びブランド（商標）ライセンス契約の中にライセンサーからの部品及び製品の輸入を義務付ける条項が存在している場合には，輸入部品とライセンスロイヤルティーの関係が明確であり，当該輸入部品及び製品の通関価格にライセンスロイヤルティーを加算（関税対象）するのが妥当との考えに基づき，この課税通達を発遣したと解されます。

(2) 現場の状況

中国主要都市におけるロイヤルティー関税課税主張に関しては，親子会社間のライセンス契約及び部品輸入に関して，上記の課税要件を充足する状況が必ずしも明確でないにもかかわらず，課税されるケースがあるようです。この場合，中国現地企業は製品輸出，部材輸入の通関業務に支障が生じる可能性がありますので，企業としては，ロイヤルティーと輸入物品とが特定の関係を有さないことを説明できるようにしておく必要があります。

なお，近年関税収入の落込みが伝えられており，現地税関当局においては，関税収入の増加を図ることが意図されている可能性もあると言われています。

3 課税指摘と理論的対応

(1) 輸入部品とロイヤルティーとの関連性記載の要求

税関当局が記入・提出を要求する通関関係書類において，中国子会社が日本親会社から輸入する部品に関して，中国子会社が日本親会社に対して支払う技

術ライセンスロイヤルティーとの関係性の有無を記載するよう求められます。この場合，"有"と記載した場合にはロイヤルティーに対して関税の納税を要求し，"無"と記載した場合でも関税の課税を指摘する状況が発生しています。

(2) **課税（事実）関係の検証，確認**

中国子会社の日本親会社からの輸入部品に関連して技術ライセンスロイヤルティーの課税を指摘された場合には，中国子会社と日本親会社間の技術ライセンス契約の内容及び取引実態を精査し，非課税取扱いの妥当性が確認された場合には，非課税説明文書を準備することが必要となります。

(3) **部材輸入における税関当局への説明の要点**

中国現地企業が税関当局提出書類に「無」と記載する場合には，「無」と記載した理由として，支払技術ロイヤルティーと輸入部品との間に下記の状況が全くないことを説明する必要があります。

a) 輸入物品（対価）にはロイヤルティー対象技術は含まれていない。
b) 輸入物品はロイヤルティー対象技術により製造されていない（ライセンス対象外の技術にて製造）
c) 輸入物品の購入条件としてロイヤルティーの支払いは売買契約には規定されていない

(4) **設備機器輸入における税関への対応**

親会社からの輸入設備機器がライセンス技術の実施に使用される場合には，認定弁法の適用上は，支払ロイヤルティーに対する関税非課税を説明することは容易でないと思われます。

なお，設備機器を親会社が設計し，外部に製造を委託している場合でも，この課税規定が適用されることになりますが，外部設備メーカーが一般に市販している設備機器であれば，課税には該当しないとされます。

4 税関への理論的税務対応の留意点（サマリー）

ロイヤルティーへの関税課税問題に係る関税当局への対応に関しては，下記の表のように，理論的課税の適否に基づき，第一義的には文書（非課税説明書）により対応し，非課税を主張することが肝要と考えられます。

なお，実務的には，部材輸入及び製品輸出の通関業務遅延による事業への悪影響等を考慮して，現実的妥協（課税額の軽減，課税計算式に関する交渉）が必要となる場合もあり得ると考えられます。

輸入取引		ロイヤルティー計算（ライセンス契約）	理論的取扱い	要点
ⅰ）輸入部材（ライセンス対象製品製造用）				
	外部調達原材料	計算上の調整なし	非課税	原材料とロイヤルティーの関係性がないため，調整は不要
	委託製造原材料	対象売上高から控除	非課税	原材料に本社技術が含まれていても，ロイヤルティー計算からの除外調整により関係性の断絶が可能〔控除調整しなければ課税となることに留意〕
	本社製造原材料	対象売上高から控除	非課税	
	外部調達部品	計算上の調整なし	非課税	部品とロイヤルティーとの関係性なし
	委託製造部品	対象売上高から控除	非課税	部品に本社技術が含まれていても，ロイヤルティー計算からの除外調整により関係性の断絶が可能〔控除調整しなければ課税となることに留意〕
	本社製造部品	対象売上高から控除	非課税	
ⅱ）輸入製造設備（ライセンス対象製品製造用）				
	外部購入設備	計算上の調整なし	非課税	技術ライセンス対象製品の製造に使用される特注製造設備は，当該技術ライセンスロイヤルティーと関連性ありと判定される可能性に留意
	委託生産設備	同上	課税	
	本社生産設備	同上	課税	

5 親子会社連携による税務リスクマネジメントの重要性

　日本企業の多くは中国に複数の子会社を有しており，1つの子会社がロイヤルティー関税課税を受け入れた場合，他の中国子会社へ波及する可能性に留意する必要があります。

　また，税務リスク軽減のためにも，日本親会社と中国現地子会社がロイヤルティー関税課税のような他への波及が予想される重要税務案件について常に情報を共有し，的確な対応（税務リスクマネジメント）ができる体制を構築することが肝要です。

中華人民共和国税関輸出入物品の課税価格の認定弁法（抜粋）

（2013年税関総署令第213号）

第13条　次の条件のいずれかに合致する特許権使用料は，輸入物品と関連すると見なされる。

(1) 特許権使用料が，特許権又は専有技術使用権として支払われ，かつ輸入物品は次の状況のいずれかに該当する場合
　1．特許又は専有技術が含まれる場合
　2．特許方法又は専有技術を使用して生産する場合
　3．特許又は専有技術の実施のために専門的に設計又は製造した場合

(2) 特許権使用料が，商標権として支払われ，かつ輸入物品は次の状況のいずれかに該当する場合
　1．商標がついている場合
　2．輸入後に商標を付けて直接販売できる場合
　3．輸入時に商標権を含み，簡易加工後に商標を付ければ，すぐに販売できる場合

(3) 特許権使用料が，著作権として支払われ，かつ輸入物品は次の状況のいずれかに該当する場合
　1．ソフト，文字，楽曲，写真，映像またはその他の類似内容を含む輸入物品，磁気テープ，磁気フロッピー，CDあるいはその他の類似媒体等の形式
　2．その他著作権を有する輸入物品を含む場合

(4) 特許権使用料が，流通権，販売権あるいはその他の類似権利として支払われ，

かつ輸入物品は次の状況のいずれかに該当する場合
1．輸入後に直接販売できる場合
2．簡易加工後にすぐに販売できる場合
（以下省略）

第7章

租税条約による
税務リスクマネジメントの要点

1 中国税制度リスクへの対応における租税条約の有用性

中国における主な税制度リスクとしては，以下の項目があげられます。
① 中国税務当局の大きな権限（例，海外送金のための事前税務届出受領印取得義務）
② 挙証責任の納税者帰属（説明ではなく，税務当局に納得してもらうことが必要）
③ みなし利益率の使用による推定課税方式の適用
④ 重いペナルティー（50％～500％の加算税，年率18.25％の延滞金）

これらの中国税制度リスクに対する税務リスクマネジメントとしては，日本親会社として，中国国内税法に優先して適用され，問題処理のための相互協議が規定されている日中租税条約の有効活用（主張）が極めて重要と考えられます。

また，中国においては，税務通達が税法と同様の効力を有することにも留意する必要があります。

2 租税条約の定義

租税条約とは，二重課税の回避及び脱税の防止等を内容とした租税に関する国家間の取極めであり，原則として国内法に優先して適用されます。現在中国は，日本を含め100ヶ国以上と租税条約を締結しています。また，香港及び台湾との間においても租税条約と同様の協定を締結しています。

すなわち，中国国内法（中華人民共和国税収徴収管理法91条及び中華人民共和国企業所得税法58条）においては，租税条約が国内法に優先して適用される

旨，明記されています。

日中租税条約（正式名称：所得に対する租税に関する二重課税の回避及び脱税の防止のための日本国政府と中華人民共和国政府との協定，以後，「条約」）は，1983年9月6日に締結され，翌年6月26日に発効されており，その内容は国連モデル条約に準拠しています。

3 租税条約の解釈通達（指針）

中国国家税務総局は，租税条約の解釈指針として，下記の内容の中国・シンガポール租税条約及び議定書に関する解釈通達（2010年国税発75号）を発遣しています（以後，「解釈通達」）。この解釈通達は，中国税務当局の国際税務に関する基本スタンスが示されており，日本企業としては，日中租税条約に適用する際の影響（解釈適用）について留意する必要があります。

(1) 解釈通達の特徴
① 網羅的な解釈通達

従来の租税条約解釈通達が，特定の特記事項を対象としたものであるのに対して，本解釈通達は，第1条の「人的範囲」から第25条「情報交換」まで，網羅的に解釈が明記されています。

② 他の租税条約に適用する際の解釈への準用

中国が締結する租税条約に関して，中国・シンガポール租税条約（以下，「中・星租税条約」）と同一内容の条項の適用及び実施に際しては，本解釈通達を準用する旨，明記されています。

(2) 解釈通達の日中租税条約との主要相違点

日中租税条約は，下記のPE判定基準及び個人の183日免税ルール計算対象期間に関する条項が中・星条約とは異なっており，適用上留意する必要があります。

	中・星租税条約及び同議定書	日中租税条約
１）PE判定基準		※日中租税条約解釈通達に規定なし
①建設工事PE（計算方法）	６ヶ月超（業務開始日から完了日までの期間）	６ヶ月超（※解釈通達準用）
②サービスPE	（累積）183日超	６ヶ月超
２）183日免税ルール		
①計算対象期間	任意の連続する12ヶ月	暦年（１月１日〜12月31日）
②課税対象期間	183日が課税年度をまたぐ場合には，２課税年度	１課税年度

(3) 解釈通達と日中租税条約との同一条項における解釈上の留意点

① 代理人PE課税（条約５条７項）

　親子会社間の特殊関係に基づき，中国子会社が外国企業（親会社）の従属代理人PEと認定される場合には，その外国企業の中国への輸出売上（利益）が，PE帰属の中国源泉所得としてPE課税されるリスクが本解釈通達に明記されました。あわせて，PEとされない独立代理人（同条第６項）に関する詳細な適用要件が規定されました。

② 出向者PE課税（条約５条７項）

　外国企業（親会社）が中国子会社に人員を派遣（出向）させ，その外国企業の業務に従事させる場合において，次（基準）のいずれかに該当する場合には，サービスPEとして認定課税されます。

　a）出向者の指揮命令権及び業務リスク負担が出向先に帰属しない場合
　b）出向者の選定権限が出向先に帰属しない場合
　c）出向者給与を出向先が負担しない場合
　d）出向者の利益（成果）を出向先が取得しない場合

③ 間接保有持分の譲渡課税（条約13条）

　持分譲渡（譲渡所得）に関しては，一定の場合に海外子会社を経由して出資している間接保有の中国子会社持分譲渡取引も，中国にて課税対象とされます。

4 中国投資における関連租税条約の要点比較

（日中租税条約，香港・中国租税協定及び香港・日本租税協定）
＜条約内容比較表＞

1．条約本文		日本・中国租税条約	香港・中国租税協定	香港・日本租税協定
1）人的範囲		（1条）	（1条）	（1条）
	条約適用対象	締約国の居住者	締約地域の居住者	締約地域の居住者
2）対象税目		（2条）	（2条）	（2条）
	（現行）税目	中国：企業所得税，個人所得税 日本：所得税，法人税，住民税	香港：利得税，給与税，不動産税 中国：企業所得税，個人所得税	香港：利得税，給与税，不動産税 日本：所得税，法人税，住民税
3）定義（省略）		（3条）	（3条）	（3条）
4）居住者		（4条）	（4条）	（4条）
	居住者判定	日本・中国：住所，居所，本店所在地	香港 個人：住居，180日超滞在 法人：事業管理地 中国 個人：住所，居所 法人：事業管理地	香港 個人：住居，180日超滞在 法人：事業管理地 日本 個人：住所，居所 法人：本店所在地
	（双方）居住者	個人：協議により振分け 法人：本店所在地	個人：協議により振分け 法人：事業管理地	個人：協議により振分け 法人：協議により振分け
5）恒久的施設 PE		（5条）	（5条）	（5条）
	建設，据付工事	6ヶ月超はPE（課税）	6ヶ月超はPE（課税）	12ヶ月超はPE（課税）
	工事管理	6ヶ月超はPE（課税）	6ヶ月超はPE（課税）	非課税

	サービス	6ヶ月超はPE（課税）	183日超はPE（課税，議定書）	非課税
	在庫保有代理人	非課税	非課税	非課税
	注文取得代理人	課税	課税	非課税
6) 不動産所得		（6条）	（6条）	（6条）
	第一次課税権	不動産所在地国	不動産所在地国	不動産所在地国
7) 事業所得		（7条）	（7条）	（7条）
	課税対象	PE帰属所得限定（帰属主義）	PE帰属所得限定（帰属主義）	PE帰属所得限定（帰属主義）
	単純購入行為	非課税	非課税	非課税
8) 国際運輸所得		（8条）	（8条）	（8条）
	課税権	相互免除（居住地国のみ課税）	相互免除（居住地のみ課税）	相互免除（居住地のみ課税）
	その他税金の免税	日本：事業税の免除 中国：営業税の免除	香港：－ 中国：営業税の免除	日本：事業税の免除 香港：事業税類似税金の免除
9) 特殊関連企業（省略）		（9条）	（9条）	（9条）
10) 配当		（10条）	（10条）	（10条）
	制限（源泉）税率	親子間：適用なし 一般：10%	親子間：5%（要件：25%以上保有） 一般：10%	親子間：5%（要件：10%以上，6ヶ月保有） 一般：10%
11) 利子		（11条）	（11条）	（11条）
	制限（源泉）税率	10%	7%	10%
12) 使用料		（12条）	（12条）	（12条）
	制限（源泉）税率	10%	7%	5%
	使用料の範囲	設備リースを含む（課税）	設備リースを含む（課税）	設備リースを含まず（非課税）
13) 譲渡所得		（13条）	（13条）	（13条）

不動産	所在地国課税	所在地課税	所在地課税	
PE(恒久的施設)	所在地国課税	所在地課税	所在地課税	
株式	源泉地国課税	源泉地課税	源泉地課税（破綻金融機関株式は所在地課税)	
不動産化体株式	規定なし，株式準用	源泉地課税	源泉地課税	
その他	居住地国課税	源泉地課税	居住地課税	
14) 自由職業所得	(14条)	―	―	
課税対象	固定的施設を有する場合，もしくは183日超滞在の場合	規定なし	規定なし	
15) 給与所得	(15条)	(14条)	(14条)	
短期滞在者免税	3要件全て充足 ●183日以内滞在（暦年） ●報酬支払者は非居住者 ●PEは報酬を負担しない	3要件全て充足 ●183日以内滞在 ●報酬支払者は非居住者 ●PEは報酬を負担しない	3要件全て充足 ●183日以内滞在 ●報酬支払者は非居住者 ●PEは報酬を負担しない	
183日の計算基準	暦年基準（1月～12月）	連続する12ヶ月間	連続する12ヶ月間	
16) 役員報酬	(16条)	(15条)	(15条)	
課税権	法人所在地国でも課税	法人所在地でも課税	法人所在地でも課税	
17) 芸能人等	(17条)	(16条)	(16条)	
課税権	役務提供地国課税	役務提供地課税	役務提供地課税	
18) 退職年金	(18条)	(18条)	(17条)	
課税権	居住地国でのみ課税	居住地でのみ課税	居住地でのみ課税	
19) 政府職員（省略）	(19条)	(18条)	(18条)	
20) 教授	(20条)	―	―	

	免税対象	(滞在)目的：教育又は研究 (免税)期間：3年間 対象報酬：教育,研究の報酬	規定なし（免税不適用）	規定なし（免税不適用）
21）学生		(21条)	(19条)	(19条)
	免税対象	対象者：学生,事業習得者 対象報酬：生計,教育,訓練に対する給付	対象者：学生 対象報酬：生計,教育に対する給付	対象者：学生 対象報酬：生計,教育に対する給付
22）匿名組合		—	—	(20条)
	課税権	規定なし	規定なし	源泉地課税
23）その他所得		(22条)	(20条)	(21条)
	課税権	源泉地国課税	源泉地課税	居住地課税
24）二重課税排除		(23条)	(21条)	(22条)
	排除方式	税額控除	税額控除（香港税法は国外所得免除）	税額控除（香港税法は国外所得免除）
	みなし外税控除	配当,利子,使用料（固定スペアリング）	規定なし	規定なし
25）無差別取扱い（省略）		(24条)	(22条)	(23条)
26）相互協議（省略）		(25条)	(23条)	(24条)
27）情報交換（省略）		(26条)	(24条)	(25条)
28）その他規則		(27条)	(25条)	—
	有利適用,他	国内法等の優先適用	租税回避への不適用	規定なし
29）減免の制限		—	—	(26条)

特典制限	規定なし	規定なし	トリーティーショッピング防止
30）外交官（省略）	（28条）	—	（27条）
31）見出し（省略）	—	—	（28条）
32）発効（省略）	（29条）	（26条）	（29条）
33）終了（省略）	（30条）	（27条）	（30条）
2．議定書	日本・中国租税条約	香港・中国租税協定	香港・日本租税協定
サービスPE	販売，リース機器関連サービスのPE非課税	PE判定規定基準の6ヶ月から183日への変更	—
本店配賦経費	ロイヤリティー，管理費及び利子の損金不算入	—	—
管理支配地	—	—	日々の役員経営意思決定及び従業員活動の場所

5　参考：香港の税制

租税条約対象税金	課税対象	税率	申告期間・期限	留意点
1）利得税（Profit Tax）	香港源泉の事業所得（日本法人税に相当）	16.5%	12月決算法人は8月15日	賦課課税制度を適用　監査済財務諸表に基づき申告し，賦課決定通知書を受領して納税
2）給与税（Salaries Tax）	香港源泉の労務報酬	17%	（年度）申告書受領後1ヶ月以内	源泉徴収制度なし
3）不動産税（Property Tax）	香港所在不動産の賃貸所得		—	一定収入額まで非課税　概算経費は一律収入の20%　利得税又は給与税に含めて課税

（注）　香港は国外所得免除制度が採用されており，上記課税対象は香港源泉所得に限られています。

第8章

日中租税条約の解説

本章では、日中租税条約の主要条項に関して、準用が規定されている「中国・シンガポール租税条約及び議定書に関する解釈通達（2010年国税発75号）」（以後、「解釈通達」）に基づき、解説することとします。

1 居住者

(1) 条約第4条「居住者」

① 居住者の意義

全世界所得課税の対象とされる居住者とは、日本もしくは中国に住所又は居所を有する個人、並びに日本もしくは中国に本店又は主たる事務所を有する法人等とされます。なお、日中租税条約においては、原則的に管理支配地基準は適用されておらず、登記簿上の本店等の所在地をもって居住者の判定基準とされますが、中国企業所得税法では管理支配地基準が併用されています。

② 双方居住者

個人が日中双方の居住者の要件を有する場合は、両国の当局の合意により居住地国が決定されます。また、個人以外（法人等）の双方居住者については、本店又は主たる事務所の所在地をもって居住者の判定がなされます。

③ 中国国内法上の個人の取扱い

 a) 居住者とは、国内に住所を有し、又は1年以上居所を有する個人。
 - 非永住居住者：国内に住所等を5年以下の期間有するが、永住の意思のない居住者
 - 永住居住者：5年超住所等を有する、もしくは当該国の国籍の居住者

 b) 非居住者とは、居住者以外の個人（1年未満滞在者）

④　中国国内法上の法人の取扱い
　　a)　内国法人とは，国内に本店又は主たる事務所を有する法人（外資企業，内資企業）
　　b)　外国法人とは，外国に本店又は主たる事務所を有する法人（支店，駐在員事務所，PE）
　　c)　管理機構を中国国内に有する外国企業（居住者企業として全世界所得課税適用）

(2)　解釈通達における「居住者」の取扱い
① 居住者判定の効果
　居住者は，居住地国において全面的に納税義務を負うものとされます。
② 外国人の居住者判定
　一課税年度における中国国内の居住期間において，出国期間が連続30日もしくは累積90日を超えない外国人は居住者となります（超える場合は非居住者）。なお，華僑，香港，マカオ，台湾居住者は，外国人として扱われます。
③ 個人の永住居住者の判定基準
　個人の永住居住者の認定は，下記基準を，a)からd)の順に適用して判定されます。
　　a)　長期の居住用施設（住宅，アパート等，短期滞在ホテルを含まず）の保有
　　b)　重要な利害関係の中心である家庭，職業等を総合的に勘案
　　c)　習慣性居所（常用の住居）を複数国における滞在期間の按分比にて勘案
　　d)　国籍
④ 居住者企業の判定
　中国関連法規に基づいて設立された企業，並びに実質的管理機構が中国に存する外国企業

2　恒久的施設（PE）

(1)　条約第5条「恒久的施設（PE）」
① 恒久的施設の意義
　「恒久的施設（PE：Permanent Establishment）」の概念は，特に企業所得

に対する締約国間の課税権の決定に使用される重要な概念です。また，日中租税条約（7条）では事業所得について「帰属主義（Attributable Method）」を採用しているため，外国法人が稼得する事業所得（輸出等）については，中国国内に支店等の恒久的施設があり，かつ支店等が事業所得稼得に関与すること等によってその所得がその支店等に帰属するとみなされた場合にのみ課税され，国内に恒久的施設がないかもしくは関与した等とみなされない場合には，課税されないこととなります。

これは，国際的租税原則において，一方の締約国〔日本〕の企業が他方の締約国〔中国〕において恒久的施設を保有するようになるまでは，当該他方の国において課税権に服するほど経済活動に参画しているものではないと解釈されることによります。

② 恒久的施設の意味

恒久的施設とは，企業が事業を行うために有する建物，機械等の物的及び人的設備（事業組織）が明確に認識され得る場所をいう課税上の概念です。

③ 恒久的施設の事例

具体的には以下に例示列挙されます。

(a) 事業の管理の場所，(b) 支店，(c) 事務所，(d) 工場，(e) 作業場，(f) 鉱山，石油又は天然ガスの坑井，採石場その他天然資源を採取する場所

なお，(c) 事務所（英文：an office）は，支店や工場と同じ位置付けであり，事務所の一形態たる「駐在員事務所」は，支店や工場と同じ課税上の取扱いを受けることとなりますが，課税除外活動の範囲内においてのみ，非課税の取扱いを受けることとなります。

④ 工事PE（建設現場等）（条約5条3項）及びサービスPE（役務提供）（条約5条5項）

詳細は第3編第2章「外国企業のPE課税」参照。

(2) 解釈通達における「恒久的施設（PE）」の取扱い

PEは課税権を確定するための概念と位置づけられ，また，課税範囲はPEに帰属する所得に限定されます。受取配当（10条），利子（11条）及び使用料（12条）に係る持分，債権，財産等がPEと実質的に関連性を有する場合には，

その所得はPEの利益として課税されます。

① 定　義

　PEとは，外国企業が事業を行う場所として，下記の特徴を有するものとされます。

　a）　実在性

事業を行う実質的場所が存在することです。なお，規模及び範囲の制限はなく，自己所有及び賃借を問わず，一定の支配可能な空間を有する場合には，事業を行う場所とみなされます。

　b）　固定性

PE（事業を行う場所）には，事務所，支店等の固定の場所が含まれます。なお，隣接する地域間（特定ホテル，マーケット内ブース等）を経常的に移動して行う営業活動に関しては，固定の場所を有するとされます。

　c）　継続性

PEは事業を行う場所として時間的に一定の継続性を有するものであり，臨時的なものは含まれず，また，業務活動の暫定的中断，停止は時間的な継続性に影響を与えないとされます。

　d）　帰属主義

外国企業がPEを通じて業務に従事する場合には，その業務により取得する所得はPEに帰属する課税所得とされます。すなわち，外国企業が他方の締約国で複数の個別の事業活動を直接行う場合には，各々の事業活動について個別にPEを判定するため，1つの外国企業が複数のPEを有することになります。

　e）　事業の意義と非営利組織の活動

PEに係る事業には，生産経営活動のみならず，非営利組織が従事する業務活動（条約第7条，事業所得）が含まれます。なお，準備的，補助的活動は除かれます（非課税）。

　f）　「通じて」の意義

PEを「通じて」の活動は広義に解釈され，外国企業が管理支配可能であれば全てPEとされる可能性があります。すなわち，役務提供においては，その役務提供を通じて外国企業が事業を行っていると認定され，広くPEがあるとされる可能性があります。また，PEが実質的営業活動を行う場合には，外国

企業が中国企業と直接契約する場合であっても，外国企業はPEを通じて営業活動を行っていると認定されます。

② PEの例示

a) PEとされる「管理の場所」

「管理の場所」とは，企業の管理職責の一部を負う営業所又は事務所等の場所であり，本店及び居住者企業の判定基準である「実質的管理機構」とは異なります。

b) 天然資源開発PE

「天然資源を採取する場所」とは，投資により権益を取得し，生産経営に従事する場所とされます。なお，天然資源の探査，開発のための請負工事は，業務期間が6ヶ月を超える場合，PEと認定されます。

③ 非課税PEの例外規定（条約5条4項）

外国企業が商品の保管，展示，購買及び情報収集の活動のための準備的・補助的業務を遂行するための事業の場所は，PE認定課税の対象とはされません。

a) 準備的・補助的業務の内容

課税PEの例外（非課税）とされる準備的，補助的業務の項目，内容（特徴）

● 独立した経営活動に従事せず，かつ，企業活動の基本部分又は重要部分を構成しない
● 役務提供対象は当該企業（本店）のみであり，他の企業に対する役務提供を行わない
● 事務的な役務提供に限定され，直接的に営利活動の機能を果たさない

b) 非課税PEに該当しない課税事例−1（単純購入非課税の原則の不適用）

外国企業が客先の購買に係る業務を有償にて役務提供するために，中国に事務所を設置し，中国で購買活動を行っている場合には，その購買活動は，外国企業の主たる業務と同一であることから，非課税PEとされる準備的・補助的業務には該当しません（PE認定課税）。

c) 非課税PEに該当しない課税事例−2（保守サービス）

外国企業が顧客への保守サービスを提供するために，中国に事業の場所を設置し，販売機器設備の保守サービスもしくは部品供与を行う場合には，その顧客サービス活動は外国企業の業務上基本的，重要な構成部分であることから，

非課税PEとされる準備的・補助的業務には該当しません（PE認定課税）。

　d)　非課税PEに該当しない課税事例－3（宣伝業務）

　外国企業が中国に設置する事務所が本店以外の第三者のための宣伝業務に従事する場合には，その活動は，非課税PEとされる準備的・補助的業務には該当しません（PE認定課税）。

　e)　非課税業務の兼営における合算課税

　外国企業が上記非課税PE業務に従事すると共に，PE課税業務を兼営する場合には，非課税業務と課税業務に係る所得を合算して徴税対象とされます。

④　（従属）代理人PE（条約5条6項）

　企業に代わって契約締結権限を有し常習的に行使する非独立（従属）代理人は，その外国企業のPEとして認定課税されます。本解釈通達では従属代理人の範囲は広く解釈されています。すなわち，親会社の輸出業務に関与する中国子会社は，PE認定リスクが高いことに留意する必要があります。

　また，中国子会社が外国企業（親会社）のために契約締結権限を常習的に行使する場合には，従属代理人PEとして認定課税されます。

　a)　従属代理人の意義

　従属代理人は，個人及び会社等の全ての組織形態を含むと共に，外国企業からの正式な代理権授与の必要もなく，また，中国居住者である必要性もなく，固定の場所を有する必要もないとされます。

　b)　企業の名による契約締結の意義

　「当該企業の名で契約を締結」は広義に解釈され，外国企業の名で契約されていなくとも，契約がその外国企業に対して拘束力を有する場合が含まれます。また，「締結」は契約締結行為そのものに限らず，代理人が外国企業の契約交渉権を有する場合も含まれます。

　c)　契約の意義

　「契約」とは，外国企業の経営活動に関連する業務契約をいい，企業内部事務に関する契約は従属代理人PEの判定における「契約」には含まれません。

　d)　反復的の意義

　「反復的に」には詳細な統一基準はなく，契約の性質，業務の特質及び代理人の関連活動の頻度等を総合的に勘案して判断されます。例えば，航空機等の

高額商品の販売においては，1つの販売契約締結であっても，「反復的に」の基準を充足すると認定されます。

　e）　権限行使の意義

権限の「行使」は，実質課税の原則に基づき判定されます。すなわち，従属代理人が中国において実質的契約締結交渉に従事し，その活動が外国企業に対して拘束力を有する場合には，外国企業が直接契約を締結したとしても，従属代理人が契約締結権限を行使したと認定されます。

　f）　準備的・補助的業務に関する代理人

非課税PEとされる準備的・補助的業務に関する代理人に関しては，PE認定課税の対象とされる従属代理人には含まれません。

　g）　従属代理人に対する183日ルールの不適用

従属代理人のPE認定の判定に際しては，条約第5条第3項（サービスPE）の累積183日ルールは適用されません。

⑤　独立代理人（条約5条7項）

特定の企業に限定せずに専ら代理業務に従事する問屋等の独立代理人は，PEとされません。

なお，独立代理人条項の濫用（租税回避）を防止するために，代理人の独立性について実質判定し，代理人の活動の大部分以上が被代理（外国）企業を代表し，その代理人と外国企業が商業上及び財務上密接，従属的な関係にある場合，その代理人は独立代理人とは認められません。

独立代理人の判定要件（法的・経済的独立性）に関し，代理人が法律上及び経済上，外国企業から独立し，独立性を保持しているか否かの判定に際しては，具体的に下記の要素を考慮することとされています。

　a）　独立代理人の（判定）要件－1（代理人の商業活動の自由度）

代理人が外国企業の具体的な指示及び支配下で商業活動に従事し，業務方法を自己決定できない場合には，一般に独立性は認められません。

　b）　独立代理人の（判定）要件－2（商業活動のリスク負担者）

外国企業が代理人の商業活動リスクを負担する場合には，一般に独立性は認められません。

　c）　独立代理人の（判定）要件－3（代理企業数）

代理人が長期間大部分を特定企業のために活動する場合には，独立代理人とならない可能性が高いと解されます。

　d)　独立代理人の（判定）要件－4（代理人の専門知識）

　一般的に，独立代理人は商業活動に従事する専門知識及び技術を所有し，外国企業の支援を必要とせず，また，その外国企業は通常，代理人の専門知識及び技術を利用して，自社の業務推進を図っていると解されます。

　e)　独立代理人の（判定）要件－5（法的・経済的独立性）

　独立代理人は一般的に，約定に従い代理業務活動に従事し，外国企業の他の経済活動には従事しません。すなわち，代理業務行為は代理人にとって通常の経営業務です。なお，代理人が外国企業の代理人として販売活動に従事すると共に，経常的に外国企業の契約締結権限を行使する場合には，契約締結代理活動は，自己の営業活動以外の業務に該当し，その外国企業の従属代理人としてPE認定されます。

⑥　外国企業の子会社（非居住者支配法人）の取扱い

　中国子会社は独立の法人格を有する存在であるため，外国企業が中国子会社持分を所有することによる支配関係そのもののみをもって，中国子会社が外国企業（親会社）の従属代理人とみなされることはありません。

　なお，親子会社間の特殊関係（一定の事実関係）を考慮し，中国子会社が外国企業（親会社）の従属代理人PEと認定されることがあります。

3　不動産所得

(1)　条約第6条「不動産所得」

①　不動産所得に対する課税権とその根拠

　原則的に，不動産所得はその所得形態（不動産の直接的な賃貸による利益の稼得，並びにその他の利益の稼得）によらず，所得の源泉地国（不動産の所在地国）に課税権があるとされています。これは，不動産所得の源泉とその源泉地国（不動産の所在地）との間に常に密接な経済的関係があることによるものです。これにより，源泉地国での課税権は，他の国の課税権に優先されます。

　不動産所得は，下記の不動産（付随する諸権利を含む）の貸付けから生ずる全ての所得を含むものであり，不動産の譲渡の課税関係は，後述の第13条（譲

渡所得）で取り扱われます。

② 不動産の範囲

「不動産」の範囲には，これに附属する財産，権利等を含むとされ，「不動産」の解釈については，不動産の所在地国の法律に委ねられるとされています。

③ 不動産所得の範囲

不動産所得は，上記不動産の貸付けから生ずる全ての所得をいうものです。なお，船舶，航空機は不動産には含まれず，その所得については不動産所得課税の適用は受けません。

(2) 解釈通達における「不動産所得」の取扱い

① 課税権の帰属

不動産所得については，不動産所在地国が課税権を有します。

② 不動産の解釈権

締約国の国内法に不動産の解釈権が付与されます。

③ 不動産所得の範囲

不動産所得とは，不動産所有権を移転しない状況における不動産の直接使用，賃貸，その他の全ての形式による不動産使用による所得が含まれます。なお，不動産所有権の移転（譲渡）所得は，条約第13条の規定を適用され，不動産抵当による利子所得は条約第11条の規定が適用されます。

4 事業所得

(1) 条約第7条「事業所得」

① 事業所得規定の意義

事業所得規定は，事業所得の二重課税回避に関して規定しており，前述の第5条（恒久的施設：PE）を補完する性質を有しています。

すなわち，PE認定された固定的施設等が稼得した所得及びグループ企業との取引による所得を計算する場合の一定のルールを示すものです。したがって，「恒久的施設なければ課税なし」ということになります（なお，利子，配当，使用料については特別に課税規定があります）。これは，国際的課税原則において，一方の国〔日本〕の企業が他方の国〔中国〕において恒久的施設を保有

するようになるまでは，他方の国において課税権に服するほど経済活動に参画していると認識するには不十分との解釈によります。

なお，同一企業グループ間の取引については，後述する第9条（特殊関連企業）にて取り扱われています。

② 帰属主義（Attributable Method）

事業から生ずる所得については，外国〔日本〕企業に対しては，その企業が活動を行う国〔中国〕においてその恒久的施設の存在が認定されなければ課税が生じることはなく，また，その課税対象となる所得は，恒久的施設の活動に起因するものに限られる（帰属主義）とされています。

すなわち，外国〔日本〕企業の本社が直接物品の販売及び役務提供等を〔中国〕国内で行った場合には，本社の直接取引により稼得した所得が〔中国〕国内源泉所得に該当する場合であっても，恒久的施設がこれに関与しない限り，課税されません（課税所得からの除外）。

③ 独立企業の原則

課税所得算定については，本支店間取引に対して独立企業の原則が適用されます。これは，恒久的施設をあたかも独立した別個の企業と仮定して，その恒久的施設が稼得するものとされる所得を課税対象とする概念です。

なお，本支店間の内部利子及び資産の移動等については，原則的には独立企業の原則の適用はありません。例外的に，本店が第三者から調達した資金等を紐付きにて支店に送金した場合に限り損金とされ，源泉徴収（課税）の対象とされます。また，金融機関（銀行等）の各部門相互間における融資（資本勘定でない）に対する利子については，その事業の性質から，別途取り扱われることがあります。

④ 本店経費の配賦及び関連企業管理費

　a）　本店経費の配賦

恒久的施設が負担する（配賦を受ける）のに合理性を有する経費については，課税所得計算上，損金算入を認め，経費の発生場所（国内外）は問わないとされています。

なお，本店等に支払う使用料，報酬，事業管理手数料及び貸付金利子等の諸費用（実費弁償を除く）の支店での損金算入は認められません（日中租税条約

議定書)。

> 〔参考:日中租税条約,議定書〕
> 2 協定(条約)第7条第3項に関し,企業の恒久的施設が当該企業の本店又は当該企業の他の事務所に支払った又は振り替えた支払金(実費弁償に係るものを除く)で次に掲げるものについては,損金に算入することを認めない。
> a) 特許権その他の権利の使用の対価として支払われる使用料,報酬その他これらに類する支払金
> b) 特定の役務の提供又は事業の管理の対価として支払われる手数料
> c) 当該恒久的施設に対する貸付けに係る利子(当該企業が銀行業を営む企業である場合を除く)

b) 関連企業からの配賦経費と管理費

関連企業から配賦される経費について一定の要件を満たす場合には,税務当局の承認に基づき損金算入が認められることになります。

なお,関連企業に支払う管理費(サービス内容が不明な経営指導料等)の損金算入は認められていません(企業所得税法実施条例49条)。

⑤ 恒久的施設への利益配分

企業が,上述の独立企業間価格ではなく企業全体の利益を一定の公式により各部に配分する方式を採用している場合には,その方式により算定され恒久的施設に配分された利益については,恒久的施設の合理的な(課税)所得と認められます。

⑥ 単純購入非課税の原則

企業が自己の物品(原材料等)及び商品を購入するのみの場合には,PE課税の対象とされません。これは,購入時点では企業の利益(課税所得の発生)は未実現であり,これを認識することは時期尚早とされるためです。

なお,この原則は同一法人内の内部取引に適用されるものであり,本社以外の顧客等のための商品の購入・出荷には適用されず,PEとしての課税上の取扱いを受けることになります。

⑦ 継続適用

上記①から⑥までの課税所得算定の諸方法については,原則として毎期継続しなければなりません。ただし,変更に合理的理由があれば認められています。

(2) 解釈通達における「事業所得」の取扱い

① 帰属主義

外国企業が中国国内において取得する事業所得に係る課税対象は，その外国企業が中国国内に有するPEに帰属する所得に限定されます（「PEなければ課税なし」の原則の適用）。

② PE帰属所得の範囲

外国企業の事業所得課税におけるPE帰属所得の範囲は，PEが中国国内で取得する所得のみではなく，PE所有の持分（株式），債権，工業所有権，設備に関連して発生する配当，利子，使用料等の所得も，実質的関連性を有する所得として，PEの課税所得に含まれます。

③ 独立企業の原則

外国企業のPEの課税所得計算にあたっては，PEを独立の納税実体とみなし，外国企業（本店）との取引には独立企業の原則が適用されます。

④ 本店配賦経費の取扱い

PEの課税所得計算に際して，中国国外（外国企業本店）で発生する一般管理費を損金処理する場合には，その配賦費用がPEのために発生した費用であり，合理的配賦率が適用されていることが必要です。実務運用上，外国企業は配賦計算に関して，費用の集計範囲，費用算定額，配賦基準及び方法等の資料を提供して，配賦費用の合理性を証明することが求められます。

⑤ 推定課税計算の適用（PEへの利益配分）

PEの帳簿不備によりPEの課税所得を算定することが困難な場合には，特定の算式（みなし利益率）により，外国企業の総所得を算定した上で，PE帰属所得が配分計算されます。

⑥ 単純購入非課税の原則

PEが外国企業（本店）のために物品及び商品を購入する活動は，PEが購入活動により所得を取得したとはみなされません（単純購入非課税の原則）。

なお，PEが他の課税業務を兼営する場合の課税所得計算にあたっては，非課税購買活動に起因する費用を損金算入してはならないとされています。

⑦ PE課税所得計算方法の継続性

PEの課税所得計算上採用する各種計算方法に関して，継続適用することが

求められています。

⑧ **PE事業所得課税の優先適用**

外国企業が取得する各種の中国国内源泉所得（不動産所得，配当，利子等）に関しては，各々単独の徴税方法が条約に規定されていますが，それらの所得がPEと実質的関連性を有する場合には，PEの事業所得に含めて課税（申告納税）されます。

5 特殊関連企業

(1) 条約第9条「特殊関連企業」
① **特殊関連企業の意義**

特殊関連企業間（親会社と子会社，及び共通の支配下にある会社）の行為計算に関して，独立企業の原則に基づく課税所得の更正が認められています。すなわち，特殊関連企業間の特別な条件下の取引（物品，技術，商標及び役務の移転等）により，企業の損益計算が独立企業と異なる課税所得を示す場合には，独立企業の原則に基づきその企業の損益計算の修正が認められます。

② **中国国内法の定義（中国企業所得税法実施条例109条）**

関連企業とは，次のいずれかの関係を有する企業及びその他の経営組織とされます。

a)　資金，経営，売買等に関して，直接あるいは間接的に支配関係があるもの
b)　直接あるいは間接的に第三者の所有，又は支配を受けるもの
c)　その他利益上の相関関係を有するもの

(2) 解釈通達における「特殊関連企業」の取扱い
① **独立企業間取引原則と税務調整**

親子会社等の特殊関連企業間取引において，中国外資企業が独立企業間取引原則に基づく合理的な利益を計上していないとされた場合には，中国税務当局はこれを調整することができるとされています。

② **参考：日中租税条約との相違点（対応的調整）**

中国税務当局によりシンガポール企業出資の中国外資企業が特殊関連企業間

の取引として税務調整(移転価格税制適用による一次調整)をされた場合には,二重課税を回避すべく,シンガポール税務当局はこの調整に係る所得の既納付税額について,対応的調整を行うことが規定されています。なお,シンガポール税務当局はこの対応的調整を無条件に実施する必要はなく,中国税務当局の税務調整が妥当と認定した場合にのみ,対応的調整義務を負うとされています(※日中租税条約には対応的調整に関する規定はないが,今後の動向は更に注視していく必要がある)。

6 配当所得

(1) 条約第10条「配当所得」

① 配当所得の意義

配当所得とは,株式,その他利得の分配を受ける権利及び持分から生ずる所得とされ,配当の範囲が分配を行う法人の居住地国の税法上の範囲と整合するように定められています。すなわち,配当の概念につき,支払法人の居住地国の税法上の意義に従うものとされています。

なお,親子会社間の源泉税率の軽減規定は定められていません。

② 配当に対する課税

配当所得に対しては,居住地国(受取企業所在地)及び源泉地国(支払企業所在地)の双方に課税権が認められています。すなわち,配当を支払う法人の居住地国に対して排他的課税権は認められていません。

配当所得に関する課税方法は,支払法人による源泉徴収の方法により徴税されることとなっており,源泉地国での課税率(源泉税率)は10%以下に軽減されています(日本及び中国の国内法による標準源泉税率は20%)。

③ 恒久的施設(PE)との関係

配当所得の起因する株式等が支店等の恒久的施設(PE)と実質的関連を有する場合には,その配当は,支店等の国内事業所得として課税されることになります。

④ 「追っかけ課税」の排除

配当原資に対する「追っかけ課税」の排除(治外法権)が規定されています。すなわち,相手国が非居住者法人への配当に関して,その配当原資たる利益の

源泉が自国にあるとして配当及び留保利益に対する課税を否定するものです。

(2) 解釈通達における「配当所得」の取扱い
① 配当の定義
　配当は会社利益の処分（分配）とされ，株主総会による利益処分のみならず，その他の収益分配が含まれます（配当・特別配当・清算所得，他）。なお，配当には過少資本税制により配当として調整された「利子」が含まれます。
② 参考：日中租税条約との相違点
　a）　源泉税率
　中国関連企業の持分を25％以上直接保有する場合の配当源泉税率は，5％とされます。直接出資比率25％未満の中国現地法人の場合の配当源泉税率は，10％とされます。
　なお，出資比率の計算にあたって，企業への貸付金等に係る所得が（過少資本税制等の取扱いにより）配当処理される場合には，その貸付金等は「資本」とみなされます。
　b）　5％軽減税率適用要件
　5％の軽減税率が適用される配当とは，配当取得日前12ヶ月前に直接保有出資比率が25％以上となった中国現地法人からの配当とされます。
　「配当取得」日とは，中国における納税義務発生日又は源泉徴収義務発生日とされます。
　また，軽減税率は法人出資者にのみ適用され個人出資者には適用されません。
　c）　配当再分配の取扱い
　受領配当を原資とする再分配に対する課税（追っかけ課税）の排除が規定されています。
　すなわち，シンガポール居住者が，中国居住者企業への投資もしくはPE保有により中国居住者から取得した配当又は所得を中国国外の株主に再分配する場合において，再分配先が中国企業である場合には，中国は徴税権を有します（再分配先が外国企業である場合は非課税）。
　d）　濫用防止規定
　租税条約優遇措置の享受を主目的とする取引に関しては，優遇規定は適用さ

れません。

③ 受益者判定（2009年国税函601号）

受益者については，「税収協定における受益権者をいかに解釈及び認定するかに関する通達」（2009年国税函601号）に基づいて判定し，居住地国における経済実態のないペーパカンパニーへの租税条約優遇措置の適用防止を図っています。

7 利子所得

(1) 条約第11条「利子所得」

① 利子所得の意義

利子所得とは，公社債，債券等の全ての信用債券より生じる所得とされます。

なお，償還差益については，日本国内法上は，利子とされず資産の運用，保有によるその他の所得とされていますが，日中租税条約上は利子として取り扱われます。

② 利子に対する課税

利子所得に対しては，居住地国（受取企業所在地）及び源泉地国（支払企業所在地）の双方に課税権が認められています。この場合，源泉地国での課税率（源泉税率）は10％以下に軽減されます（日本及び中国の国内法による標準源泉税率は20％）。

また，利子所得の源泉地（発生地）の認識にあたっては支払者の居住地国とするとして，債務者主義（利子支払者たる債務者の居住地国に課税権が認められる）を採用しており，日本及び中国の国内法が採用している使用地主義とは異なっています。

③ 恒久的施設との関係

利子所得の起因する債権等が支店等の恒久的施設と実質的関連を有する場合は，軽減税率の適用はなく，支店等の事業所得として課税されることとなります。

④ 独立企業間価格の適用

独立企業間の利子を超えるとされる利子額部分については，この条約の適用はなく，源泉地国にて別途課税されます。

⑤ 免税規定

相手国の中央銀行や政府・地方公共団体等の公的機関等による直接融資及び間接融資による利子所得については，国際礼譲の観点から日中租税条約においても所得税の源泉徴収が免除されます。

(2) **解釈通達における「利子所得」の取扱い**
① 利子の範囲（利子所得の解釈）
　a) 債権保有による所得

各種債権には，現金，貨幣性を有する有価証券及び政府公債，債券もしくは信用債券が含まれます。

　b) 債券に付随して取得する所得

債券発行による割増金及び償金は利子に該当しますが，債券譲渡損益は利子に該当しません。

　c) 貸付業務に関連する所得

貸付債権に属する所得は利子と認定されますが，保証料等のように独立して生じる所得は利子と認定されません。

② 参考：日中租税条約との相違点
　a) 源泉税率

金融機関が受領する利子の源泉税率は7％とされます。

金融機関以外の非居住者が受領する利子の源泉税率は10％とされます。

　b) 免税取扱い

限定列挙の特定受益者の利子所得は免税とされます。

　c) 濫用防止規定

租税条約優遇措置の享受を主目的とする取引に関しては，この優遇規定は適用されません。

③ 受益者判定（2009年国税函601号）

受益者については，「税収協定における受益権者をいかに解釈及び認定するかに関する通達」（2009年国税函601号）に基づき，利子の発生基因となった貸付契約のほかに，債権者及び第三者との間において金額，利子率及び締結期日等に関して類似するその他の貸付金又は預金契約の存在の有無についても考慮

して判定されます。

8 使用料所得

(1) 条約第12条「使用料所得」
① 使用料所得の意義
　使用料所得とは，諸権利，ノウハウ等の使用又は使用の権利に対する支払対価とされます。

　使用料（ロイヤルティー）は，著作権，工業所有権及びその他商業上，産業上の設備（リース資産等）並びに諸権利（コンピューターのソフトウェア，ノウハウ等を含む）とされ，以下の内容に分類されます。

a) 著作権（文学上，美術上，学術上の著作物，映画フィルム，プログラムデータベースを含む）
b) 特許権
c) 商標権
d) 意匠もしくは模型
e) 秘密方式もしくは秘密工程
f) 設備（産業上，商業上もしくは学術上に係る設備：リース料が該当します）
g) 経験に関する情報（産業上，商業上もしくは学術上に係る情報）

② 使用料に対する課税
　使用料所得に対しては居住地国（受取企業所在地）及び源泉地国（支払企業所在地）の双方に課税権が認められます。この場合，源泉地国での課税率は10％以下に軽減されます（日本及び中国の国内法による標準源泉税率は20％）。

　また，使用料所得の源泉地（発生地）の認識にあたっては使用料の支払者の居住地国とするとして，債務者主義（使用料支払者たる債務者の居住地国に課税権が認められる）を採用しており，日本の国内法が採用している使用地主義とは異なっています。

③ 恒久的施設との関係
　使用料所得の起因する権利，ノウハウ等が支店等の恒久的施設と実質的関連を有する場合は，軽減税率の適用はなく，支店等の事業所得として課税されることになります。

④ 独立企業間価格の適用

独立企業間の使用料を超えるとされる使用料額部分については，この条約の適用はなく，源泉地国にて別途課税されます。

(2) 解釈通達における「使用料所得」の取扱い
① 「特許権使用料」の定義
　a) 知的財産権

中国関係部門への登記の有無及び要否にかかわらず，各種形式の文学，芸術，工業，商業及び科学実験に関連する情報として確定される知的財産権とされます。

特許権使用料には，使用許諾対価のみならず，権利侵害に係る賠償金も含まれます。

　b) 設備賃貸料

特許権使用料には設備賃貸料も含まれます。

ただし，設備所有権が最終的に使用者に移転するファイナンスリース契約の利子認定部分は含まれません。また，不動産賃貸料は不動産所得（条約6条）として取り扱われます。

　c) 専用技術

特許権使用料には，工業，商業，科学の経験に関する情報（専用技術）の使用許諾対価が含まれます。専用技術とは，一般的特定製品の生産又は工程の複製に必須かつ未公開の専用技術の性格を有する情報又は資料とされます。

専用技術に関連する特許権使用料取引では，技術許諾者が未公開技術を他者に許諾し，他者は自由に使用でき，技術許諾者は通常，自ら技術被許諾者の許諾技術の具体的な応用には関与せず，かつ，実施結果について保証しないとされます。

また，被許諾技術には，被許諾者の要求により研究開発後に許諾される技術も含まれます。

② 技術サービスの取扱い
　a) ライセンス契約に基づく技術サービスの取扱い

技術サービス契約において特定の専門知識と技術が使用される場合，技術使

用権が許諾されていない場合には，その技術サービスは特許権使用料の範囲外とされます。なお，役務提供により生じた成果の所有権が技術サービス提供者に帰属し，技術サービス享受者がその成果に対して使用権のみを有する場合には，その技術サービス所得は，特許権使用料に該当します。

　b)　ライセンス契約と無関係の技術サービスの取扱い

　専用技術の使用許諾過程において，技術許諾者が技術者を派遣してその技術に関連する技術支援・指導等の役務提供を有償にて行う場合には，単独で受領されるものであるか技術使用料対価に含まれるか否かにかかわらず，特許権使用料とみなされます。

　ただし，当該有償技術サービスが恒久的施設（PE）と認定される場合には，PE帰属所得として事業所得の条項が適用されると共に，関与技術者に関しては給与所得の条項が適用されます。なお，PE認定されない技術サービス対価又はPEに帰属しない技術サービス対価は，特許権使用料として処理されます。

　c)　簡易技術サービスの取扱い

　単純な輸入物品のアフタサービス対価，製品保証期間内のサービス対価，工事，管理，コンサルティング等の専門サービスを提供する企業もしくは個人の関連サービス対価は，特許権使用料ではなく，役務提供所得として事業所得の条項が適用されます。

③　参考：日中租税条約との相違点

　a)　源泉税率

　特許権使用料の源泉税率は10％とされます。

　ただし，議定書により工業，商業，科学設備に対する特許権使用料については，特許権使用料支払総額の60％が課税基礎額（源泉徴収対象）とされます。

　b)　濫用防止規定

　租税条約優遇措置の享受を主目的とする取引に関しては，優遇規定は適用されません。

④　受益者判定（2009年国税函601号）

　受益者については，「税収協定における受益権者をいかに解釈及び認定するかに関する通達」（2009年国税函601号）に基づき判定されます。

9 譲渡所得

(1) 条約第13条「譲渡所得」

① 譲渡所得課税の概要

　譲渡収益（キャピタル・ゲイン）に対する課税について，条約は下記のように，a) 不動産の譲渡，b) 事業用資産の譲渡，c) 国際運輸用船舶・航空機の譲渡，及びd) その他の財産の譲渡に区分して規定されています。

　不動産，事業用資産，及びその他の財産の譲渡所得に対しては，居住地国（企業所在地）及び源泉地国（資産所在地）の双方に課税権が認められています。

② 不動産の譲渡

　土地・建物等の不動産の譲渡収益に対する課税については，不動産所得（第6条）と同様に，その不動産が所在する国（譲渡所得の源泉地国）に対して課税権が認められます。この場合の不動産の定義についても，不動産所得（第6条）と同様に，その不動産が所在する国（譲渡所得の源泉地国）の国内法上の定義に従うことになります。

　また，「譲渡」には，国内法の定義に従い，売買，交換，収用，現物出資，贈与等も含まれるものとされています。

③ 事業用資産の譲渡

　企業の恒久的施設（支店，工場等）で使用されている事業用資産，又は自由職業（第14条）における固定的施設に係る動産（不動産を除く）の譲渡については，その動産が所在する国（譲渡所得の源泉地国）に対して課税権が認められています。

　なお，事業用資産の譲渡には，恒久的施設及び固定的施設そのものの全体的譲渡も含まれます。

④ 国際運輸用船舶・航空機の譲渡

　国際運輸に使用される船舶・航空機の譲渡，及び船舶・航空機の運用に係る動産（不動産を除く）の譲渡については，その運航企業の居住地国に対してのみ課税権が認められます。

　この取扱いは，国際運輸業所得の課税の免除と同じく，企業の管理所在地国

に課税権を委ねるとする原則に基づく国際運輸業所得の相互免税の趣旨を尊重することによります。

⑤ その他の財産の譲渡

上記①から④に規定される資産以外の財産の譲渡収益についても，不動産譲渡及び事業用資産の譲渡と同じくその財産が所在する国（譲渡所得の源泉地国）に対して課税権が認められます。

(2) 解釈通達における「譲渡所得」の取扱い

① 譲渡所得の範囲

本条項は各種動産，不動産及び権利の譲渡所得を対象とします。

日中租税条約には「譲渡所得」についての定義はありませんが，譲渡所得は一般的に財産の法的権利の変更により生じる所得とされ，財産の売却，交換により生じる所得のみならず，権利の部分譲渡，収用，売却により生じる所得も含まれます。

② 不動産，事業用資産，船舶等の譲渡所得

不動産譲渡所得は，当該不動産の所在地国で課税されます。

恒久的施設（PE）の事業用資産である動産の譲渡所得は，PE所在地国で課税されます。

国際運輸に運用する船舶及び航空機の譲渡，又は，船舶及び航空機の運用に係る動産の譲渡所得は，その船舶及び航空機を運用する企業の居住地国においてのみ課税されます（条約8条（国際運輸）の条項に一致）。

③ 参考：日中租税条約との相違点

a) 持分の直接・間接譲渡所得

シンガポール企業が直接及び間接に保有する次のいずれかの中国企業（被譲渡企業）持分（株式）の譲渡所得は，中国において課税されます。

- 被譲渡企業の持分価値の50％超が，直接・間接に所有する中国不動産で構成される場合
- 譲渡前12ヶ月内に資本の25％以上を直接・間接に保有する中国企業持分を譲渡する場合

b) 不動産化体株式の譲渡所得

中国不動産の間接保有においては，被持分譲渡企業が他の企業に出資し，その被出資中国企業の資産価値の50％超が中国不動産により構成される場合には，その被出資中国企業の資産価値の一部（資本出資比率により算出）が出資中国企業に帰属するとして，被出資会社の不動産価値を出資比率に基づき合算することになります。

例えば，シンガポール企業A社が，中国居住者企業B社の持分20％を保有し，B社の資産価値を100とし，その不動産価値を40とします。また，B社は中国企業C社の持分80％を保有し，C社の資産価値を100，その不動産価値を90とします。この場合には，B社の資産価値は100+100×80％=180，その不動産価値は40+90×80％=112となり，B社の不動産価値比率は62％と算定され，シンガポール企業A社のB社への直接出資比率は25％未満（20％）であっても，持分譲渡所得は中国での課税対象となります。

現行の日中租税条約には不動産化体株式譲渡に関する課税原則の規定はありませんが，日本，中国共に当該課税が現在の基本方針ですので，今後条約改正において当該課税規定が設けられると考えられます。

10 「自由職業所得」及び「芸能人」

(1) 条約第14条「自由職業所得」

① 自由職業者

自由職業者とは，医師，弁護士，公認会計士等の独立した地位に基づいて人的役務を提供する者とされています。たとえ医師等であっても，雇用関係に基づく役務提供の報酬については，給与所得としての取扱いを受けます。

② 課税対象の自由職業所得

医師等の独立の自由職業人が稼得する人的役務提供の報酬については，所得源泉地国（人的役務の提供地）において活動のための固定的施設を有する場合，もしくは役務提供のための滞在日数が183日超の場合においてのみ，源泉地国に対して課税権が認められます。すなわち，上記要件にかからない場合には，自由職業者所得については居住地国でのみ課税されます。

③ 固定的施設との関係

源泉地国での課税対象とされる所得は、医師の診療所等の固定的施設に帰属する部分、もしくは183日超の滞在期間中に帰属する所得に限定されています。これは、事業所得課税における帰属主義の適用と同様の取扱いです。

④ 中国国内法の適用税率（中国個人所得税法3条、同実施条例8条）

個人の労務報酬所得については、一定の所得控除後の課税所得に20％の所得税が課されます。

(2) 解釈通達における「自由職業所得」の取扱い

「専門職業」の意義に関し、個人が租税条約の自由職業条項の適用を要求する場合、次の要件に基づき、独立（自由職業）身分を有するか否かが判断されます。

① 身分証明

職業証明、登記（登録）証拠文書及び身分証明できる証拠文書、又は、居住地国税務当局発行の（税務）居住者証明書中に現時点で従事する職業に関する説明が含まれること

② 役務提供契約

下記のように、個人と会社間の役務提供契約であり、雇用契約でないこと

　a) 医療保険、社会保険、有給休暇、海外手当等について、会社使用人の待遇でないこと

　b) 役務提供報酬が、時間単位、週単位、月次単位又は一括の計算にて支給されること

　c) 役務提供範囲が固定的もしくは限定的であり、完成業務に対する（品質）責任を負うこと

　d) 契約上の役務提供により生じる各種費用は、（一義的に）当該個人が負担すること

(3) 条約第17条「芸能人」

① 芸能人に対する課税

芸能人及び職業運動家の人的役務提供所得については、所得源泉地国（役務

提供地）に対して課税権が認められます。さらに，この課税については，他の自由職業者のように固定的施設の有無，及び役務提供地での滞在期間の長短によって課税範囲が限定されることもありません。これは，芸能人等の活動が短期間で高額の所得を稼得する状況を考慮しているためであり，国際課税原則に基づくものです。

　人的役務提供の報酬が，芸能人等本人ではない他国企業等の居住者に帰属する場合であっても，その居住者がその芸能人のマネジメント組織等である場合には，所得源泉地国（役務提供地）での課税が認められています。

② **免税規定**

　芸能人等による人的役務提供の報酬のうち，両国間の文化交流等を目的とした特別なものについては，免税とされています。

③ **中国国内法の適用税率**

　芸能人等の労務報酬所得については，一定の所得控除後の課税所得に対して20％の所得税が源泉徴収されます（中国個人所得税法3条，同実施条例8条）。

(4) **解釈通達における「芸能人」の取扱い**

　芸能人の活動範囲については次のとおりです。
① 演劇，映画，音楽等の各種芸術形態の演劇者が従事する活動，芸能人もしくは運動家がその宣伝効果により，企業のための広告撮影活動，娯楽的活動，並びに政治，社会，宗教もしくは慈善事業に係る活動が含まれます。
② 随行関係者，後方勤務者（カメラマン・プロデューサー・監督・舞踏創作者・技術人員及び演出団体の運送人員等）が行う活動は，（課税対象）芸能人の活動の範囲には含まれません。

11 **給与所得**

(1) **条約第15条「給与所得」**

① **給与所得の意味**

　給与等の報酬とは，雇用契約に基づき提供される人的役務提供の対価とされます。したがって，独立的地位に基づく人的役務提供の対価たる自由職業所得とは租税条約の取扱上，区別されることになります。また，役員報酬，退職年

金，政府職員の報酬については，別途規定されています。

② **短期滞在者免税（183日ルール）**

以下の3要件の全てを満たす場合には，源泉地国（勤務地）において個人が提供する人的役務の対価たる給与所得に対しては，源泉地国（勤務地）での課税は免除され，居住地国においてのみ課税されます。

a) 源泉地国（勤務地）での滞在日数が183日未満であること
b) 給与等の支払者が勤務地の非居住者であること
c) 上記給与が雇用者の有する勤務地の恒久的施設等によって負担されていないこと

中国滞在183日の計算は，中国の入国日と出国日をそれぞれ1日としてカウントするため，入国日の翌日に出国した場合の中国滞在日数は2日となります（2004年国税発97号通達）。なお，中国個人所得税の課税計算上は，入国日及び出国日は各々半日（0.5日）として計算されます。

(2) 解釈通達における「給与所得」の取扱い

① **給与所得の所得源泉地**

個人が被雇用身分（使用人）の役務従事により取得する所得（給与）は，居住地国での課税を原則としますが，中国における被雇用活動への従事により取得する所得に対しては，所得源泉地である中国が課税権を有します。

② **183日免税ルールの適用**

免税3要件全てを充足する場合には，使用人個人は役務発生（所得源泉）地国での納税義務を負いません。すなわち，免税3要件を1つでも充足しない場合には，所得源泉地（中国）で課税されます。

a) 183日超の滞在

任意の連続する12ヶ月の間に中国滞在期間が累積183日を超える場合
※日中租税条約は暦年（1月～12月）で判定されます。

b) 183日の算定方法

183日の算定にあたっては，中国に滞在する全日数，すなわち，出国・入国当日等の一日に満たない全ての日数，週末，祝休日，並びに当該勤務従事前後の休日等が含まれます。なお，課税対象の日数算定においては，出国日数を控

除することができます。

c) 課税対象年度（2課税年度）

中国滞在期間としての183日を越える日数が2課税年度にまたがる場合には，中国ではその2課税年度全期間に対して，実際の中国滞在日数に基づき個人所得税が課税されることに留意が必要です（※日中租税条約は暦年（1月〜12月）判定のため，2課税年度にまたがる課税は生じません）。

d) 出向者PE課税

個人が形式上中国企業の従業員であるが，実質上派遣元外国企業の職責を履行する場合には，関連基準を参考に，外国企業が実質雇用主とされ，条約5条（恒久的施設；PE）の規定に基づきその（出向元）外国企業はPE認定課税されることになります。すなわち，シンガポール企業が中国に恒久的施設を有するか否かが認定されます（詳細については，PE課税の章を参照してください）。

③ PEによる給与負担（183日免税ルールの不適用）

個人の給与が，雇用者（出張元）が中国に有するPEによって負担される場合には，183日免税ルールは不適用となります。

非居住者個人が派遣され，従事した中国での業務がPE認定される場合，又は，外国企業が使用人を中国に有するPE（請負工事又は役務提供プロジェクト）に派遣し，業務に従事させる場合には，その個人は，中国における業務期間の長短，又は，賃金給与の支払者を問わず，中国のPEにおける業務従事期間に対応する（給与）所得がPEにより負担されたと判定されます。ただし，本規定は本店から臨時的にPEに派遣され，視察，検査，又は，臨時的なサポート等の業務に従事する場合には適用されません。

(3) 関連規定

① 中国滞在日数の計算基準

短期滞在期間（90日，租税条約では183日）の計算に関しては，中国の入国日及び出国日共に1日として計算されるため，入国日の翌日に出国した場合の中国滞在日数は2日となります（2004年国税発97号）。

なお，個人所得税計算においては，中国の入国日及び出国日共に半日として計算されます。

② 高級管理職等の183日免税ルール不適用

中国現地法人の董事若しくは高級管理職の非居住者については，中国現地法人から取得する役員報酬又は給与所得（中国払給与）に関しては，183日免税ルールは適用されません（1994年国税発148号，2004年国税発97号）。

12 役員報酬

(1) 条約第16条「役員報酬」

① 役員報酬の課税地国

企業の役員報酬については，役員の職務の性質（役務提供地を特定するのが困難）を考慮して，企業の居住地国（本店所在地）での個人所得税課税が認められています。

② 外国企業役員報酬の取扱いの留意点

この条約により，役員報酬に対しては支払企業の居住地国（日本）での課税権が認められていますが，受領者個人の居住地国（中国）での課税権が否定されているのではありません。日中両国で課税された場合には，外国税額控除の適用により，二重課税が回避されることになります。なお，日本では非居住者に対する外国税額控除は適用されませんので，日本非居住者・中国居住者の日本企業役員報酬について二重課税（日本では20％源泉徴収）が生じる場合には，中国で外国税額控除の適用を受けることになります。

中国では非永住居住者外国人の給与所得について，中国源泉所得のみの課税を認めていますので，日本企業支払役員報酬は受領者の中国での勤務状況を考慮して課税の要否が決められることになります。

(2) 解釈通達における「役員報酬」の取扱い

役員報酬に対する課税権は役員所在地企業の居住地国に認められます。

その他類似報酬には，個人が会社の役員会構成員として取得する経済的利益として，ストックオプション，住居，交通手段，健康保険，生命保険及びクラブ会員資格等が含まれます。

(3) その他関連規定
① 日本国内法上の取扱い
a) 役員報酬に対する課税

日本企業（日本に本店を有する企業）が支払う役員報酬及び役員賞与は日本での勤務日数に関係なく、全額、日本の国内源泉所得として課税されます。

b) 課税税率

役員が非居住者の場合は、支払総額の20.42％の所得税及び復興特別所得税が源泉徴収されます。

② 中国国内法上の取扱い
a) 役員（董事）の意義と取扱い

外国投資企業（中国に本店を有する）において職務上一定の地位（役員、代表者等）を有する非居住者に対する報酬の対価は、全額、中国の国内源泉所得として課税されます。

13 退職年金

(1) 条約第18条「退職年金」
① 退職年金の意義

個人の私的な過去の勤務に対して支払われる年金をいい、国もしくは地方公共団体等に対する役務提供に関する年金で、条約第19条第2項の規定を受けない退職年金を含みます。

② 退職年金に対する課税

個人（政府職員を除く）に支払われる退職年金（公的年金）に対しては、個人の居住地国でのみ課税されます。すなわち、人的役務提供地（源泉地国）での課税権が否定されています。

(2) 解釈通達における「退職年金」の取扱い

退職年金に対しては、居住地国が独占的課税権を有すると規定されています。その他の類似報酬には、退職年金に類似する不定期払報酬が含まれます。

(3) その他関連規定

① 日本国内法上の取扱い

a) 退職年金の意義と課税

非居住者の過去の勤務に対する公的年金（外国の法令に基づく年金を除く）等については，国内源泉所得として全額課税対象とされ，20.42％の所得税及び復興特別所得税が源泉徴収されます。

なお，非居住者に対する退職金については，日本勤務対応分のみ，20.42％の所得税及び復興特別所得税が源泉徴収されます。

② 中国国内法上の取扱い

国家が統一支給する退職金は，免税とされています（中国個人所得税法4条）。

一般の退職金について課税軽減規定はありますが，給与として支給時に全額課税されます。

14 二重課税の排除

(1) 条約第23条「二重課税の排除」

① 外国税額控除制度の概要

居住地国（本店所在地）と源泉地国（所得発生地）の双方で個人所得税並びに法人所得税が課税される場合には，二重課税を排除する方式として，日本・中国双方とも外国税額控除方式を採用しています（他の方式として，香港等が採用している外国所得免税方式がある）。

外国税額控除は，その控除対象外国法人税並びに個人所得税の支払者（企業自身もしくは子会社等，並びに個人）により，直接外国税額控除と間接外国税額控除（中国のみ，日本は2009年の外国子会社配当益金不算入制度の導入に伴い廃止）に類別されます。

a) 直接外国税額控除

居住者たる企業（日本法人）並びに個人が，自己の国外所得（中国源泉所得）に対して税務申告もしくは源泉徴収により直接納付した外国法人税（企業所得税）及び個人所得税については，外国税額控除の適用対象となります。

b) 間接外国税額控除（中国のみ適用）

中国の居住者たる親会社（中国法人）が外国子会社（日本の子会社等）から

配当を受領した場合（孫会社からの配当を子会社経由で受領する場合を含む）には，その外国子会社及び外国孫会社の所得に対して課された外国法人税のうち親会社が受領した配当原資に対応する外国法人税については，親会社が間接的に納付したものとみなして，親会社の中国企業所得税から控除できます。

当条約においては，上記直接税額控除及び間接税額控除の両控除を認めています。なお，間接税額控除対象子会社の範囲は，中国は出資比率10％以上の企業としています。

② みなし（直接）外国税額控除

みなし外国税額控除（Tax Sparing Credit）とは，所得源泉地国において特別措置により減免された税額について，減免がなかったものと"みなし"て，日本における外国税額控除を認める制度であり，直接外国税額控除及び間接外国税額控除（中国のみ）の両者に適用されます。

日本企業（日本国内に本店を有する企業）が，中国から受ける投資所得については，外国税額控除適用上，以下の税率で支払われたものとみなして取り扱われます。

a) 配当：20％（条約10条には10％以下の徴収税率適用の規定あり）
b) 利子：10％（条約11条には10％以下の徴収税率適用の規定あり）
c) 使用料：20％（条約12条には10％以下の徴収税率適用の規定あり）

15 相互協議

(1) 条約第25条「相互協議」

① 相互協議の概要

日本・中国両国の一方又は双方の措置により，当条約に適合しない課税を受けることになるおそれがある場合は，国内法で定める救済手段の他に，居住地国の権限ある税務当局（日本：国税庁，中国：国家税務総局）に対して救済を申し立てることができるとされています。

② 申立ての期限

納税者は，課税の通知日より3年以内に，居住地国の税務当局に対して申立てをすることとされています。

③ 相互協議の内容

申立てを受けた税務当局は，その申立てが正当と認めるものの，当局のみにて解決できない場合には，相手国の税務当局との合意により当該事案の解決に努めなければならないとされています。税務当局間の合意に従い，課税上の手続き（更正，納税又は還付等）が行われることとなっています。

また，日本・中国両国の税務当局は，当条約の実施のために必要な情報を交換することとなっていますが，当該入手情報については守秘義務が課されます。

(2) 相互協議の中国手続

相互協議は，「税収協定相互協議手続実施弁法」（2013年国家税務総局公告56号）及び「特別納税調査調整および相互協議手続に関する管理弁法」（2017年国家税務総局公告6号）に基づいて執行されます。

16 情報交換

中国税務当局は，条約上の情報交換規定を活用して，日本企業及び日本人に関する日本の納税情報を入手することができます。

(1) 条約第26条「情報交換」

① 情報交換の意義

租税条約（二重課税の回避及び脱税防止）を適正に実施するために税務当局間の情報交換規定が定められています。

② 対象となる租税並びに情報の範囲

租税条約の対象とされる個人所得税及び法人所得税が情報交換の適用対象租税です。また，対象となる情報の範囲は，二重課税回避並びに脱税防止のために必要とされるものとされていますが，一定の制約が設けられています。

③ 守秘義務

国内法の定めと同様に，交換により入手された情報についても，守秘義務が課されています。

(2) 情報交換の手続

情報交換は，「＜国際税収情報交換業務規程＞の公布に関する通達」（2006年国税発70号）に基づき執行されます。

第4編

中国の主要税制の解説

第1章

中国税制の概要

1 中国の税体系

(1) 中国の税制

中国の税体系は，諸先進国の税体系を参考としており，所得税及び流通税に関しては，日本と概ね同じです。

	対象（企業・個人）
所得税	企業所得税
	個人所得税
流通税	増値税（付加価値税）：物品販売，加工，運輸，現代サービスが対象（日本の消費税に類似）
	営業税（売上税，2016年5月に増値税に統合廃止）：役務提供，無形資産取引，建築等対象（取引都度課税）
	消費税（蔵出税）：嗜好品が対象
	関税
その他諸税	土地増値税，都市維持建設税，固定資産投資方向調節税
	房産税，車船税
	資源税，都市土地使用税
	印紙税，契税，車両取得税
	煙草税

(2) 徴税体制（分税制）

中国では，徴税及び中央政府の税収確保のために，1994年の税制大改正にあたって分税制が導入されました。分税制は税収を税目及び納税主体別に，徴税

機関，並びに税収配分先を中央及び地方に分類するものであり，単純に国家税務局が国税を所管し，地方税務局が地方税を所管するのではなく，下記の表のように財源別に中央税，地方税，（中央・地方）共通税に分けられています。

所管税務局	国家税務局		地方税務局	
財源	中央税	共通税	地方税	共通税
所得税		企業所得税（国60％，地方40％）		個人所得税（国60％，地方40％）
流通税	消費税	増値税（国50％，地方50％）	営業税（2016年増値税に統合廃止）	
その他			印花税，土地増値税	

2　中国の各税目の概略

税	対象及び概略	税率，申告，納税
企業所得税	居住者企業の（全世界）所得が課税対象 非居住者外国企業のPE課税及び源泉徴収を規定 ハイテク，省エネ等の優遇税制あり 二重課税回避は外国税額控除方式	25％ 四半期予定申告及び年度申告 月次源泉納付
個人所得税	所得種類毎に税率，申告期限を規定 給与所得は月次確定申告（所得控除は基礎控除のみ）	（給与）3％～45％ 毎翌月15日以内
増値税	付加価値税 物品販売，役務提供，建築，運輸，無形資産等の全取引 輸出免税・還付制度あり 売上増値税額を超える仕入増値税額は還付でなく繰越し	11％，17％ （営業税からの移行取引11％，6％） 毎翌月15日以内

営業税 (2016年増値税に統合廃止)	各取引段階で課税される売上税（仕入控除は不可） 役務提供，建築，運輸等の中国居住者企業との取引 輸出免税制度なし	3％，5％（娯楽を除く） 毎翌月15日以内
印花税 (印紙税)	課税文書（契約書），認可証，会計帳簿が貼付対象 中国国内資産（持分）関連契約は国外での契約も対象	0.03％～0.1％ 印紙購入時に納税
消費税	酒類，煙草，乗用車，ガソリン等の奢侈品が対象 生産者及び輸入者に課税（蔵出税）	従価税：3％～56％ 従量税との併用 毎翌月15日以内
関税	課税対象物品の輸出入が対象 （輸入増値税も一括して徴収）	0％～270％ 通関時に納税
契税	土地使用権及び建物の売買，贈与，交換等が対象 （納税者は譲受人）	3％～5％ 契約後10日以内
資源税	原油，天然ガス等の開発及び生産が対象	従価税：1％～20％ 従量税との併用 毎翌月10日以内
土地増値税	国有土地使用権及び建物・付属設備の譲渡が課税対象（納税者は譲渡人）	30％～60％ 契約後7日以内
都市土地使用税	課税対象地域での土地使用が課税対象	0.2元～10元／1㎡
房産税	課税対象地域内家屋の所有及び貸与が対象	所有：1.2％ 貸与：12％
車両取得税	車両の取得，所有が対象	従量税10％
固定資産投資方向調節税	中国国内での固定資産投資が対象 中国国内企業のみ対象	0％～30％
都市維持建設税	納付流通税（増値税，営業税，消費税）が課税標準	1％，5％，7％

第2章

中国企業所得税の概要

　企業所得税は，2008年1月より，外資企業及び中国国内企業に適用される企業所得税法が統合施行されています。なお，外資企業に対する徴税強化に留意することが必要です。

1 課税対象者・納税義務者

　企業所得税の納税義務者は，中国の法律に基づいて設立され，本店を中国国内に有する中国内国法人である居住者企業，並びに外国の法律に基づいて設立された外国法人たる非居住者外国企業です。

(居住者企業認定と実際の管理機構)

　外国企業に対する居住者企業認定の基準は，中国国内に「実際の管理機構」を有し実質的かつ全面的に管理・支配しているか否かであり，具体的には企業の生産経営・人員・財務・財産等に対する管理，支配実態により判定されます。なお，居住者認定された外国企業からの受取配当は免税とされ，タックスヘイブン税制の適用対象外となります。また，税務リスク対応として，居住地国税務当局発行の居住者証明の提出が求められています。

　香港子会社による中国華南地区での委託加工事業において，現地委託先工場に香港子会社の実質的管理機能が帰属している場合には，居住者企業認定による全世界所得課税について，十分留意する必要があります。

2 課税所得額（課税標準）

(1) 課税所得の計算方法

　課税所得（標準）は，原則として各納税年度の総収入（益金）から原価，費用及び損失（損金），並びに繰越欠損金を控除した残額（利益）として算定さ

れます。

なお，課税所得計算において税法上の損金不算入項目，益金不算入項目等について，それぞれ調整がなされることになります。

課税所得の計算式は，業種ごとに具体的に定められていますが，基本的な計算の考え方は，日本の課税所得計算と同じです。

(2) 損益の認識基準（発生主義の原則の適用）

課税所得計算における益金及び損金の認識については，中国企業会計基準と同様に，発生主義の原則が適用され，収益の認識に関しては，「実現」概念に基づいて認識されます。本規定は基本的に日本の法人税法の収益認識基準に合致するものと解されます。しかしながら，実務上，増値税専用伝票（発票）の発行時期（増値税納税義務確定）との関係により，収益認識時期が異なるケースもあるようです。なお，中国企業会計準則では，所有権移転基準が採用されています。

(3) 繰越欠損金

欠損金は，当年度の総収入額から免税収入及び損金額を控除した残額として算定されます。なお，欠損金の繰越期間は，5年間とされています。

(4) 益金の分類と評価

① 課税収入（益金）の評価

収入の対価は，現預金等の貨幣性資産と固定資産等の非貨幣性資産に区分して評価されます。

② 推定課税の特例

推定課税に関しては，税収徴収管理法への準拠規定により，推定課税（税収徴収管理法35条）が適用されます。

すなわち，（非居住者）外国企業に対する長期役務提供のPE認定課税のように，PEそのものに帳簿設置義務がない場合において，帳簿不設置により課税所得を正確に計算できない場合には，税務当局は，合理的な方法により課税所得を計算することになります。

③ 受取配当の益金不算入

　日本の法人税と同様に受取配当の益金不算入規定が設けられており，企業が中国国内にて受ける配当等については，課税所得計算上，益金不算入が認められます。この益金不算入規定は，外国企業が中国国内に有する支店等のPEに対しても適用されます。

④ 受贈益の取扱い

　受贈益については，税務上課税所得として取り扱われます。なお，新企業会計準則においては，営業外収入（受贈利得）として処理されることになります。

(5) 損金の認識基準と評価

① 発生主義の原則の適用（損金の認識基準）

　課税所得計算における損金の原則的認識基準は新企業会計準則の「（権利責任）発生主義」に拠るものとされており，日本の法人税の損金認識基準と同様に，「債務確定」が損金経理の要件と解されます。すなわち，企業の業務上の支出につき，債務の確定により認識し，支出額により評価，測定されます。

② 損金経理の要件

　a）　費用収益対応

　損金経理の対象は，発生収益と直接的対応関係を有する支出とされます。

　b）　合理的な支出

　商慣習に従い，当期の損金もしくは資産の取得原価として計上すべき正常な支出とされ，原価，費用，税金，損失及びその他の支出が含まれます。

(6) 損金不算入項目

　課税所得計算上，別段の定めがある場合を除き，以下の項目について損金算入は認められません。

① 資本取引的性質を有する支出：支払配当（持分投資収益）
② 政策的に損金とされない支出：企業所得税，各種税金の延滞金
③ 制裁を目的として賦課された罰金等の支出：罰科金及び没収による損失
④ 営業活動とは関係しない対価性が認められない支出：公的寄附金以外の寄附金，賛助支出

⑤ 未確定債務（引当金）：税法上損金算入が認められない減損（評価性）引当金，負債性引当金等
⑥ 収益対応関係のない支出：収入と関係のないその他の支出

3 損金算入要件と限度額

(1) 販売費

税務上販売費用とは，販売活動に関して発生した運送費，包装費，貯蔵費，広告宣伝費及び関連要員の給料と仲介人・代理人に支払ったコミッション，リベート，手数料等と規定されています。

(2) 外国本店からの配賦経費

中国支店等が国外本店（総機構）に支払う配賦経費については，経費に関する資料（合理的な範囲，総額，分担根拠を明記した本店からの証明書）を税務当局に提出し，合理的に配賦計算されている場合には，損金経理が認められます。

なお，本店等への賃貸料及び特許権使用料及び本店等への支払利息（銀行の支店を除く）についての損金算入は認められません。

(3) 国外関連企業からの配賦経費

関連企業に対する真実性を有する業務支援費の損金算入は認められますが，管理費（経営指導料）の配賦に関しては，損金算入が認められません。また，管理費に関しては，非貿易取引対価の海外送金に必要とされる税務届出表受領印の取得が困難です。

(4) 交際費の損金算入限度額

当該事業年度の売上の0.5％を上限として，企業本来の業務活動に関連して生じる接待交際費のうち60％部分について，損金算入が認められます。本規定は冗費支出抑制を目的とするものです。

(5) 広告宣伝費の損金算入限度額

　当該事業年度の売上（営業）収入の15％を上限として，広告宣伝費の損金算入が認められます。この損金算入限度額の設定は中国内資企業に適用されていた旧企業所得税法と同じですが，限度比率は０％～25％でした。

(6) 寄附金の損金算入限度額

　当該事業年度の利益総額の12％を上限として，公益性寄附金の損金算入が認められます。公益性寄附金は，一定の要件を具備する公益性社会団体及び政府関連部門を通じて，公益事業に支出された寄附金とされます。

(7) 開業費

　下記いずれかの方法を選択することが認められます。ただし，一旦選択した方法の変更は認められません。
① 開業（経営開始）日の属する年度における一括費用（損金）処理
② 長期前払費用として計上し，開業後の一定期間（３年以上）での償却（費用化）処理

(8) 資産（特別）損失

　資産損失とは，企業経営活動において発生した，現金損失，預金損失，貸倒損失，貸付金損失，持分投資損失，固定資産及び棚卸資産の棚卸差損，破損，廃棄，盗難損失，自然災害等の不可抗力による損失等を含むとされ，一定の要件を充足する場合に損金算入が認められます。

(9) 過年度損益修正

　過年度損金未算入支出及び損金算入不足額については，特別申告・説明により５年間の（発生年度）遡及修正（損金算入）が認められます。

4　資産の評価

(1) 棚卸資産の評価

　棚卸資産とは，販売用に保有する商品，完成品，仕掛品，生産のための原材

料等とされ，棚卸資産の使用又は販売において，棚卸資産原価は課税所得額の算定にあたり，控除されます。

① 棚卸資産の評価方法：取得原価主義
② 棚卸資産の原価算定方法

棚卸資産の原価算定方法は，先入先出法，加重平均法，個別価格法のうち，いずれかの方法を選択できます。

(2) 固定資産の評価と減価償却

固定資産（有形固定資産）の取得原価は，減価償却により費用化（損金経理）されます。

固定資産とは，業務活動上保有し，使用期間が12ヶ月を超える非貨幣性資産を言います。

（有形）固定資産には，建物，構築物，機器，機械，運輸工具及び設備・器具・工具等が含まれます。

① 固定資産の評価（取得原価主義）

固定資産の評価（課税上の価額）は取得原価主義を原則とし，取得原価は，固定資産取得に際して実際に発生した支出とされます。

なお，企業会計準則では減損会計が導入され，時価低下に対しては減損引当金の設定が要求されますが，税務上は当該評価引当金の損金算入は認められていません。

② 取得原価の計算

　a) 購入：固定資産の購入価格に関係する付随費用及び使用に供するための支出を加算した額

　b) 自家建造（製造・建設）：固定資産の竣工・完成前に発生した額（なお，原価集計にあたっての方法（原価計算規定）については明示されていない）

　c) ファイナンス・リースの固定資産：リース契約で約定された支払対価及び付随費用の額

　d) 贈与，投資，交換等により取得した固定資産：資産の公正価値及び付随費用の額

e) 改良実施固定資産：長期前払費用計上支出を除き，改良支出を改良前価額に加算した額

③ **減価償却**

　税法規定に基づいて算定された固定資産の減価償却費は，損金算入（控除）が認められます。

　減価償却の開始時期：固定資産の使用開始（事業の用に供する）翌月に計上開始し，使用停止翌月に終了します。

　a) 残存価格：資産の性質及び使用状況に基づき，見積残存価額を合理的に算定
　b) 減価償却方法：原則として定額法を採用

④ **減価償却期間・耐用年数**

　建物，構築物：20年
　航空機，汽車，船舶，機器，機械及びその他の生産設備：10年
　工具器具備品等：5年
　その他の車両運搬具：4年
　電子設備機器：3年

⑤ **資本的支出の取扱い**

　減価償却済固定資産（建物・構築物）及びリース固定資産の改良の場合を除き，改良により固定資産の価値が増加した場合には，その固定資産の減価償却の対象となる取得原価を増額し，必要に応じて減価償却期間（耐用年数）を延長した上で，減価償却費を計上します。

(3) 無形資産の評価と償却

　無形資産とは，生産，役務の提供，賃貸又は管理目的で保有する，実体のない非貨幣性長期資産をいい，特許権，商標権，著作権，土地使用権，ノウハウ，営業権等が含まれます。

　無形資産は取得原価にて評価され，（有形）固定資産と同様に（減価）償却により費用化（損金計上）されます。

① **償　却**

　定額法により計算された無形資産の償却費は，損金計上（控除）が認められ

ます。

② 営業権の損金計上時期

購入取得の営業権は，企業全体の（営業）譲渡時もしくは会社清算時に損金計上され，償却計算されません。

③ 償却期間

無形資産の償却期間は10年以上とされています。

(4) 繰延資産（長期前払費用）の償却

税務上繰延資産についての定義はなされていませんが，長期前払費用について資産計上及び償却による費用化（損金経理）として，繰延資産扱いされます。

① 償　却

償却期間に基づき定額法により計算された長期前払費用の償却費は損金計上が認められます。

長期前払費用の償却開始時期は，支出の翌月からとされています。

② 償却期間

一般の長期前払費用：償却期間は3年以上

③ 開業費

開業（準備）費は長期前払費用に計上する明確な規定はありませんので，下記いずれかの方法を選択することが認められます。ただし，一旦選定した方法の変更は認められません。

a) 開業（経営開始）日の属する年度における一括費用（損金）処理
b) 長期前払費用として計上し，開業後の一定期間（3年以上）での償却（費用化）処理

④ 投資の評価

投資資産とは，対外的な持分投資及び債権投資により生じる資産とされます。

投資資産の評価（課税上の価額）は，取得原価主義を原則としています。なお，企業会計準則では減損会計が導入され，時価低下に対しては減損引当金の設定が要求されますが，税務上は当該評価引当金の損金算入は認められません。

5 引当金(未確定債務)

　税務関係部門が特別に設定を認める引当金(金融機関の貸倒引当金)を除き,一般企業が設定する各資産減損(評価性)引当金及び負債性引当金に関しては,損金算入は認められません。

6 課税納付額(税額の計算)

(1) 課税納付額の計算

　計算式:納付税額=課税所得額×適用税率-減免税額-控除税額

(2) 推定課税の特例

　非居住者外国企業に対する長期役務提供のPE認定課税のように,PEそのものに帳簿設置義務がない場合において,帳簿不設置により課税所得を正確に計算できない場合には,税務当局は合理的な方法により課税所得を計算することになります。

　PE認定課税においては,税務当局は一般的に以下のみなし利益率(2010年国税発19号)を適用して,課税所得額を計算することになります。
① 請負工事,設計,コンサルティング業務:15%～30%
② 管理サービス業務:30%～50%
③ その他の役務提供及び経営活動業務(駐在員事務所を含む):15%以上

7 税　率

(1) 居住者企業及び中国国内にPEを有する非居住者外国企業

　居住者企業及び中国国内に施設,固定場所(恒久的施設,PE:Permanent Establishment)を有する非居住者外国企業の企業所得税の税率:25%

(2) PEを有しない非居住者外国企業の源泉税率

　中国国内にPEを有しない非居住者外国企業の(企業所得税)源泉徴収税率:20%(優遇税制により10%に軽減されている)

(3) 小規模企業の税率

小規模企業の企業所得税の税率：20％

8 優遇税制

(1) 優遇税制度

中国では企業所得税の統合・改正にあたり，従来の外資誘致を目的とした地域型の優遇税制から，ハイテク誘致，内陸部開発及び環境保全等を目的とした優遇税制へ方針転換されました。

(2) 優遇措置の関連規定
① 届出制（事前及び事後）

企業所得税法規定の優遇措置適用に関しては，一律に届出制とされました。なお，届出制には事前届出制と事後届出制（確定申告書添付）があります。

② 外資企業の閉鎖・停止における過年度優遇措置の処理

外資企業が優遇税制適用要件の経営期間（10年）到達前に閉鎖，停止した場合には，旧外資企業所得税法に基づき，過去の企業所得税優遇税額を返還しなければなりません。

9 その他の特別調整及び関連規定

(1) タックスヘイブン対策税制
① タックスヘイブン対策税制の内容

居住者企業の支配下にあり，標準税率（25％）より明らかに税率が低い国家（地域）に設立された子会社が，合理的理由なく利益の配当を行わない（配当の減額を含む）場合には，その子会社利益のうち居住者企業に帰属すべき部分を，居住者企業の当期課税所得に加算（合算）しなければなりません。

② 支配の定義
- 居住者企業等が直接又は間接的に，外国企業の議決権持分の10％以上を単独で保有し，かつ当該外国企業の持分の50％以上を共同保有している場合
- 居住者企業等の持分比率が上記の基準に満たないが，持分，資金，経営，売買等において当該外国企業を実質支配している場合

③ 低税率の定義

実際税負担が標準税率25％より明らかに低い場合（標準税率の50％を下回る場合）

(2) **過少資本税制**
① **過少資本税制の内容**

関連者による債権投資（融資）と持分投資（出資）の負債資本比率が規定の基準を超えることから発生した利息支出は，課税所得額の算定にあたり，損金計上（控除）が認められません。なお，納税者が合理的資料を提出し，独立企業間取引原則に合致すると認められる等の一定の条件を満たす場合には，国内関連者への利息支出の損金計上が認められます。

② **負債資本比率**
　　金融企業　　5：1
　　その他企業　2：1

③ **一般的税務調整権限**

企業が商業的合理性なく，課税収入又は課税所得額を減少させた場合には，税務機関は合理的な方法により調整を行う権限が認められています。

10 徴収管理

(1) **帳簿等の保存義務**

帳簿，伝票，納税証明及びその他の関連資料の保存期間は10年間とされます。

(2) **帳簿の使用言語**

帳簿，会計伝票，報告書，納税証明書は中国語で作成しなければなりません。

11 申告納税

(1) **居住者企業の納税地での，本支店合算確定申告**
① 　一般の居住者企業：居住者企業は企業の登記地が納税地
② 　居住者企業認定された外国企業：登記地が国外である場合は，実際の管理機構の所在地が納税地

③ 登記地の定義：企業の登記地とは，関連規定に基づき（本店）登記した住所地
④ 本支店の予定納税：本支店は各々の登記地で予定納税
⑤ 本支店合算確定申告納税：居住者企業が中国国内に支店等を有する場合には，合算確定申告納税を本店登記地にて実施

(2) **非居住者外国企業の納税地**
① PE帰属所得を有する場合：PE帰属所得については，施設・固定場所の所在地が納税地
② 複数のPE拠点を有する場合（合算申告）：非居住者外国企業が中国国内に2以上の施設・固定場所（恒久的施設，PE：Permanent Establishment）を設置する場合には，税務機関の審査認可に従い，主たる施設・固定場所を選択し，支店合算申告納税をすることが認められます。
③ 源泉徴収適用の納税地：源泉徴収義務者の所在地が納税地

(3) **納税年度**
① 納税（事業）年度：納税年度は，西暦の1月1日から12月31日までとされます（中国会社法上の会計期間と合致）。
② 開業，解散期の取扱い：納税年度の中途における開業又は解散により実際経営期間が12ヶ月未満のときは，実際経営期間を1納税年度とされます。
③ 清算：清算に際しては，清算期間を1納税年度とされます。

(4) **申告納税**
① 予定申告納税：企業所得税は月ごと又は四半期ごとに予定納税を行います。月，四半期の終了日から15日以内に，予納企業所得税納税申告表を提出し，税額を予納します。
② 確定申告：年度終了日（12月31日）から5ヶ月以内（5月31日）に，年度企業所得税納税確定申告をします。
③ 財務資料の提出：企業所得税納税申告表には，財務会計報告及び関連資料を添付しなければなりません。
④ 連結納税：国務院が別途認可する場合を除き，連結納税は認められません。

第3章

中国個人所得税の概要

個人所得税に関しては，1994年1月より施行されている個人所得税法が外国人（居住者及び非居住者）及び中国人に共通適用されています。

1 納税義務者・適用範囲

中国国内に住所を有する個人もしくは満1年以上居住している個人は，原則としてその全世界所得に対して課税されます。

なお，中国国内に住所を有さず，また現に居住していない個人及び居住期間が1年未満の個人は中国国内源泉所得に対してのみ課税されます。

(1) 用語の定義

住所を有する：国籍，家庭，経済的利益等の理由により中国国内に習慣的に居住すること

満1年以上の居住：納税年度（通常1月1日～12月31日）のうち，臨時的な（連続30日未満，合計90日以内）出国日数を含め，365日間中国に居住していること

(2) 中国国内源泉所得

以下の所得は，その支払地にかかわらず中国国内源泉所得とされます。
① 任命，雇用，契約等に基づく中国国内での労務提供による所得
② 中国国内での財産の賃貸収入
③ 中国国内での財産（建物，土地使用権及びその他財産）の譲渡収入
④ 中国国内での特許権等の使用許諾による所得
⑤ 中国国内で取得した利子，配当，分配所得

2 所得の種類

以下の所得に対して，個人所得税が課されます。

(1) 賃金，給与所得

任命，雇用により取得した賃金，給与，奨励金，年末奨励金，労働配当金，手当，補助金その他の所得

(2) 個人経営商工業者の事業所得

① 工業，手工業，建築業，交通運輸業，商業，飲食業，サービス業，修理業及びその他の事業により取得する所得
② 政府の認可に基づく資格による学校経営，医療，コンサルティング及びその他の有料のサービスによる所得
③ その他の事業所得
④ 事業関連所得

(3) 請負経営所得

事業経営等の受託請負，下請け等による所得

なお，請負等により個人が受ける月次払いの分割賃金，給与は，請負経営所得に含まれます。

(4) 労務報酬所得

個人が行う設計，内装，設置，製図，化学分析，試験，医療，法律，会計，コンサルティング，講演，報道，放送，翻訳，原稿校正，書画，彫刻，映画テレビ，録音，演出，公演，広告，展示，技術サービス，紹介サービス，仲介サービス，代行サービス及びその他の労務提供による所得

(5) 原稿料所得

個人が自己の作品を図書，刊行物の形式にて発表して得た所得

(6) **特許権使用料所得**

個人が所有する特許権，商標権，著作権，非特許技術及びその他の工業所有権の使用許諾による所得（原稿料所得は含まれない）

(7) **利子，配当，分配所得**

個人の所有する預貯金，債権，資本持分により取得した利子，配当，利潤の分配

(8) **財産賃貸所得**

個人の所有する建物，土地使用権，機械設備，車両船舶及びその他の財産の賃貸による所得

(9) **財産譲渡所得**

個人の所有する有価証券，株式，建物，土地使用権，機械設備，車両船舶及びその他の財産の譲渡による所得。

なお，株式譲渡所得の課税方法については，財政部が別途定めとされています。

(10) **一時所得**

個人の得た報奨金，賞金，その他の臨時の所得。

なお，課税所得項目の区分が不明確な所得については，税務当局が決定します。

また，個人の取得した対価（所得）が現物である場合には，所得に係る証憑上の金額を基に課税所得を算定することになります。また，有価証券を対価として取得した場合には，税務当局が額面価額と市場価格によって課税所得を算定することになります。

3　個人所得税税率

(1) **賃金・給与所得**

賃金・給与所得に対しては，3％〜45％の超過累進税率が適用されます。

月間課税所得		第1欄の金額に対する税額	超過部分に対する税率
超（第1欄）	以下		
0	1,500元	−	3%
1,500元	4,500元	45元	10%
4,500元	9,000元	345元	20%
9,000元	35,000元	1,245元	25%
35,000元	55,000元	7,745元	30%
55,000元	80,000元	13,745元	35%
80,000元	−	22,495元	45%

(注) 月間課税所得額は，基礎控除額4,800元（外国人）控除後の金額。

(2) **事業所得・請負経営所得**

事業所得・請負経営所得に対しては，5％～35％の超過累進税率が適用されます。

(3) **原稿料所得**

原稿料所得に対しては，20％の一定税率が適用されます。なお，税額の30％が減額されます。

(4) **労務報酬所得**

労務報酬所得に対しては，20％の一定税率が適用されます。

なお，1回の労務報酬所得が著しく高い場合には，20％以上の課税がなされることもあります。

著しく高い労務報酬とは，1回の所得が20,000元を超えるものです。20,000元以上50,000元以下の所得額には，上記通常の税率に基づき算定された納税額の50％が追加的に課税され，50,000元超の所得額には，納税額の100％が追加的に課税されます。

(5) その他の所得

特許権使用料所得，利子・配当・分配所得，財産賃貸所得，財産譲渡所得，一時所得及びその他の所得に対しては，20％の一定税率が適用されます。

4 所得税の減免

(1) 所得税の免除

下記の所得については，所得税が免除されます。

① 各省人民政府，国務院の各部等の公的機関，外国の機関及び国際機関により授与された科学，教育，技術，文化，衛生，体育，環境保護に係る賞金
② 国債及び国家発行の金融債券の利子
③ 国家が統一して支給する補助及び手当

補助，手当とは政府の特別手当及び免税補助，手当をいう（個人所得税法実施条例13条）。

④ 福利費，弔慰金，救済金
⑤ 保険による賠償金
⑥ 軍人の退役費，復員費
⑦ 国の統一規定による幹部，職員の住宅手当，退職金，退職年金，離職年金，退職者補助金
⑧ 法律により免税とされている外交官等の所得
⑨ 国際条約等により免税とされる所得
⑩ 財政部が免税とした所得

(2) 所得税の減税

① 身体障害者，独居老人及び烈士遺族の所得
② 自然災害により甚大な損害を蒙った場合
③ その他国務院が減税を許可した場合

5 賃金・給与所得の課税所得額（課税標準）

課税所得額は，所得の種類に応じて計算されます。

中国国内に住所を有するもしくは居住期間が1年以上の個人は，中国国内

源泉所得及び中国国外源泉所得につき，以下の各所得区分に応じて，所得項目別に納税額が計算されます。

(1) 賃金・給与所得の計算

毎月の収入額から給与所得控除額3,500元（外国人は4,800元）を控除した後の金額をもって，課税所得額とされます。

すなわち，外国人の中国国内源泉給与所得，並びに永住者の中国国外源泉給与所得については，上述の給与所得控除額に1,300元追加して特別の給与所得控除額の控除（総額4,800元）が認められます。なお，この規定は華僑，香港，マカオ及び台湾の中国人にも適用されます。

（追加的給与所得控除対象者）
① 中国国内の外資系企業及び外国企業に勤務する外国籍社員
② 中国企業，国家機関等により招聘された外国籍の専門家
③ 中国国外での勤務者もしくは中国国外にて雇用されている中国に住所を有する居住者
④ その他財政部が認める個人

(2) 外国人の給与所得範囲

外国人出向者において，以下のものが給与所得に含まれます。
① 基本給
② 超過勤務手当，賞与，外国勤務割増手当，特別勤務手当その他奨励金等
③ 従業員の実際住居賃借料を超える住宅手当（実際賃借料までは非課税）
④ 中国における生活手当
⑤ 出向者の給与を税引後手取額とする場合（グロスアップ方式）の会社負担個人所得税額

(3) グロスアップ方式における課税所得計算式

（月次課税所得－速算控除額）／（1－適用税率）

(速算控除表)

月次所得の範囲	税率	月額速算控除額
1～1,500元	3%	0
1,501～4,500元	10%	105
4,501～9,000元	20%	555
9,001～35,000元	25%	1,005
35,001～55,000元	30%	2,755
55,001～80,000元	35%	5,505
80,000元超	45%	13,505

(4) 外国人の居住形態と課税所得

外国人給与所得者の居住形態と課税所得は，以下のようになります。

① 非課税の非居住者：183日免税ルールの適用あり，非課税
② 課税の非居住者（183日超1年未満，もしくはPE関与者）：183日免税ルール適用なし，中国源泉所得に対して課税
③ 非永住・居住者（1年以上5年以下）：中国源泉所得に対して課税
④ 永住・居住者（5年超）：全世界所得に対して課税

外国人（外国籍）の各居住形態（短期滞在者，非居住者，非永住・居住者，永住・居住者）に応じて，中国個人所得税の取扱い（課税範囲）を定めています。

（※詳細は第3編第4章「出向・出張の税務（リスク）留意点」を参照ください。）

(5) 給与所得の源泉地の確定

中国源泉（給与）所得とは，中国国内で勤務した期間に取得した賃金・給与とされます。すなわち，個人が実際に中国国内で勤務した期間に取得する賃金・給与については，中国国内及び中国国外の雇用主が支払うものであっても，全て中国源泉所得とされます。

(6) 短期滞在者（非居住者）の取扱い

　中国国内に住所（国籍，家庭等）を有さず，かつ１納税年度（１月１日～12月31日）内の中国における勤務滞在日数が90日（日中租税条約は183日に延長）を超えない個人については，中国国外の雇用主により支払われる給与のうち，中国国内の機構（会社等のPE：恒久的施設）により負担（付替え）されない給与については課税されません（申告・納税の免除）。したがって，90日（日中租税条約は183日に延長）を超える勤務滞在者及び中国国内のPEにより給与が負担される個人については，中国での申告・納税義務を負います。

(7) 非居住者の税額計算（１ヶ月未満の給与所得の算定）

　１ヶ月未満の給与については，以下の算式により，毎月の申告・納税額を算定します。

　個人所得税額
　　＝（給与所得月額×適用税率－速算控除額）×（当月の中国勤務滞在日数÷当月の日数）

① 国外払い給与の報告義務

　外国人の給与所得の範囲は中国国内源泉所得とされますが，給与の支払地は中国国内外を問わないため，国外払い給与についても中国税務当局への報告義務を負います。

② 国外払い給与の所得税額按分

　中国企業と外国企業の両者と雇用契約（二重雇用契約）を有する外国人出向者の国外払い給与については，下記の計算式に基づき，中国源泉給与所得税額を計算します（中国国内に常勤する非永住・居住者への適用は基本的にない）。

　個人所得税額
　　＝所得総額に対する税額×（１－国外払い給与÷所得総額）×（中国勤務日数÷月の日数）

③ 滞在日数の算定

　上記滞在日数には滞在（勤務）期間中の公休日を含むものとされます。

(8) 非永住・居住者の取扱い

中国国内に住所（国籍，家庭等）を有さず，かつ中国国内での居住期間が1年以上5年未満の場合には，中国国内での勤務滞在期間に取得した給与について，中国国内払い及び中国国外払いの給与所得全額（日数按分せず）に対して中国個人所得税の申告・納税義務を負います。

① 董事（役員）報酬の取扱い

外国投資企業において直接管理業務に従事している董事（役員）が受取る報酬の取扱いについては，個人所得税法上区分して取扱う（役務報酬と賃金・給与に分類する）ものとされます。したがって，上記役員が役員報酬のみを受け取っている場合には，管理業務に係る部分は賃金・給与として区分され，個人所得税が算定されます。

② 日本企業の役員報酬の取扱い

日中租税条約第16条においては，役員報酬に対して支払企業の居住地国（日本）での課税権が認められているのであって，受領者個人の居住地国（中国）での課税権が否定されているのではありません。日中両国で課税された場合には，外国税額控除の適用により二重課税が回避されることになります。なお，日本では非居住者に対する外国税額控除は適用されないことになっているので，日本非居住者・中国居住者の日本企業役員報酬について二重課税（日本では20％源泉徴収）が生じる場合には，中国で外国税額控除の適用を受けることになります。

外国企業の役員が中国子会社，駐在員事務所において実質的に経営・管理業務に従事している場合には，中国での勤務に起因して取得する給与として，中国個人所得税が課税されます。

(9) 中国勤務の香港，マカオ居住者の給与所得課税特例

① 中国滞在期間183日以下の場合の税額計算

納税額＝（当期国内外賃金給与所得の課税所得額×適用税率－速算控除額）
　　　　×当期国内実際滞在日数÷当期日数

② 中国滞在期間183日超の香港及びマカオ納税居住者

納税額＝（当期国内外賃金給与所得の課税所得額×適用税率－速算控除額）

×（当期国内実際滞在日数÷当期日数）×（当期国内支払賃金額÷当期国内外支払賃金給与総額）

（注）外国人の月次給与には月次確定申告課税が適用されるので，月次給与の当期とは1ヶ月（30日）となります。

③ **複数の課税期間にまたがる各種収入**

計算期間が1ヶ月を超える賞与等については，その賞与等の算定期間を当期日数として上記計算を適用します。

④ **租税条約優遇措置の適用手続**

主管税務機関への届出が義務付けられています。

(10) 経済的利益供与の非課税取扱い

① 外国人に対して現物もしくは実費弁済によって支給される住宅費用，食事費用，引っ越し費用，及びクリーニング費用に係る支給
② 外国人に対する中国国内及び中国国外への出張に係る支給
③ 外国人に対して支給されるホームリーブ（一時帰国）費用，語学研修費，教育費等で，税務当局の審査・承認を得ている支給

なお，中国に勤務する外国人に対して支給される扶養家族のホームリーブ費用や，中国国外に居住する子女の教育費は課税対象とされます。

(11) 賞与の取扱い

① **現金主義課税**

中国国内に住所を有さない個人（非永住・居住者の外国人駐在員）が受け取る賞与は，支払月の個別賃金・給与として課税されます。通常の月次賃金・給与に関して何らかの控除・減算が既になされている場合には，賞与に関する控除・減算は認められず，賞与全額が課税所得として高い累進税率により課税されることになります。

② **賞与計算期間按分課税の認容**

賞与のうち国外（日本）勤務に対応することが明確な部分については，中国国外源泉所得として課税対象から除外することも認められます。当然のことながら，帰国後支給賞与のうち中国勤務対応分についての申告・納税義務が生じ

ます。

③ 非永住・居住者及び非居住者に係る賞与課税

中国において恒常的には勤務していない外国人出向者に対しては，その中国勤務期間に対応する賞与の課税所得認識について，支払月の中国滞在日数が1日であっても，その月に対応する賞与全額が課税対象とされます。

④ 低税率適用の特例（年度一括賞与）

年に1度支給される年度一括賞与に関しては，12等分した金額に対応する累進税率を適用して個人所得税額が計算されることにより，高税率負担軽減が図られました。なお，12等分による累進税率の軽減は年度一括賞与支給時の年1回に限定されており，日系企業のように年2回の賞与支給に適用されるかは不明であり，適用される場合でも，1回は12等分の低い累進税率が適用できても，他の1回については全額支給月の給与所得として高税率が適用されることになります。

⑿ 退職金の取扱い

出向者が中国国内滞在時に受け取った退職金に対する課税に関しては，「（免税）退職金」の免税規定は適用されません。すなわち，当該退職金は雇用に係る賃金・給与として取扱われ，受け取った月の個人所得税の課税対象とされます。

⒀ ストックオプション

ストックオプション実行時に付与される割引もしくは補助金は，雇用主からの賃金もしくは給与とみなされ，権利行使時に課税（付与時は非課税）されます。なお，ストックオプション実行後に株式を売却して得た所得は譲渡所得とされ，雇用主からの給与所得とはされません。また，ストックオプション課税の高税率負担軽減のために，所得総額について6ヶ月を上限として按分した所得額に適用される税率をもって6ヶ月以内の分割納税とすることが認められています。

なお，非永住・居住者である外国人出向者がストックオプションの実行によって得た所得のうち，中国赴任前の勤務に起因する給与所得額の課税が免除されます。また，帰国後実行による給与所得のうち，中国勤務対応分は中国源泉所得とされますが，この給与（ストックオプション対価）を中国国内の企業，

PEが負担していない場合には，源泉徴収が免除されます（PE負担の場合は課税）。この取扱いの適用にあたっては，申告時に関係資料を提出することになっています。

非上場企業対象のストックオプションの購入時株式価格に関しては，公認会計士による監査済み財務諸表の1株当たり純資産額をもって評価されます。

⑭ **海外（社会）保険料の取扱い（給与所得課税）**

外資企業が自国の社会保険制度もしくは社内福利厚生制度に基づき，中国国内で勤務する使用人のために国外保険会社等に支払う保険料，年金掛金，積立金及びその他保険料等の「国外保険料」は，以下のように取り扱うとされていましたが，この通達は2011年に失効し，現在，国外社会保険料の会社負担分は給与所得課税対象となっています。
① 企業所得税上は，給与処理以外には損金と認められません。
② 給与処理された場合には，個人所得税の課税所得とされます。
③ 給与処理されない場合でも，個人所得税の課税対象所得とされます。ただし，この国外保険料の支払が関係国の社会保障制度による企業負担の場合には，課税所得とはされません。
④ 個人支払国外保険料は，自己の個人所得税の課税所得からの控除は認められません。

⑮ **中国社会保険料の取扱い（徴収）**

2011年施行の中国社会保険法及び中国国内就業外国人の社会保険加入暫定弁法により，現地法人及び駐在員事務所の外国人出向者に対して，中国社会保険料が徴収されることになりました。なお，現在日本政府は日中社会保険協定締結に向けて協議を進めていますが，現（2017年9月）時点では未締結です。
① 徴収対象者（社会保険加入が必要な出向外国人）
「外国人就業証」等の就業証もしくは外国人居留証を取得し，「外国人永住居留証」を保有し，中国国内で合法的に就業している外国籍人員
② 徴収社会保険項目
基本養老保険，基本医療保険，労災保険，失業保険，生育保険

③ 社会保険加入時期

就業証取得日より30日以内

④ 適用除外（社会保険加入義務の適用除外）

社会保険協定を締結している国の国籍を有する外国人

⑤ 日本企業への影響

中国出向者の給与は一般的に手取り保証方式が適用されるので，中国社会保険料（掛金）の出向者個人負担部分についても，会社負担が想定されます。

なお，会社負担の出向者個人負担掛金は，中国個人所得税上，課税対象給与とされますが，中国社会保険個人掛金は所得控除対象とされますので，結果的に課税所得の増加とはなりません。

6 中国の外国税額控除制度

中国国外源泉所得に関しては，その所得に係る納付外国所得税額を，その控除限度額の範囲内において控除することが認められています。

なお，実際には中国所得税額から外国税額を控除するケースは必ずしも多くないようです。

(1) 納付外国税額

中国国外源泉所得に対して現地の法律に基づき課税され，実際に納付した外国所得税。

(2) 控除限度額

国外源泉所得を国別もしくは地域別に，所得の種類ごとに区分し，各々につき中国個人所得税法に基づき計算された納税額の合計をもって外国税額控除の限度額とされます。

(3) 控除不足における納税

実際納付外国税額が控除限度額を下回った場合には，納税額から外国税額を控除した残額につき中国個人所得税を納税することになります。

なお，日本の外国税額控除制度における控除余裕額（控除限度額の未使用分

を将来の外国税額納付時に使用して税額控除を受ける）の繰越制度はありません。

(4) 控除限度超過額

実際納付外国税額が控除限度額を上回った場合には，その超過額は，将来（5年間）控除限度額発生時において使用して税額控除を受けることが認められています。

7 税務申告及び源泉徴収

個人所得税においては，所得者を納税義務者とし，当該所得の支払者をもって源泉徴収義務者とされます。なお，2ヶ所以上から賃金もしくは給与所得を得る者，並びに源泉徴収義務者のいない者は自己申告します。

(1) 申告・納税地

自己申告する個人の申告・納税地は，原則として所得発生地の所轄税務局とされます。

なお，中国国外源泉所得を有する個人及び中国国内の2ヶ所以上で所得を得ている個人については，任意に1ヶ所を申告・納税のための所轄税務局として選択することができます。

また，申告・納税地を変更する場合には，旧所轄税務局の承認を得なければなりません。

(2) 源泉所得税の控除

自己申告する場合には，申告所得税額のうち既に源泉徴収されている税額については，これを控除することが認められています。

8 納 税

源泉徴収税額及び自己申告に基づく納税額は，翌月の15日までに納付するとともに所轄税務局に納税申告書を提出しなければなりません。

(1) 通常の賃金・給与所得

通常の賃金・給与については，原則どおり毎月源泉徴収義務者もしくは納税者自ら（自己申告者）が翌月の15日までに納税及び申告します。

(2) 特定業種の賃金・給与所得

特定業種に従事する者の賃金・給与については，年間（毎年1月1日～12月31日）で所得税額を計算することとし，年度末までの毎月は予定納税します。

特定業種とは採掘業，海上輸送業，遠洋漁業及びその他の業種を言います。

具体的には，年間賃金・給与を合算して12ヶ月の平均所得を算出し，これに基づき各月の実際所得税額を計算します。計算の結果を年度終了後30日以内に申告し，既予納額との差額について追加納税もしくは還付を受けます。

9 個人所得税管理弁法及び自己申告納税弁法の制定

(1) 個人所得税管理弁法の内容

① 総則
② 個人収入の記録管理制度
③ 源泉徴収明細帳制度
④ 納税者と源泉徴収義務者による税務機関への二重報告制度
⑤ 社会的諸機関との連携徴税制度
⑥ 情報化の早期実現
⑦ 高所得者への重点管理を強化
⑧ 租税の源泉における管理
⑨ 全国民の全所得管理
⑩ 附則

(2) 外国人の納税記録資料の管理強化

外国人に対する適用強化のため，個人所得税管理弁法における納税記録資料の作成・保管に関して，以下の取扱いが規定されました。

① 企業ごとの外国籍者台帳の作成・設置

所管税務機関は，外国人（中国滞在期間の長短，人数に関係なし）の氏名，

国籍，職務，任期等の情報を記載した管理台帳を企業ごとに作成，設置します。

② **個人別ファイルの管理**

企業ごとの管理台帳には下記内容の個人別ファイルが作成されます。

a) 氏名，性別，出生地，生年月日，国外の住所
b) 中国の住所，電話番号，郵便番号
c) 派遣元（企業）名称，任期又は役務提供期間，職務
d) 居住期間，出入国日
e) 収入金額，報酬支払地
f) 源泉徴収義務者，申告額，納税額，納税済み額，国庫納付日

(3) **個人所得税自己申告納税弁法の概要**

徴税管理強化及び自己申告の規範化を目的として，個人所得税自己申告納税弁法が公布されました。年間所得12万元以上の所得者等，特定の所得者に対して，年次申告納税を義務付けています（非居住者の年次申告義務原則免除）。

① 年間所得が12万元以上の場合
② 中国国内において2以上の機構から賃金・給与を取得する場合
③ 中国国外源泉所得を有する場合
④ 源泉徴収されない所得を有する場合
⑤ 国務院が規定するその他の所得

(4) **参考：外国人の個人所得税の徴税強化**

外国人の個人所得税の課税・徴収強化規定を公布し，以下の状況において，税務当局は個人所得税についてみなし課税を実施できるものとしています。

① 毎月の報酬（給与）報告（申告課税所得）が著しく（非合理的に）低い場合
② 報酬が手続上中国国外にて発生・支払われる時には，その報酬についても中国国内にて発生・支払われる報酬申告額に含めます。
③ 中国合弁企業の投資家及び董事が合弁企業の日常業務に関与している場合においては，手続的には持分に応じた利益分配としての董事報酬・賞与とされていても，当事者は自らの人的役務提供に対する給与所得とみなされるべきとされています。

第4章

中国増値税の概要

　中国流通税については，1994年1月に外資・外国企業及び中国国内企業に共通に適用される増値税法，営業税法及び消費税法が施行され，2016年5月に営業税は増値税に統合（廃止）されました。また，2010年12月から，増値税額及び営業税額を課税標準とする都市維持建設税，教育費付加，地方教育費が課税されています。

　増値税：物品販売等を対象とする付加価値税（日本の消費税に相当）

　営業税（2016年5月に増値税に統合廃止）：役務提供，無形資産取引，建設，運輸等を対象とした売上税

　消費税：嗜好品を対象とした物品税

1 納税義務者

(1) 申告納税義務者

　増値税法上，業務行為者たる企業等の組織・団体及び個人が増値税の納税義務者とされます。

　恒久的施設（PE：Permanent Establishment）を有さないが，その活動内容によりPEを認定された外国企業も，増値税の課税事業者として納税義務者になると解されます。

　なお，請負にて企業を経営する場合は，請負人が増値税の納税義務者とされます。

(2) （源泉）徴収義務者

　中国国内に恒久的施設（PE）を有さない外国の企業もしくは個人等が中国にて製品加工等の課税役務を提供する場合には，代理人（代理人がいない場合

は役務享受者）が増値税の徴収義務者となります。

(3) 免税事業者

課税売上額が下記の徴収基準額に満たない個人事業者（企業を除く）は，免除事業者とされます。

物品販売：月間売上額5,000〜20,000元
課税役務提供：月間売上額5,000〜20,000元
納税徴収額：毎回（日）売上額300〜500元

2　増値税の課税対象取引

増値税法は，中国国内における物品の販売又は加工，修理補修，組立労務，物品の輸入，労務（役務）提供，無形資産取引，建築，運輸及び賃貸等をその課税対象取引とし，その業務をなす者を増値税の納税義務者と定めています。

(1)「物品販売」とみなされる行為

以下の各行為は，増値税法上「物品販売」とみなされ，増値税の課税対象取引とされます。

①　委託・受託販売

物品の委託販売及び受託販売行為は，「物品販売」とみなされ，増値税の課税対象とされます。

②　社内移動

他県（市）に存在する同一組織内の事業所（本支店及び工場等）間の販売用物品の移動は，「物品販売」とみなされ，課税対象となります。

ただし，上記事業所が同一県（市）にある場合は，課税対象とはされません。すなわち，行政区域が異なる事業所間の物品移動にも増値税が課されることになります。

③　自家製品等の投資，福利目的等の使用

自家製品，委託加工品及び購入物品に係る他者への投資，投資者への配当，集団福利及び個人の消費，個人への無償贈与を目的として使用する場合には，「物品販売」とみなされ，増値税の課税対象とされます。

(2) 全部営業譲渡の免税措置

　企業がその企業の資産，債権，債務に加え，労働力等の全財産権（営業）の全てを譲渡（全部営業譲渡）する行為は，増値税の課税対象の取引とはされません。

3　税　率

(1) 課税税率

　増値税の税率は，以下のように対象項目（業種）により，17％と11％の異なる税率が適用されます。

　17％：下記項目を除く物品の販売，輸入及び加工等の課税労務の提供

　11％：農産品（穀物を含む），水道水，暖冷房，LPG，LNG，食用植物油，熱水，ガス，住民用石炭製品，食塩，農業機械，飼料，農薬，農業用プラスチックフィルム，化学肥料，メタンガス，ジメチルエーテル，図書，新聞，雑誌，音響製品，電子出版物

　営業税からの移行課税取引に関しては，以下の税率が適用されます。

　17％：有形動産賃貸サービス

　11％：交通運輸・郵便・基礎電信・建築・不動産賃貸サービス，不動産販売，土地使用権譲渡

　 6％：現代サービス（ロイヤルティー等の無形資産取引，役務提供を含む）

(2) 都市維持建設税，教育費付加及び地方教育費の加算

　増値税を課税標準とする都市維持建設税（1％，5％，7％），教育費付加（3％）及び地方教育費（2％）については，従来外国投資企業，外国企業に対しては非課税とされていましたが，免税措置が廃止され，2010年12月1日から課税されています。この結果，都市維持建設税，教育費付加及び地方教育費を加えた増値税等の税率は，増値税率17％の場合18.02％～19.04％となります。

(3) 輸出免税

　輸出販売には0％の税率が適用されることとなっており，実質的には免税と同様の効果を有することとなっていましたが，現在特定の製商品に関して増値

税の一部が負担されることになっています。

　増値税法では販売における物品の運送起点をもって国内取引の判断基準とされているため，輸出は原則として増値税の課税対象取引となりますが，日本を含め多くの国では輸出については実質的に免税としており（国際慣習），同様に中国でも法文上は輸出について０％税率を適用して，これに係る仕入増値税の還付を受けることができることになっています。しかし，一部製商品に関して，輸出に係る仕入増値税の一部が還付されていません。

(4)　中古品販売の徴収率
①　中古品の定義：使用後において流通する有価値の物品（自己使用済み物品を含まず）
②　徴収税率：納税人（一般納税者及び小規模納税者）の中古品販売に対する増値税の徴税率は２％

4　売上増値税額

(1)　売上増値税額の計算
　物品販売及び課税労務提供による売上増値税額は，売上額に適用税率を乗じて算定されます。
　売上税額＝売上額×増値税率
　上記の売上額とは，購入者より受け取る代金総額及び価格外費用の合計額です。なお，この合計額には増値税額は含まれません。
　なお，合理性を有しない低廉販売については，税務当局により売上額を更正され，増値税課税対象売上額を推計されます。

(2)　価格外費用
　下記に示す購入者からの受取価格外費用も，増値税課税対象となります。
　価格外費用とは，購入者より受け取った物品及び労務提供の対価以外の手数料，補填，基金，調達費用，返還利益，奨励金，違約金（支払遅延利息），包装費，包装物賃貸料，準備費，優良品質費，運送荷役費，代理取立金，立替金等とされています。

なお，以下の項目等は，価格外費用とはされません。
① 中国消費税の課税対象となる製品の受託加工に係る預かり消費税額
② 立替え運送費（運送会社の購入者宛額収証を購入者が保有する場合のみ除外されます）

(3) 混合販売等の売上額

1つの販売行為が物品販売と労務提供の双方に関わる混合販売及び物品販売と労務提供を兼業する場合の売上額は，物品販売，労務提供各行為の売上合計額とされます。

(4) 内税方式売上処理の売上額

増値税課税事業者が内税方式により売上の会計処理をしている場合には，下記の算式により売上額を算定し，売上（増値）税額を計算することになります。

売上額＝税込売上額÷（1＋増値税率）

(5) 推計課税

増値税課税事業者が正当な理由のない低廉販売をしたとみなされた場合，及びみなし物品販売と認定された場合には，下記の方法により売価を推計し，売上増値税額が算定されます。
① 納税者の直近の同類物品の平均売価
② 他の納税者の直近の同類物品の平均売価
③ 課税標準価格（中国消費税額を含む）により算定する課税標準価格

課税標準価格＝原価×（1＋原価利益率）

（なお，原価は，自家製品の場合には製造原価，購入の場合は実際調達原価とされ，原価利益率は国家税務総局が決定することになっています。）

5　仕入増値税額

物品の購入（輸入を含む）及び課税労務提供の享受に係る支払，もしくは負担した増値税は，仕入増値税額として，売上増値税額から控除されることになります。

(1) 控除対象仕入増値税額

① 仕入増値税額の控除適用要件

売上（増値）税額から控除できる仕入（増値）税額は，下記の事項が適用要件とされています。

- a) 正規の増値税証憑に記載された金額
- b) 免税農産品については価格の一定額
- c) 控除不能の対象外項目
- d) 一般納税者登記完了
- e) 適正な会計処理の実施

② （正規の）税務領収証（増値税控除証憑）

政府関連機関等が発行する以下の（正規の）税務領収証（増値税控除証憑）等以外の証憑による仕入増値税額の控除は認められません。

- a) 増値税専用領収証
- b) 税関輸入増値税専用納付書
- c) 農産物仕入領収証もしくは農産物売上領収証
- d) 外国企業等から取得する増値税納付書

③ 控除対象仕入増値税の額

控除対象仕入増値税額とされるのは，下記の正規の増値税控除証憑（増値税専用領収証（発票））に明記された増値税額に限定されています。

- a) 仕入先より受領の増値税専用領収証（発票）に明記された増値税額
- b) 税関より受領の（輸入）課税証票に明記された増値税額

④ 免税，簡易課税業務兼営の控除対象仕入増値税額（控除不能額）

免税業務又は簡易課税業務を兼業する一般納税者が，正確に仕入税額を区分できない場合は，下記の算式により控除不能仕入税額を計算し，残額が控除対象仕入増値税額とされます。

控除不能仕入税額＝当月区分不能の総仕入税額×当月免税項目売上高，簡易課税項目売上高合計額÷当月売上高合計額

⑤ 固定資産仕入増値税額の取扱い

2008年の増値税法改正における固定資産購入の仕入増値税額については，正規の増値税控除証憑（増値税専用領収証（発票））をもって，売上税額からの

控除が認められることになりました。

この仕入増値税額は「未払税金－未払増値税（仕入税額）」勘定科目に計上されます。

(2) **控除不能の仕入増値税額**

① 制度的取扱い

下記項目に係る仕入増値税額は，制度的に控除対象仕入増値税額と認められません。

a) 簡易課税項目，免税項目，福利厚生及び個人消費のための購入物品及び課税役務享受
b) 異常損失を受けた購入物品
c) 異常損失を受けた仕掛品及び製品のために消費した購入物品及び課税役務享受
d) 自家消費物品
e) 政策的に指定された物品（（中国）消費税課税対象のバイク，自動車，ヨット）の購入

② 納税者の瑕疵

納税者に下記の不備がある場合には，一般納税者は，通常の納税額計算方法（売上増値税額から控除対象仕入増値税額を控除する方式）の適用は認められず，売上増値税全額を納付しなければなりません。また，増値税専用領収証（発票）の使用も認められません。

a) 一般納税者の会計処理が不適切もしくは正確な税務資料を税務当局に提出できない場合
b) 一般納税者認定手続（登記）の申請をしていない場合

6 納税額の計算（一般納税者）

(1) **納税額計算**

増値税納税額＝当期売上（増値）税額－当期仕入（増値）税額

＜控除未済仕入増値税額の繰越し＞

当期売上税額が当期仕入税額より少ない場合には，その差額（超過額）は次

期以降に繰越されて売上税額から控除されます。日本の消費税のような超過額の還付制度は，輸出を除き，中国増値税法にはありません。

(2) 区分計算（異業種の兼営等）

混合販売，兼営等の場合には，原則として区分会計処理が要求され，区分会計処理をしない場合は，いずれか高い方の税率が一括適用されます。

① 異なる税率が適用される業種を兼営する場合

納税者が，税率の異なる業種を兼営する場合には，各々の適用税率によって売上増値税額を区分計算します。なお，企業等が区分計算しない場合は，売上総額に対して高い方の税率が一律に適用されます。

② 混合販売

混合販売とは，1つの販売行為が物品販売と役務提供の双方に係る販売行為をいいます。物品の生産・卸売又は小売業を営む納税者の混合販売は，物品販売業とみなされて増値税が課税されます。

(3) 小規模納税者の簡易課税

小規模納税者は，簡易課税計算式により増値税申告・納税額が算定されます。なお，簡易課税方式においては，仕入増値税額の控除は認められません。

① 製品生産，役務提供を主とする事業者：年間の課税売上額が50万元以下
② 上記以外の事業者：年間の課税売上額が80万元以下

納税額＝売上額×徴収税率

簡易課税に適用される徴税率は3％とされます。

7 増値税の認識時期

(1) 申告・納税

物品販売及び役務提供については，売上代金もしくは売上代金取立証の受領時に増値税を認識（納税義務が発生）します。

輸入物品については，物品の輸入通関時に増値税を認識することになります。

(2) 代理徴収

増値税の徴収義務発生日は，納税者の増値税納税義務発生日とされます。

(3) 売上決済方式に基づく認識時期

① 物品販売の場合

a) 直接回収：売上代金を直接受領する場合は，代金受領時，引換証引渡時に認識します。
b) 取立依頼：取立依頼手続完了時に認識します。
c) 掛売り，割賦販売：代金決済約定日（契約書がない場合は出荷日）をもって認識します。
d) 前受け：販売物品の出荷日をもって認識します。
e) 前受けの特例：生産工期が12ヶ月を超える大型機械設備等の場合は，前受金受領日又は代金受領約定日をもって増値税を認識します。
f) 委託販売：代理販売明細書受領日，または，物品販売代金受領日をもって認識します。

② 役務提供の場合

売上代金等の受領日をもって認識します。

8 一般納税者認定（登記）

小規模納税者以外の納税者は，一般納税者資格（登記）認定を申請しなければなりません。一般納税者申請に関しては，「増値税一般納税者資格認定管理弁法」に規定されています。

なお，小規模納税者であっても，適切な会計処理の実施と正確な税務資料提供が可能であれば，一般納税者として認定（登記）することが認められます。

9 申告・納税

(1) 申告・納税及び徴収

通常の国内取引に係る増値税は，課税事業者による申告及び納税により税務当局が徴収します。また，輸入物品に係る増値税については，税関が代理徴収します。

(2) 申告・納税地

増値税課税事業者は物理的,固定的事業施設を有するか否か,並びに物品販売及び労務提供の場所により,下記のように増値税の申告及び納税地が定められています。

① 固定事業者

固定的事業施設を有する事業者は,本店所在地の所轄税務局に申告・納税します。なお,本店と支店が同一の県（市）にない場合には,各々所在地の所轄税務局に個別に申告・納税します。

ただし,国家税務総局等の許可により,本店が他の支店の増値税を取りまとめて本店所轄税務局に一括申告納税することが認められます。

② 他の地域（県,市）への物品販売及び課税役務提供

固定事業者が他の県（市）にて物品販売及び課税役務提供を行う場合には,本店所轄税務局に外部経営活動税収管理証明の発行を申請,取得するとともに,当該税務局に一括して申告及び納税します。

③ 非固定業者の場合

固定的事業施設を有しない事業者は,営業地の税務局に申告及び納税します。

④ 輸入の場合

輸入においては,輸入業者,輸入代理業者が,通関時に税関に増値税を申告・納税します。

(3) 申告・納税の期限

増値税の申告及び納税の期限並びにその申告対象期間は,日本の消費税の申告対象期間が法人税と同じく事業年度とされているのとは異なり,下記のように非常に短期間です。

① 申告・納税の対象期間及び期限

所轄税務局が,課税事業者の納税額に基づき毎日,3日ごと,5日ごと,10日ごと,15日ごと（締め日）,毎月又は四半期（小規模納税者,外国企業駐在員事務所のみ）のいずれかを申告・納税の対象期間として決定します。

なお,対象期間を確定できない場合には,課税対象取引ごとに申告・納税するとされています。

a）毎月納税：月末から15日以内
　　b）その他：期間満了日後5日以内に予定納付し，翌月15日までに申告・納税する。
② **輸入の場合**
　納税者が物品を輸入する場合には，税関発行の輸入増値税専用納付書の受領の翌日から15日以内に増値税を納付します。
③ **徴収の場合**
　徴収義務者による納税は，当該徴収義務者の所在地の税務機関に申告・納税します。

10 増値税専用領収証（発票）の発行

　物品販売，役務提供の課税事業者は，業務上，売上額及び売上税額を記載した増値税専用領収証（発票）を発行する義務を負っています。
　なお，下記の各場合には，一般の領収書のみが発行可能であり，増値税専用領収証（発票）の発行は認められません。

(1) 発行不能ケース
① 最終消費者への物品販売及び役務提供（最終消費者が増値税の負担者となるため）
② 免税物品の販売
③ 小規模納税者による物品販売及び役務提供（簡易課税方式を採用しているため）

(2) 小規模納税者のための代理発行
　税務当局は，小規模納税者のために増値税専用領収証（発票）を代理発行します。

(3) 増値税専用領収証（発票）の管理（「増値税専用領収証使用規定」）
① 増値税専用領収証の意義
　増値税専用領収証（発票）は，増値税一般納税者の物品販売，役務提供の実

施に際して発行する(正規の税務)領収書です。購入者及び役務享受者が増値税を負担(損金算入)すると共に,仕入増値税額の控除のために使用する証憑です。

② **増値税専用領収証が発行されない場合**
　a) 会計体制の不備
　b) 中国税収徴収管理法上の違法行為に関して処罰を拒絶する場合
　c) 是正要求事項が改善されていない場合

巻末資料　日中租税条約

所得に対する租税に関する二重課税の回避及び脱税の防止のための日本国政府と中華人民共和国政府との間の協定（昭和59年条約第5号）

日本国政府及び中華人民共和国政府は，所得に対する租税に関し，二重課税を回避し及び脱税を防止するための協定を締結することを希望して，次のとおり協定した。

第1条（人的範囲）

この協定は，一方又は双方の締結国の居住者である者に適用する。

第2条（対象税目）

1　この協定が適用される租税は，次のものとする。
(a)　中華人民共和国においては，
　(i)　個人所得税
　(ii)　合弁企業所得税
　(iii)　外国企業所得税
　(iv)　地方所得税（以下「中国の租税」という。）
(b)　日本国においては，
　(i)　所得税
　(ii)　法人税
　(iii)　住民税（以下「日本国の租税」という。）

2　この協定は，1に掲げる租税に加えて又はこれに代わってこの協定の署名の日の後に課される租税であって1に掲げる租税と同一であるもの又は実質的に類似するものについても，適用する。両締約国の権限のある当局は，それぞれの国の税法について行われた実質的な改正を，その改正後の妥当な期間内に，相互に通知する。

第3条（一般的定義）

1　この協定の適用上，文脈により別に解釈すべき場合を除くほか，
(a)　「中華人民共和国」とは，地理的意味で用いる場合には，中国の租税に関する法令が施行されているすべての領域（領海を含む。）及びその領域の外側に位置する水域で中華人民共和国が国際法に基づき管轄権を有し中国の租税に関する法令が施行されているすべての水域（海底及びその下を含む。）をいう。
(b)　「日本国」とは，地理的意味で用いる場合には，日本国の租税に関する法令が施行されているすべての領域（領海を含む。）及びその領域の外側に位置する水域で日本国が国際法に基づき管轄権を有し日本国の租税に関する法令が施行されているすべての水域（海底及びその下を含む。）をいう。
(c)　「一方の締約国」及び「他方の締約国」とは，文脈により，日本国または中華人

民共和国をいう。
(d)「租税」とは，文脈により，日本国の租税又は中国の租税をいう。
(e)「者」には，個人，法人及び法人以外の団体を含む。
(f)「法人」とは，法人格を有する団体又は租税に関し法人格を有する団体として取り扱われる団体をいう。
(g)「一方の締約国の企業」及び「他方の締約国の企業」とは，それぞれ一方の締約国の居住者が営む企業及び他方の締約国の居住者が営む企業をいう。
(h)「国民」とは，いずれか一方の締約国の国籍を有するすべての個人並びに当該一方の締約国の法令に基づいて設立され又は組織されたすべての法人及び法人格を有しないが当該一方の締約国の租税に関し当該一方の締約国の法令に基づいて設立され又は組織された法人として取り扱われるすべての団体をいう。
(i)「国際運輸」とは，一方の締約国の企業が運用する船舶又は航空機による運送（他方の締約国内の地点の間においてのみ運用される船舶又は航空機による運送を除く。）をいう。
(j)「権限のある当局」とは，日本国については，大蔵大臣又は権限を与えられたその代理者をいい，中華人民共和国については，財政部又は権限を与えられたその代理者をいう。
2 一方の締約国によるこの協定の適用上，この協定において定義されていない用語は，文脈により別に解釈すべき場合を除くほか，この協定の適用を受ける租税に関する当該一方の締約国の法令における当該用語の意義を有するものとする。

第4条（居住者）

1 この協定の適用上，「一方の締約国の居住者」とは，当該一方の締約国の法令の下において，住所，居所，本店又は主たる事務所の所在地その他これらに類する基準により当該一方の締約国において課税を受けるべきものとされる者をいう。
2 1の規定により双方の締約国の居住者に該当する個人については，両締約国の権限のある当局は，合意により，この協定の適用上その個人が居住者であるとみなされる締約国を決定する。
3 1の規定により双方の締約国の居住者に該当する者で個人以外の者は，その者の本店又は主たる事務所が存在する締約国の居住者とみなす。

第5条（恒久的施設）

1 この協定の適用上，「恒久的施設」とは，事業を行う一定の場所であって企業がその事業の全部又は一部を行っている場合をいう。
2 「恒久的施設」には，特に，次のものを含む。
(a) 事業の管理の場所

(b) 支店
(c) 事務所
(d) 工場
(e) 作業場
(f) 鉱山，石油又は天然ガスの坑井，採石場その他天然資源を採取する場所
3 建築工事現場または建設，組立工事もしくは据付工事もしくはこれらに関連する監督活動は，6箇月を超える期間存続を行う場合に限り，「恒久的施設」とする。
4 1から3までの規定にかかわらず，「恒久的施設」には，次のことは，含まれないものとする。
(a) 企業に属する物品又は物品の保管，展示又は引渡しのためにのみ施設を使用すること。
(b) 企業に属する物品又は物品の在庫を保管，展示又は引渡しのためにのみ保有すること。
(c) 企業に属する物品又は物品の在庫を他の企業による加工のためにのみ保有すること。
(d) 企業のために，物品もしくは物品を購入し又は情報を収集することのみを目的として，事業を行う一定の場所を保有すること。
(e) 企業のために，その他の準備的又は補助的な性格の活動を行うことのみを目的として，事業を行う一定の場所を保有すること。
5 一方の締約国の企業が他方の締約国内において使用人その他の職員（7の規定が適用される独立の地位を有する代理人を除く。）を通じてコンサルタントの役務を提供する場合には，このような活動が単一の工事又は複数の関連工事について12箇月の間に合計6箇月を超える期間行われるときに限り，当該企業は，当該他方の締約国内に「恒久的施設」を有するものとされる。
6 1及び2の規定にかかわらず，一方の締約国内において他方の締約国の企業に代わって行動する者（7の規定が適用される独立の地位を有する代理人を除く。）が次のいずれかの活動を行う場合には，当該企業は，その者が当該企業のために行うすべての活動について，当該一方の締約国内に「恒久的施設」を有するものとされる。
(a) 当該一方の締約国内において，当該企業の名において契約を締結する権限を有し，かつ，この権限を反復して行使すること。ただし，その活動が4に掲げる活動（事業を行う一定の場所で行われたとしても，4の規定により当該一定の場所が「恒久的施設」とされない活動）のみである場合は，この限りでない。
(b) 当該一方の締約国内において，専ら又は主として当該企業のため又は当該企業及

び当該企業を支配しもしくは当該企業に支配されている他の企業のため，反復して注文を取得すること。
7　一方の締約国の企業は，通常の方法でその業務を行う仲立人，問屋その他の独立の地位を有する代理人を通じて他方の締約国内で事業活動を行っているという理由のみでは，当該他方の締約国内に「恒久的施設」を有するものとされない。
8　一方の締約国の居住者である法人が，他方の締約国の居住者である法人もしくは他方の締約国内において事業（「恒久的施設」を通じて行われるものであるかないかを問わない。）を行う法人を支配し，又はこれらに支配されているという事実のみによっては，いずれの一方の法人も，他方の法人の「恒久的施設」とはされない。

第6条（不動産所得）

1　一方の締約国の居住者が他方の締約国に存在する不動産から取得する所得に対しては，当該他方の締約国において租税を課することができる。
2　「不動産」の用語は，当該財産が存在する締約国の法令における不動産の意義を有するものとする。不動産には，いかなる場合にも，これに附属する財産，農業又は林業に用いられている家畜類及び設備，不動産に関する一般法の規定の適用がある権利，不動産用益権並びに鉱石，水その他の天然資源の採取又は採取の権利の対価として料金（金額が確定しているかいないかを問わない。）を受領する権利を含む。船舶及び航空機は，不動産とはみなさない。
3　1の規定は，不動産の直接使用，賃貸その他のすべての形式による使用から生ずる所得について適用する。
4　1及び3の規定は，企業の不動産から生ずる所得及び独立の人的役務を提供するために使用される不動産から生ずる所得についても，適用する。

第7条（事業所得）

1　一方の締約国の企業の利得に対しては，その企業が他方の締約国内にある恒久的施設を通じて当該他方の締約国内において事業を行わない限り，当該一方の締約国においてのみ租税を課することができる。一方の締約国の企業が他方の締約国内にある恒久的施設を通じて当該他方の締約国内において事業を行う場合には，その企業の利得のうち当該恒久的施設に帰せられる部分に対してのみ，当該他方の締約国において租税を課することができる。
2　3の規定に従うことを条件として，一方の締約国の企業が他方の締約国内にある恒久的施設を通じて当該他方の締約国内において事業を行う場合には，当該恒久的施設が，同一又は類似の条件で同一又は類似の活動を行い，かつ，当該恒久的施設を有する企業と全く独立の立場で取引を行う別個のかつ分離した企業であるとしたならば当該恒久的施設が取得したとみられる利得が，各締約国において当該恒久的

施設に帰せられるものとする。
3 恒久的施設の利得を決定するに当たっては，経営費及び一般管理費を含む費用で当該恒久的施設のために生じたものは，当該恒久的施設が存在する締約国内において生じたものであるか他の場所において生じたものであるかを問わず，損金に算入することを認められる。
4 2の規定は，恒久的施設に帰せられるべき利得を企業の利得の総額の当該企業の各構成部分への配分によって決定する慣行が一方の締約国にある場合には，租税を課されるべき利得をその慣行とされている配分の方法によって当該一方の締約国が決定することを妨げるものではない。ただし，用いられる配分の方法は，当該配分の方法によって得た結果がこの条に定める原則に適合するようなものでなければならない。
5 恒久的施設が企業のために物品又は物品の単なる購入を行ったことを理由としては，いかなる利得も，当該恒久的施設に帰せられることはない。
6 1から5までの規定の適用上，恒久的施設に帰せられる利得は，毎年同一の方法によって決定する。ただし，別の方法を用いることにつき正当な理由がある場合は，この限りでない。
7 他の条で別個に取り扱われている種類の所得が企業の利得に含まれる場合には，当該他の条の規定は，この条の規定によって影響されることはない。

第8条（国際運輸業所得）

1 一方の締約国の企業が船舶又は航空機を国際運輸に運用することによって取得する利得に対しては，当該一方の締約国においてのみ租税を課することができる。
2 一方の締約国の企業は，船舶又は航空機を国際運輸に運用することにつき，中華人民共和国の企業である場合には日本国における事業税，日本国の企業である場合には日本国における事業税に類似する租税で中華人民共和国において課されるものを免除される。
3 1及び2の規定は，共同計算，共同経営又は国際経営共同体に参加していることによって取得する利得についても，適用する。

第9条（特殊関連企業）

(a) 一方の締約国の企業が他方の締約国の企業の経営，支配もしくは資本に直接若しくは間接に参加している場合又は
(b) 同一の者が一方の締約国の企業及び他方の締約国の企業の経営，支配もしくは資本に直接もしくは間接に参加している場合であって，そのいずれの場合においても，商業上または資金上の関係において，双方の企業の間に，独立の企業の間に設けられる条件と異なる条件が設けられまたは課されているときは，その条件がないとし

たならば一方の企業の利得となったとみられる利得であってその条件のために当該一方の企業の利得とならなかったものに対しては，これを当該一方の企業の利得に算入して租税を課することができる。

第10条（配当）
1 一方の締約国の居住者である法人が他方の締約国の居住者に支払う配当に対しては，当該他方の締約国において租税を課することができる。
2 1の配当に対しては，これを支払う法人が居住者とされる締約国においても，当該締約国の法令に従って租税を課することができる。その租税の額は，当該配当の受領者が当該配当の受益者である場合には，当該配当の額の10パーセントを超えないものとする。
　　この2の規定は，配当に充てられる利得についての当該法人に対する課税に影響を及ぼすものではない。
3 この条において，「配当」とは，株式その他利得の分配を受ける権利（信用に係る債権を除く。）から生ずる所得及びその他の持分から生ずる所得であって分配を行う法人が居住者とされる締約国の税法上株式から生ずる所得と同様に取り扱われるものをいう。
4 1及び2の規定は，一方の締約国の居住者である配当の受益者が，当該配当を支払う法人が居住者とされる他方の締約国において当該他方の締約国内にある恒久的施設を通じて事業を行い又は当該他方の締約国において当該他方の締約国内にある固定的施設を通じて独立の人的役務の提供を行う場合において，当該配当の支払の基因となった株式その他の持分が当該恒久的施設又は当該固定的施設と実質的な関連を有するものであるときは，適用しない。この場合には，第7条又は第14条の規定を適用する。
5 一方の締約国の居住者である法人が他方の締約国から利得又は所得を取得する場合には，当該他方の締約国は，当該法人の支払う配当及び当該法人の留保所得については，これらの配当及び留保所得の全部又は一部が当該他方の締約国内において生じた利得又は所得から成るときにおいても，当該配当（当該他方の締約国の居住者に支払われる配当又は配当の支払の基因となった株式その他の持分が当該他方の締約国内にある恒久的施設もしくは固定的施設と実質的な関連を有するものである場合の配当を除く。）に対していかなる租税も課することができず，また，当該留保所得に対して租税を課することができない。

第11条（利子）
1 一方の締約国内において生じ，他方の締約国の居住者に支払われる利子に対しては，当該他方の締約国において租税を課することができる。

2 1の利子に対しては，当該利子が生じた締約国においても，当該締約国の法令に従って租税を課することができる。その租税の額は，当該利子の受領者が当該利子の受益者である場合には，当該利子の額の10パーセントを超えないものとする。

3 2の規定にかかわらず，一方の締約国内において生ずる利子であって，他方の締約国の政府，当該他方の締約国の地方公共団体，当該他方の締約国の中央銀行又は当該他方の締約国の政府の所有する金融機関が所得するもの及び当該他方の締約国の政府，当該他方の締約国の地方公共団体，当該他方の締約国の中央銀行又は当該他方の締約国の政府の所有する金融機関による間接融資に係る債権に関し当該他方の締約国の居住者が取得するものについては，当該一方の締約国において租税を免除する。

4 この条において，「利子」とは，すべての種類の信用に係る債権（担保の有無及び債務者の利得の分配を受ける権利の有無を問わない。）から生じた所得，特に，公債，債券又は社債から生じた所得（公債，債券又は社債の割増金及び賞金を含む。）をいう。

5 1から3までの規定は，一方の締約国の居住者である利子の受益者が，当該利子の生じた他方の締約国において当該他方の締約国内にある恒久的施設を通じて事業を行い又は当該他方の締約国において当該他方の締約国内にある固定的施設を通じて独立の人的役務を提供を行う場合において，当該利子の支払の基因となった債権が当該恒久的施設又は当該固定的施設と実質的な関連を有するものであるときは適用しない。この場合には第7条または第14条の規定を適用する。

6 利子は，その支払者が一方の締約国の政府，当該一方の締約国の地方公共団体又は当該一方の締約国の居住者である場合には，当該一方の締約国内において生じたものとされる。ただし，利子の支払者（締約国の居住者であるかないかを問わない。）が一方の締約国内に恒久的施設又は固定的施設を有する場合において，当該利子の支払の基因となった債務が当該恒久的施設又は固定的施設について生じ，かつ，当該利子が当該恒久的施設又は固定的施設によって負担されるものであるときは，当該利子は，当該恒久的施設又は固定的施設の存在する当該一方の締約国内において生じたものとされる。

7 利子の支払の基因となった債権について考慮した場合において，利子の支払者と受益者との間又はその双方と第三者との間の特別の関係により，利子の額が，その関係がないとしたならば支払者及び受益者が合意したとみられる額を超えるときは，この条の規定は，その合意したとみられる額についてのみ適用する。この場合には，支払われた額のうち当該超過分に対し，この協定の他の規定に妥当な考慮を支払った上，各締約国の法令に従って租税を課することができる。

第12条（使用料）

1　一方の締約国内において生じ，他方の締約国の居住者に支払われる使用料に対しては，当該他方の締約国において租税を課することができる。

2　1の使用料に対しては，当該使用料が生じた締約国においても，当該締約国の法令に従って租税を課することができる。その租税の額は，当該使用料の受領者が当該使用料の受益者である場合には，当該使用料の額の10パーセントを超えないものとする。

3　この条において「使用料」とは，文学上，美術上もしくは学術上の著作物（映画フィルム及びラジオ放送用又はテレビジョン放送用のフィルム又はテープを含む。）の著作権，特許権，商標権，意匠，模型，図面，秘密方式もしくは秘密工程の使用もしくは使用の権利の対価として，産業上，商業上もしくは学術上の設備の使用もしくは使用の権利の対価として，又は産業上，商業上もしくは学術上の経験に関する情報の対価として受領するすべての種類の支払金をいう。

4　1及び2の規定は，一方の締約国の居住者である使用料の受益者が，当該使用料の生じた他方の締約国において当該他方の締約国内にある恒久的施設を通じて事業を行い又は当該他方の締約国において当該他方の締約国内にある固定的施設を通じて独立の人的役務を提供する場合において，当該使用料の支払の基因となった権利又は財産が当該恒久的施設又は当該固定的施設と実質的な関連を有するものであるときは，適用しない。この場合には，第7条又は第14条の規定を適用する。

5　使用料は，その支払者が一方の締約国の政府，当該一方の締約国の地方公共団体又は当該一方の締約国の居住者である場合には，当該一方の締約国内において生じたものとされる。ただし，使用料の支払者（締約国の居住者であるかないかを問わない。）が一方の締約国内に恒久的施設又は固定的施設を有する場合において，当該使用料を支払う債務が当該恒久的施設又は固定的施設について生じ，かつ，当該使用料が当該恒久的施設又は固定的施設によって負担されるものであるときは，当該使用料は，当該恒久的施設又は固定的施設の存在する当該一方の締約国内において生じたものとされる。

6　使用料の支払の基因となった使用，権利又は情報について考慮した場合において，使用料の支払者と受益者との間又はその双方と第三者との間の特別の関係により，使用料の額が，その関係がないとしたならば支払者及び受益者が合意したとみられる額を超えるときは，この条の規定は，その合意したとみられる額についてのみ適用する。この場合には，支払われた額のうち当該超過分に対し，この協定の他の規定に妥当な考慮を払った上，各締結国の法令に従って租税を課することができる。

第13条（譲渡所得）

1　一方の締約国の居住者が第6条に規定する不動産で他方の締約国内に存在するものの譲渡によって取得する収益に対しては，当該他方の締約国において租税を課することができる。

2　一方の締約国の企業が他方の締約国内に有する恒久的施設の事業用資産の一部を成す財産（不動産を除く。）の譲渡又は一方の締約国の居住者が独立の人的役務を提供するため他方の締約国内において使用することのできる固定的施設に係る財産（不動産を除く。）の譲渡から生ずる収益（単独にもしくは企業全体として行われる当該恒久的施設の譲渡又は当該固定的施設の譲渡から生ずる収益を含む。）に対しては，当該他方の締約国において租税を課することができる。

3　一方の締約国の居住者が国際運輸に運用する船舶又は航空機及びこれらの船舶又は航空機の運用に係る財産（不動産を除く。）の譲渡によって取得する収益に対し，当該一方の締約国においてのみ租税を課することができる。

4　一方の締約国の居住者が1から3までに規定する財産以外の財産の譲渡によって取得する収益であって他方の締約国において生ずるものに対しては，当該他方の締約国において租税を課することができる。

第14条（自由職業所得）

1　一方の締約国の居住者が自由職業その他の独立の性格を有する活動について取得する所得に対しては，その者が自己の活動を行うため通常使用することのできる固定的施設を他方の締約国内に有せず，かつ，その者が当該年を通じ合計183日を超える期間当該他方の締約国内に滞在しない限り，当該一方の締約国においてのみ租税を課することができる。その者がそのような固定的施設を有する場合又は前記の期間当該他方の締約国内に滞在する場合には，当該所得に対しては，当該固定的施設に帰せられる部分又は前記の期間を通じ当該他方の締約国内において取得した部分についてのみ，当該他方の締約国において租税を課することができる。

2　「自由職業」には，特に，学術上，文学上，美術上及び教育上の独立の活動並びに医師，弁護士，技術士，建築士，歯科医師及び公認会計士の独立の活動を含む。

第15条（給与所得）

1　次条及び第18条から第21条までの規定が適用される場合を除くほか，一方の締約国の居住者がその勤務について取得する給料，賃金その他これらに類する報酬に対しては，勤務が他方の締約国内において行われない限り，当該一方の締約国においてのみ租税を課することができる。勤務が他方の締約国内において行われる場合には，当該勤務から生ずる報酬に対しては，当該他方の締約国において租税を課することができる。

2 1の規定にかかわらず，一方の締約国の居住者が他方の締約国内において行う勤務について取得する報酬に対しては，次の(a)から(c)までに掲げることを条件として，当該一方の締約国においてのみ租税を課することができる。
(a) 報酬の受領者が当該年を通じて合計183日を超えない期間当該他方の締約国内に滞在すること。
(b) 報酬が当該他方の締約国の居住者でない雇用者又はこれに代わる者から支払われるものであること。
(c) 報酬が雇用者の当該他方の締約国内に有する恒久的施設又は固定的施設によって負担されるものでないこと。
3 1及び2の規定にかかわらず，一方の締約国の企業が国際運輸に運用する船舶又は航空機内において行われる勤務に係る報酬に対しては，当該一方の締約国において租税を課することができる。

第16条（役員報酬）

一方の締約国の居住者が他方の締約国の居住者である法人の役員の資格で取得する役員報酬その他これに類する支払金に対しては，当該他方の締約国において租税を課することができる。

第17条（芸能人）

1 第14条及び第15条の規定にかかわらず，一方の締約国の居住者である個人が演劇，映画，ラジオもしくはテレビジョンの俳優，音楽家その他の芸能人又は運動家として他方の締約国内で行う個人的活動によって取得する所得に対しては，当該他方の締約国において租税を課することができる。
　もっとも，そのような活動が両締約国の政府間で合意された文化交流のための特別の計画に基づき当該一方の締約国の居住者である個人により行われる場合には，当該所得については，当該他方の締約国において租税を免除する。
2 一方の締約国内で行う芸能人又は運動家としての個人的活動に関する所得が当該芸能人又は運動家以外の他方の締約国の居住者である者に帰属する場合には，当該所得に対しては，第7条，第14条及び第15条の規定にかかわらず，当該一方の締約国において租税を課することができる。
　もっとも，そのような活動が両締約国の政府間で合意された文化交流のための特別の計画に基づいて行われる場合には，当該所得については，そのような活動が行われた締約国において租税を免除する。

第18条（退職年金）

次条2の規定が適用される場合を除くほか，過去の勤務につき一方の締約国の居住者に支払われる退職年金その他これに類する報酬に対しては，当該一方の締約国にお

いてのみ租税を課することができる。

第19条（政府職員）

1　(a)政府の職務の遂行として一方の締約国の政府又は当該一方の締約国の地方公共団体に対し提供される役務につき，個人に対し当該一方の締約国の政府又は当該一方の締約国の地方公共団体によって支払われる報酬（退職年金を除く。）に対しては，当該一方の締約国においてのみ租税を課することができる。

(b)　もっとも，当該役務が他方の締約国内において提供され，かつ，(a)の個人が次の(i)又は(ii)に該当する当該他方の締約国の居住者である場合には，その報酬に対しては，当該他方の締約国においてのみ租税を課することができる。

(i)　当該他方の締約国の国民

(ii)　専ら当該役務を提供するため当該他方の締約国の居住者となった者でないもの

2　(a)一方の締約国の政府又は当該一方の締約国の地方公共団体に対し提供される役務につき，個人に対し，当該一方の締約国の政府もしくは当該一方の締約国の地方公共団体によって支払われ，又は当該一方の締約国の政府もしくは当該一方の締約国の地方公共団体が拠出した基金から支払われる退職年金に対しては，当該一方の締約国においてのみ租税を課することができる。

(b)　もっとも，(a)の個人が他方の締約国の居住者であり，かつ，当該他方の締約国の国民である場合には，その退職年金に対しては，当該他方の締約国においてのみ租税を課することができる。

3　一方の締約国の政府又は当該一方の締約国の地方公共団体が行う事業に関連して提供される役務につき支払われる報酬及び退職年金については，第15条から前条までの規定を適用する。

第20条（教授）

一方の締約国内にある大学，学校その他の公認された教育機関において教育機関において教育又は研究を行うことを主たる目的として当該一方の締約国内に一時的に滞在する個人であって，現に他方の締約国の居住者であるもの又は当該一方の締約国を訪れる直前に他方の締約国の居住者であったものは，当該一方の締約国に最初に到着した日から3年を超えない期間，その教育又は研究に係る報酬につき当該一方の締約国において租税を免除される。

第21条（学生）

専ら教育もしくは訓練を受けるため又は特別の技術的経験を修得するため一方の締約国内に滞在する学生，事業修習者又は研修員であって，現に他方の締約国の居住者であるもの又はその滞在の直前に他方の締約国の居住者であったものがその生計，教育又は訓練のために受取る給付又は所得については，当該一方の締約国の租税を免除

する。

第22条 (その他所得)

1 一方の締約国の居住者の所得のうち，他方の締約国内において生ずるものであって前各条に規定がないものに対しては，当該他方の締約国において租税を課することができる。

2 1に規定する所得を除き，一方の締約国の居住者の所得で前各条に規定がないものに対しては，当該一方の締約国においてのみ租税を課することができる。

3 1及び2の規定は，一方の締約国の居住者である所得（第6条2に規定する不動産から生ずる所得を除く。）の受領者が，他方の締約国において当該他方の締約国内にある恒久的施設を通じて事業を行い又は当該他方の締約国において当該他方の締約国内にある固定的施設を通じて独立の人的役務を提供する場合において，当該所得の支払の基因となった権利又は財産が当該恒久的施設又は当該固定的施設と実質的な関連を有するものであるときは，当該所得については，適用しない。この場合には，第7条又は第14条の規定を適用する。

第23条 (二重課税の排除)

1 中華人民共和国においては，二重課税は，次のとおり除去される。

(a) 中華人民共和国の居住者が日本国において所得を取得を行う場合には，この協定の規定に従って当該所得について納付される日本国の租税の額は，当該居住者に対して課される中国の租税の額から控除する。ただし，控除の額は，中国の租税の額のうち中華人民共和国の租税に関する法令に従って当該所得に対応するものとして算定される額を超えないものとする。

(b) 日本国において取得される所得が，日本国の居住者である法人によりその株式の少なくとも10パーセントを所有する中華人民共和国の居住者である法人に対して支払われる配当である場合には，中国の租税からの控除を行うに当たり，当該配当を支払う法人によりその所得について納付される日本国の租税を考慮に入れるものとする。

2 日本国以外の国において納付される租税を日本国の租税から控除することに関する日本国の法令に従い，

(a) 日本国の居住者がこの協定の規定に従って中華人民共和国において租税を課される所得を中華人民共和国において取得を行う場合には，当該所得について納付される中国の租税の額は，当該居住者に対して課される日本国の租税の額から控除する。
　　　ただし，控除の額は，日本国の租税の額のうち当該所得に対応する部分を超えないものとする。

(b) 中華人民共和国において取得される所得が，中華人民共和国の居住者である法人

によりその議決権のある株式又はその発行済株式の少なくとも25パーセントを所有する日本国の居住者である法人に対して支払われる配当である場合には，日本国の租税からの控除を行うに当たり，当該配当を支払う法人によりその所得について納付される中国の租税を考慮に入れるものとする。
3　2(a)に規定する控除の適用上，中国の租税は，次の率で支払われたものとみなす。
(a)　第10条2の規定が適用される配当については，中華人民共和国の合弁企業が支払う配当である場合には10パーセント，その他の配当である場合には20パーセント
(b)　第11条2の規定が適用される利子については10パーセント
(c)　第12条2の規定が適用される使用料については20パーセント
4　2に規定する控除の適用上，「納付される中国の租税」には，次のいずれかのものに従って免除，軽減又は還付が行われないとしたならば納付されたとみられる中国の租税の額を含むものとみなす。
(a)　中華人民共和国合弁企業所得税法第5条及び第6条の規定並びに中華人民共和国合弁企業所得税法施行細則第3条の規定
(b)　中華人民共和国外国企業所得税法第4条及び第5条の規定
(c)　この協定の署名の日の後に中華人民共和国の法令に導入される中華人民共和国の経済開発を促進するための他の同様な特別の奨励措置で両締約国の政府が合意するもの

第24条（無差別取扱い）
1　一方の締約国の国民は，他方の締約国において，同様の状況にある当該他方の締約国の国民に課されておりもしくは課されることがある租税もしくはこれに関連する要件以外の租税もしくはこれに関連する要件またはより重い租税もしくはこれに関連する要件を課されることはない。この1の規定は，第1条の規定にかかわらず，締約国の居住者でない者にも，適用する。
2　一方の締約国の企業が他方の締約国内に有する恒久的施設に対する租税は，当該他方の締約国において，同様の活動を行う当該他方の締約国の企業に対して課される租税よりも不利に課されることはない。
3　第9条，第11条7又は第12条6の規定が適用される場合を除くほか，一方の締約国の企業が他方の締約国の居住者に支払った利子，使用料その他の支払金については，当該企業の課税対象利得の決定に当たって，当該一方の締約国の居住者に支払われたとした場合における条件と同様の条件で控除するものとする。
4　一方の締約国の企業であってその資本の全部又は一部が他方の締約国の1又は2以上の居住者により直接又は間接に所有され又は支配されているものは，当該一方の締約国において，当該一方の締約国の類似の他の企業に課されておりもしくは課

されることがある租税もしくはこれに関連する要件以外の租税もしくはこれに関連する要件又はより重い租税もしくはこれに関連する要件を課されることはない。

5 この条のいかなる規定も，一方の締約国が，他方の締約国の居住者に対し，法令により当該一方の締約国の居住者にのみ適用される租税上の人的控除，救済及び軽減を認めることを義務付けるものと解してはならない。

第25条（相互協議）

1 いずれか一方の又は双方の締約国の措置によりこの協定の規定に適合しない課税を受けたと又は受けることになると認める者は，当該事案について，当該締約国の法令に定める救済手段とは別に，自己が居住者である締約国の権限のある当局に対して又は当該事案が前条1の規定の適用に関するものである場合には自己が国民である締約国の権限のある当局に対して，申立てをすることができる。当該申立ては，この協定の規定に適合しない課税に係る当該措置の最初の通知の日から3年以内に，しなければならない。

2 権限のある当局は，1の申立てを正当と認めるが，満足すべき解決を与えることができない場合には，この協定の規定に適合しない課税を回避するため，他方の締約国の権限のある当局との合意によって当該事案を解決するよう努める。成立したすべての合意は，両締約国の法令上のいかなる期間制限にもかかわらず，実施されなければならない。

3 両締約国の権限のある当局は，この協定の解釈又は適用に関して生ずる困難又は疑義を合意によって解決するよう努める。両締約国の権限のある当局は，また，この協定に定めのない場合における二重課税を除去するため，相互に協議することができる。

4 両締約国の権限のある当局は，2及び3の合意に達するため，直接相互に通信することができる。両締約国の権限のある当局は，合意に達するために適当と認める場合には，口頭による意見の交換を行うため会合することができる。

第26条（情報交換）

1 両締約国の権限のある当局は，この協定もしくはこの協定が適用される租税に関する両締約国の法令（当該法令に基づく課税がこの協定の規定に反しない場合に限る。）を実施するため，又はこれらの租税に関する脱税を防止するために必要な情報を交換する。情報の交換は，第1条の規定による制限を受けない。交換された情報は，秘密として取り扱うものとし，この協定が適用される租税の賦課もしくは徴収又はこれらの租税に関する不服申立てについての決定に関与する者又は当局（裁判所を含む。）に対してのみ開示することができる。

2 1の規定は，いかなる場合にも，一方の締約国に対し，次のことを行う義務を課

するものと解してはならない。
(a) 当該一方の締約国又は他方の締約国の法令及び行政上の慣行に抵触する行政上の措置をとること。
(b) 当該一方の締約国又は他方の締約国の法令の下において又は行政の通常の運営において入手することができない情報を提供すること。
(c) 営業上，事業上，産業上，商業上もしくは職業上の秘密もしくは取引の過程を明らかにするような情報又は公開することが公の秩序に反することになる情報を提供すること。

第27条（国内法等の優先適用）

この協定のいかなる規定も，一方の締約国において当該一方の締約国の法令又は両締約国の政府間の他の協定により他方の締約国の国民又は居住者に対して現在又は将来認められる租税の免除，軽減その他の減免をいかなる態様においても制限するものと解してはならない。

第28条（外交官）

この協定のいかなる規定も，国際法の一般原則又は特別の協定に基づく外交官または領事官の租税上の特権に影響を及ぼすものではない。

第29条（発効）

1 この協定は，その効力発生のために国内法上必要とされる手続がそれぞれの国において完了したことを通知する外交上の公文が交換された日から30日目の日に効力を生ずる。
2 この協定は，次のものについて適用する。
(a) 中華人民共和国においては，
(i) この協定が効力を生ずる年の翌年の1月1日以後に開始する各課税年度において生ずる所得
(ii) 第8条2に規定する日本国における事業税に類似する租税であってこの協定が効力を生ずる年の翌年の1月1日以後に開始する各課税年度において課されるもの
(b) 日本国においては，この協定が効力を生ずる年の翌年の1月1日以後に開始する各課税年度において生ずる所得

第30条（終了）

この協定は，無期限に効力を有する。ただし，いずれの一方の締約国も，この協定の効力発生の日から5年の期間が満了した後に開始する各年の6月30日以前に，外交上の経路を通じて他方の締約国に対し書面による終了の通告を行うことができる。
この場合には，この協定は，次のものについて効力を失う。
(a) 中華人民共和国においては，

(i) 終了の通告が行われた年の翌年の1月1日以後に開始する各課税年度において生ずる所得
(ii) 第8条2に規定する日本国における事業税に類似する租税であって終了の通告が行われた年の翌年の1月1日以後に開始する各課税年度において課されるもの
(b) 日本国においては，終了の通告が行われた年の翌年の1月1日以後に開始する各課税年度において生ずる所得

議定書（1983年9月6日）

所得に対する租税に関する二重課税の回避及び脱税の防止のための日本国政府と中華人民共和国政府との間の協定（以下「協定」という。）の署名に当たり，下名は，協定の不可分の一部を成す次の規定を協定した。
1 協定第5条5の規定にかかわらず，一方の締約国の企業が他方の締約国内において使用人その他の職員を通じて機械及び設備の販売又は賃貸に関連するコンサルタントの役務を提供を行う場合には，当該企業は，当該他方の締約国内に「恒久的施設」を有するものとされない。
2 協定第7条3に関し，企業の恒久的施設が当該企業の本店又は当該企業の他の事務所に支払った又は振り替えた支払金（実費弁償に係るものを除く。）で次に掲げるものについては，損金に算入することを認めない。
(a) 特許権その他の権利の使用の対価として支払われる使用料，報酬その他これらに類する支払
(b) 特定の役務の提供又は事業の管理の対価として支払われる手数料
(c) 当該恒久的施設に対する貸付けに係る利子（当該企業が銀行業を営む企業である場合を除く。）

中华人民共和国政府和日本国政府关于对所得避免双重征税和防止偷漏税的协定（中文）

第一条

本协定适用于缔约国一方或者同时为双方居民的人。

第二条

一、本协定适用于下列税种：

（一）在中华人民共和国：

1．个人所得税；

2．中外合资经营企业所得税；

3．外国企业所得税；

4．地方所得税。（以下简称"中国税收"）

（二）在日本国：

1．所得税；

2．法人税；

3．居民税。（以下简称"日本国税收"）

二、本协定也适用于本协定签订之日后增加或者代替第一款所列税种的相同或者实质相似的税收。缔约国双方主管当局应将各自税法所作的实质变动，在其变动后的适当时间内通知对方。

第三条

一、在本协定中，除上下文另有解释的以外：

（一）"中华人民共和国"一语用于地理概念时，是指有效行使有关中国税收法律的所有中华人民共和国领土，包括领海，以及根据国际法，中华人民共和国有管辖权和有效行使有关中国税收法律的所有领海以外的区域，包括海底和底土；

（二）"日本国"一语用于地理概念时，是指有效行使有关日本国税收法律的所有日本国领土，包括领海，以及根据国际法，日本国有管辖权和有效行使有关日本国税收法律的所有领海以外的区域，包括海底和底土；

（三）"缔约国一方"和"缔约国另一方"的用语，按照上下文，是指中华人民共和国或者日本国；

（四）"税收"一语，按照上下文，是指中国税收或日本国税收；

（五）"人"一语包括个人、公司和其它团体；

（六）"公司"一语是指法人团体或者在税收上视同法人团体的实体；

（七）"缔约国一方企业"和"缔约国另一方企业"的用语，分别指缔约国一方居民经营的企业和缔约国另一方居民经营的企业；

（八）"国民"一语是指所有具有缔约国任何一方国籍的个人和所有按照该缔约国法律建

立或者组织的法人,以及所在在该缔约国税收上,视同按照缔约国法律建立或者组织成法人的非法人团体;

(九)"国际运输"一语是指缔约国一方企业以船舶或飞机经营的运输,不包括仅在缔约国另一方各地之间以船舶或飞机经营的运输;

(十)"主管当局"一语,在中华人民共和国方面是指财政部或其授权的代表;在日本国方面是指大藏大臣或其授权的代表。

二、缔约国一方在实施本协定时,对于未经本协定明确定义的用语,除上下文另有解释的以外,应当具有适用于本协定的该缔约国有关税法所规定的含义。

第四条

一、在本协定中,"缔约国一方居民"一语是指按照该缔约国法律,由于住所、居所、总机构或者主要办事处所在地,或其它类似的标准,在该缔约国负有纳税义务的人。

二、由于第一款的规定,同时为缔约国双方居民的个人,缔约国双方主管当局应当通过协议,确定该人为本协定中缔约国一方的居民。

三、由于第一款的规定,除个人外,同时为缔约国双方居民的人,应认为是其总机构或者主要办事处所在缔约国的居民。

第五条

一、在本协定中,"常设机构"一语是指企业进行全部或部分营业的固定场所。

二、"常设机构"一语特别包括:

(一)管理场所;

(二)分支机构;

(三)办事处;

(四)工厂;

(五)作业场所;

(六)矿场、油井或气井、采石场或者其它开采自然资源的场所。

三、建筑工地,建筑、装配或安装工程,或者与其有关的监督管理活动,仅以连续超过六个月的为常设机构。

四、虽有第一款至第三款的规定,"常设机构"一语应认为不包括:

(一)专为储存、陈列或者交付本企业货物或者商品的目的而使用的设施;

(二)专为储存、陈列或者交付的目的而保存本企业货物或者商品的库存;

(三)专为另一企业加工的目的而保存本企业货物或者商品的库存;

(四)专为本企业采购货物或者商品,或者搜集情报的目的所设的固定营业场所;

(五)专为本企业进行其它准备性或辅助性活动的目的所设的固定营业场所。

五、缔约国一方企业通过雇员或其他人员在缔约国另一方提供的咨询劳务,除适用第七款规定的独立代理人以外,这些活动(为同一个项目或两个以上相关联的项目)在任

何12个月中连续或累计超过六个月的，应认为在该缔约国另一方设有常设机构。

六、虽有第一款和第二款的规定，除适用第七款规定的独立代理人以外，当一个人在缔约国一方代表缔约国另一方的企业进行活动，如果下述条件之一的，这个人为该企业进行的任何活动，应认为该企业在该缔约国一方设有常设机构：

（一）这个人在该缔约国一方有权并经常行使这种权利代表该企业签订合同。除非这个人的活动仅限于第四款的规定，即使是通过固定营业场所进行活动的，按照第四款规定，不应认为该固定营业场所是常设机构。

（二）这个人在该缔约国一方全部或者几乎全部代表该企业，或者为该企业以及该企业控制或被控制的其它企业经营接受订货单。

七、缔约国一方企业仅通过按常规经营本身业务的经纪人、一般佣金代理人或者任何其它独立代理人在缔约国另一方进行营业，不应认为在该缔约国另一方设有常设机构。

八、缔约国一方居民公司，控制或被控制于缔约国另一方居民公司或者在该缔约国另一方进行营业的公司（不论是否通过常设机构），此项事实不能据以使任何一方公司构成另一方公司的常设机构。

第六条

一、一方居民从位于缔约国另一方的不动产取得的所得，可以在该缔约国另一方征税。

二、"不动产"一语应当具有财产所在地的缔约国的法律所规定的含义。该用语在任何情况下应包括附属于不动产的财产，农业和林业所使用的牲畜和设备，一般法律规定的适用于地产的权利，不动产的用益权以及由于开采或有权开采矿藏、水源和其它自然资源取得的不固定或固定收入的权利。船舶和飞机不应视为不动产。

三、第一款的规定适用于从直接使用、出租或者任何其它形式使用不动产取得的所得。

四、第一款和第三款的规定也适用于企业的不动产所得和用于进行独立个人劳务的不动产所得。

第七条

一、缔约国一方企业的利润应仅在该缔约国征税，但该企业通过设在缔约国另一方常设机构在该缔约国另一方进行营业的除外。如果该企业通过设在缔约国另一方的常设机构在该缔约国另一方进行营业，其利润可以在该缔约国另一方征税，但应仅以属于该常设机构的利润为限。

二、从属于第三款的规定，缔约国一方企业通过设在缔约国另一方的常设机构在该缔约国另一方进行营业，应将该常设机构视同在相同或类似情况下从事相同或类似活动的独立分设企业，并同该常设机构所隶属的企业完全独立处理，该常设机构在缔约国各方可能得到的利润应属于该常设机构。

三、确定常设机构的利润时，应当允许扣除其进行营业发生的各项费用，包括行政和一般管理费用，不论其发生于该常设机构所在国或者其它任何地方。

四、如果缔约国一方习惯于以企业总利润按一定比例分配给所属各单位的方法来确定常设机构的利润，则第二款并不妨碍该缔约国按这种习惯分配方法确定其应税的利润。但是，采用的分配方法所得到的结果，应与本条所规定的原则一致。

五、不应仅由于常设机构为企业采购货物或商品，将利润归属于该常设机构。

六、在第一款至第五款中，除有适当的和充分的理由需要变动外，每年应采用相同的方法确定属于常设机构的利润。

七、利润中如果包括本协定其它各条单独规定的所得项目时，本条规定不应影响其它各条的规定。

第八条

一、缔约国一方企业以船舶或飞机经营国际运输取得的利润，应仅在该缔约国征税。

二、缔约国一方企业以船舶或飞机经营国际运输，该企业如果是中华人民共和国的企业，在日本国免除事业税；该企业如果是日本国的企业，在中华人民共和国免除类似日本国事业税的税收。

三、第一款和第二款的规定也适用于参加合伙经营、联合经营或者参加国际经营机构取得的利润。

第九条

（一）缔约国一方企业直接或者间接参与缔约国另一方企业的管理、控制或资本，或者

（二）同一人直接或者间接参与缔约国一方企业和缔约国另一方企业的管理、控制或资本，在上述任何一种情况下，两个企业之间的商业或财务关系不同于独立企业之间的关系，因此，本应由其中一个企业取得，但由于这些情况而没有取得的利润，可以计入该企业的利润，并据以征税。

第十条

一、缔约国一方居民公司支付给缔约国另一方居民的股息，可以在该缔约国另一方征税。

二、然而，这些股息也可以按照支付股息的公司是其居民的缔约国的法律，在该缔约国征税。但是，如果收款人是该股息受益人，则所征税款不应超过该股息总额的百分之十。

本款规定，不应影响对该公司支付股息前的利润所征收的公司利润税。

三、本条"股息"一语是指从股份或者非债权关系分享利润的权利取得的所得，以及按照分配利润的公司是其居民的缔约国税法，视同股份所得同样征税的其它公司权利取得的所得。

四、如股息受益人是缔约国一方居民，在支付股息的公司是其居民的缔约国另一方，通过设在该缔约国另一方的常设机构进行营业或者通过设在该缔约国另一方的固定基地从事独立个人劳务，据以支付该股息的股份或其它公司权利与该常设机构或固定基地有实际联系的，不适用第一款和第二款的规定。在这种情况下，应视具体情况适用第

七条或第十四条的规定。

五、缔约国一方居民公司从缔约国另一方取得利润或所得，该缔约国另一方不得对该公司支付的股息征收任何税收。但支付给该缔约国另一方居民的股息或者以支付股息的股份或其它公司权利与设在该缔约国另一方的常设机构或固定基地有实际联系的除外。对于该公司的未分配的利润，即使支付的股息或未分配的利润全部或部分是发生于该缔约国另一方的利润或所得，该缔约国另一方也不得征税。

第十一条

一、发生于缔约国一方而支付给缔约国另一居民的利息，可以在该缔约国另一方征税。

二、然而，这些利息也可以在该利息发生的缔约国，按照该缔约国的法律征税。但是，如果收款人是该利息受益人，则所征税款不应超过利息总额的10%。

三、虽有第二款的规定，发生在缔约国一方面是为缔约国另一方政府、地方当局及其中央银行或者完全为其政府所有的金融机构取得的利息；或者为缔约国另一方居民取得的利息，其债权是由该缔约国另一方政府、地方当局及其中央银行或者完全为其政府所有的金融机构间接提供资金的，应在该缔约国一方免税。

四、本条"利息"一语是指从各种债权取得的所得，不论其有无抵押担保或者是否有权分享债务人的利润；特别是从公债、债券或者信用债券取得的所得，包括其溢价和奖金。

五、如果利息受益人是缔约国一方居民，在该利息发生的缔约国另一方，通过设在该缔约国另一方的常设机构进行营业或者通过设在该缔约国另一方的固定基地从事独立个人劳务，据以支付该利息的债权与该常设机构或者固定基地有实际联系的，不适用第一款、第二款和第三款的规定。在这种情况下，应视具体情况适用第七条或第十四条的规定。

六、如果支付利息的人为缔约国一方政府、地方当局或该缔约国居民，应认为该利息发生在该缔约国。然而，当支付利息的人不论是否为缔约国另一方居民，在缔约国一方设有常设机构或者固定基地，支付该利息的债务与该常设机构或者固定基地有联系，并由其负担这种利息，上述利息应认为发生于该常设机构或固定基地所在缔约国。

七、由于支付利息的人与受益人之间或者他们与其他人之间的特殊关系，就有关债权支付的利息数额超出支付人与受益人没有上述关系所能同意的数额时，本条规定应适用于后来提及的数额。在这种情况下，对该支付款项的超出部分，仍应按各缔约国的法律征税，但应对本协定其它规定予以适当注意。

第十二条

一、发生于缔约国一方而支付给缔约国另一方居民的特许权使用费，可以在该缔约国另一方征税。

二、然而，这些特许权使用费也可以在其发生的缔约国，按照该缔约国的法律征税。

但是，如果收款人是该特许权使用费受益人，则所征税款不应超过特许权使用费总额的10%。

三、本条"特许权使用费"一语是指使用或有权使用文学、艺术或科学著作，包括电影影片、无线电或电视广播使用的胶片、磁带的版权，专利、商标、设计、模型、图纸、秘密配方或秘密程序所支付的作为报酬的各种款项，也包括使用或有权使用工业、商业、科学设备或有关工业、商业、科学经验的情报所支付的作为报酬的各种款项。

四、如果特许权使用费受益人是缔约国一方居民，在该特许权使用费发生的缔约国另一方，通过设在该缔约国另一方的常设机构进行营业或者通过设在该缔约国另一方的固定基地从事独立个人劳务，据以支付该特许权使用费的权利或财产与该常设机构或固定基地有实际联系的，不适用第一款和第二款的规定。在这种情况下，应视具体情况适用第七条或第十四条的规定。

五、如果支付特许权使用费的人是缔约国一方政府、地方当局或该缔约国居民，应认为该特许权使用费发生在该缔约国。然而，当支付特许权使用费的人不论是否为缔约国一方居民，在缔约国一方设有常设机构或者固定基地，支付该特许权使用费的义务与该常设机构或者固定基地有联系，并由其负担这种特许权使用费，上述特许权使用费应认为发生于该常设机构或者固定基地所在缔约国。

六、由于支付特许权使用费的人与受益人之间或他们与其他人之间的特殊关系，就有关使用、权利或情报支付的特许权使用费数额超出支付人与受益人没有上述关系所能同意的数额时，本条规定应仅适用于后来提及的数额。在这种情况下，对该支付款项的超出部分，仍应按各缔约国的法律征税，但应对本协定其它规定予以适当注意。

第十三条

一、缔约国一方居民出让第六条所述位于缔约国另一方的不动产取得的收益，可以在该缔约国另一方征税。

二、出让缔约国一方企业在缔约国另一方的常设机构营业财产部分的不动产以外的财产或者缔约国一方居民在缔约国另一方从事独立个人劳务的固定基地的不动产以外的财产取得的收益，包括出让该常设机构（单独或者随同整个企业）或者该固定基地取得的收益，可以在该缔约国另一方征税。

三、缔约国一方居民出让从事国际运输的船舶或飞机，或者出让属于经营上述船舶、飞机的不动产以外的财产取得的收益，应仅在该缔约国一方征税。

四、缔约国一方居民出让第一款至第三款所述财产以外的其它财产取得的收益，发生于缔约国另一方的，可以在该缔约国另一方征税。

第十四条

一、缔约国一方居民由于专业性劳务或者其它独立性活动取得的所得，应仅在该缔约国征税，除非该居民在缔约国另一方为从事上述活动的目的设有经常使用的固定基地，

或者在该缔约国另一方有关历年中连续或累计仅超过183天。如果该居民拥有上述固定基地或在该缔约国另一方连续或累计停留上述日期，其所得可以在该缔约国另一方征税，但仅限归属于该固定基地的所得，或者在该缔约国另一方上述连续或累计期间取得的所得。

二、"专业性劳务"一语特别包括独立的科学、文学、艺术、教育或教学活动，以医师、律师、工程师、建筑师、牙医师和会计师的独立活动。

第十五条

一、除适用第十六条、第十八条、第十九条、第二十条和第二十一条的规定以外，缔约国一方居民因受雇取得的薪金、工资和其它类似报酬，除在缔约国另一方受雇的以外，应仅在该缔约国一方征税。在缔约国另一方受雇取得的报酬，可以在该缔约国另一方征税。

二、虽有第一款的规定，缔约国一方居民在缔约国另一方受雇取得的报酬，同时具有以下三个条件的，应仅在该缔约国一方征税：

（一）收款人在有关历年中在该缔约国另一方停留连续或累计不超过183天；

（二）该项报酬由并非该缔约国另一方居民的雇主支付或代表该雇主支付；

（三）该项报酬不是由雇主设在该缔约国另一方的常设机构或固定基地所负担。

三、虽有第一款和第二款的规定，受雇于缔约国一方企业经营国际运输的船舶或飞机而取得的报酬，可以在该缔约国征税。

第十六条

缔约国一方居民作为缔约国另一方居民公司的董事会成员取得的董事费和其它类似款项，可以在该缔约国征税。

第十七条

一、虽有第十四条和第十五条的规定，缔约国一方居民的个人，作为表演家，如戏剧、电影、广播或电视艺术家、音乐家或者作为运动员，在缔约国另一方从事其个人活动取得的所得，可以在该缔约国另一方征税。然而，如果该缔约国一方居民的个人按照缔约国双方政府同意的文化交流的特别计划从事这些活动，该项所得在该缔约国另一方应予免税。

二、虽有第七条、第十四条和第十五条的规定，表演家或运动员在缔约国一方，从事其个人活动取得的所得，并非归属表演家或者运动员本人，而是归属于缔约国另一方居民的其他人，可以在该缔约国一方征税。然而，如果这些活动是按缔约国双方政府同意的文化交流的特别计划从事的，该项所得在该缔约国一方应予免税。

第十八条

除适用第十九条第二款的规定以外，因以前的雇佣关系支付给缔约国一方居民的退休金和其它类似报酬，应仅在该缔约国一方征税。

第十九条

一、(一) 缔约国一方政府或地方当局对履行政府职责向其提供服务的个人支付退休金以外的报酬，应仅在该缔约国一方征税。

(二) 但是，如果该项服务是在缔约国另一方提供，而且提供服务的个人是该缔约国另一方居民，并且该居民：

1．是该缔约国国民；或者
2．不是仅仅由于提供该项服务，而成为该缔约国的居民，

该项报酬，应仅在该缔约国另一方征税。

二、(一) 缔约国一方政府或地方当局支付的或者从其建立的基金中对向其提供服务的个人支付的退休金，应仅在该缔约国一方征税。

(二) 但是，如果提供服务的个人是缔约国另一方居民，并且其是国民的，该项退休金应仅在该缔约国另一方征税。

三、第十五条、第十六条、第十七条和第十八条的规定，应适用于向缔约国一方政府或地方当局举办的事业提供服务取得的报酬和退休金。

第二十条

任何个人是、或者在直接前往缔约国一方之前曾是缔约国另一方居民，主要由于在该缔约国一方的大学、学院、学校或其它公认的教育机构从事教学、讲学或研究的目的暂停留在该缔约国一方，从其第一次到达之日起停留时间不超过三年的，该缔约国一方应对其由于教学、讲学或研究取得的报酬，免予征税。

第二十一条

学生、企业学徒或实习生是、或者在直接前往缔约国一方之前曾是缔约国另一方居民，仅由于接受教育、培训或者获取特别的技术经验的目的，停留在该缔约国一方，其为了维护生活、接受教育或培训的目的收到的款项或所得，该缔约国一方应免予征税。

第二十二条

一、缔约国一方居民在缔约国另一方取得有各项所得，凡本协定上述各条未作规定的，可以在该缔约国另一方征税。

二、但是，缔约国一方居民取得的各项所得，凡本协定上述各条未作规定的，除第一款所述的以外，应仅在该缔约国征税。

三、第六条第二款所规定的不动产所得以外的其它所得，如果所得收款人为缔约国一方居民，通过设在缔约国另一方的常设机构在该缔约国另一方进行营业，或者通过设在该缔约国另一方的固定基地在该缔约国另一方从事独立个人劳务，据以支付所得的权利或财产与该常设机构或固定基地有实际联系的，不适用第一款和第二款的规定。在这种情况下，应视具体情况分别适用第七条或第十四条的规定。

第二十三条

一、在中华人民共和国,消除双重征税如下:

（一）中华人民共和国居民从日本国取得的所得,按照本协定规定对该项所得缴纳的日本国税收数额,应允许在对该居民征收的中国税收中抵免。但是,抵免额不应超过对该项所得按照中华人民共和国税法和规章计算的相应中国税收数额。

（二）从日本国取得的所得是日本国居民公司支付给中华人民共和国居民公司的股息,同时该中华人民共和国居民公司拥有支付股息公司股份不少于10%,该项抵免应考虑支付该股息公司就该项所得缴纳的日本国税收。

二、从属于在日本国以外的国家缴纳的税收在日本国税收中抵免的日本国有关法律:

（一）日本国居民从中华人民共和国取得的所得,按照本协定规定,该项所得可以在中华人民共和国征税。关于该项所得缴纳的中国税收数额,应允许在对该居民征收的日本国税收中抵免。但是,抵免额不应超过对该项所得征收的相应日本国税收部分。

（二）如果从中华人民共和国取得的所得是中华人民共和国居民公司支付给日本国居民公司的股息,同时该日本国居民公司拥有支付股息公司选举权股份或者该公司发行的股票不少于25%的,该项抵免应考虑支付该股息公司就该项所得缴纳的中国税收。

三、在第二款第一项所述的抵免中,下列中国税收应视为已经支付:

（一）在第十条第二款规定适用的股息的情况下,中华人民共和国的合资经营企业支付股息,按10%的税率,其它股息,按20%的税率;

（二）在第十一条第二款规定适用的利息的情况下,按10%的税率;

（三）在第十二条第二款规定适用的特许权使用费的情况下,按20%的税率。

四、在第二款所述的抵免中,"缴纳的中国税收"一语应视为包括假如没有按以下规定给予免税、减税或者退税而可能缴纳的中国税收数额:

（一）《中华人民共和国中外合资经营企业所得税法》第五条、第六条和《中华人民共和国中外合资经营企业所税税法施行细则》第三条的规定;

（二）《中华人民共和国外国企业所得税法》第四条和第五条的规定;

（三）本协定签订之日后,中华人民共和国为促进经济发展,在中华人民共和国法律中采取的任何类似的特别鼓励措施,经缔约国双方政府同意的。

第二十四条

一、缔约国一方国民在缔约国另一方负担的税收或者有关条件,不应与该缔约国另一方国民在相同情况下,负担或可能负担的税收或者有关条件不同或比其更重。虽有第一条的规定,本款规定也适用于不是缔约国一方或者双方居民的人。

二、缔约国一方企业在缔约国另一方的常设机构税收负担,不应高于缔约国另一方对其本国进行同样活动的企业。

三、除适用第九条、第十一条第七款或十二条第六款规定外,缔约国一方企业支付给

缔约国另一方居民的利息、特许权使用费和其它款项，在确定该企业应纳税利润时，应与在同样情况下支付给该缔约国一方居民同样予以扣除。

四、缔约国一方企业的资本全部或部分，直接或间接为缔约国另一方一个或更多居民拥有或控制，该企业在该缔约国一方负担的税收或者有关条件，不应与该缔约国一方其它同类企业的负担或可能负担的税收或者有关条件不同或比其更重。

五、本条不应理解为缔约国一方根据法律在税收上仅给予该缔约国居民的任何扣除、优惠和减税，也必须给缔约国另一方居民。

第二十五条

一、当一个人认为，缔约国一方或者双方的措施，导致或将导致对其不符合本协定规定的征税时，可以不考虑各缔约国国内法律的补救办法，将案情提交本人为其居民的缔约国主管当局；或者如果其案情属于第二十四条第一款，可以提交本人为其国民的缔约国主管当局。该项案情必须在不符合本协定规定的征税措施第一次通知之日起，三年内提出。

二、上述主管当局如果认为所提意见合理，又不能单方面圆满解决时，应设法同缔约国另一方主管当局相互协商解决，以避免不符合本协定规定的征税。达成的协议应予执行，而不受各缔约国国内法律的时间限制。

三、缔约国双方主管当局应通过协议设法解决在解释或实施本协定时发生的困难或疑义，也可以对本协定未作规定的消除双重征税问题进行协商。

四、缔约国双方主管当局为达成第二款和第三款的协议，可以相互直接联系。为有助于达成协议，双方主管当局可以进行会谈，口头交换意见。

第二十六条

一、缔约国双方主管当局应为实施本协定的规定所需要的情报，缔约国双方与本协定有关税种的国内法律（以根据这些法律征税与本协定不相抵触为限）的情报和防止偷漏税的情报。情报交换不受第一条的限制。所交换的情报应作密件处理，仅应告知与本协定所含税种有关的查定、征收或裁决上诉的有关人员或主管当局（包括法院）。

二、第一款的规定在任何情况下，不应被理解为缔约国一方有以下义务：

（一）采取与该缔约国或缔约国另一方法律和行政惯例相违背的行政措施；

（二）提供按照该缔约国或缔约国另一方法律或正常行政渠道不能得到的情报；

（三）提供泄漏任何贸易、经营、工业、商业、专业秘密、贸易过程的情报或者泄露会违反公共秩序的情报。

第二十七条

本协定不应解释为以任何方式限制缔约国一方根据该缔约国法律或缔约国双方政府间的协定，已经给予或今后可能给予缔约国另一方国民或居民的免税、减税或其它扣除。

第二十八条

本协定应不影响按国际法一般规则或特别协定规定的外交代表或领事官员的财政特权。

第二十九条

一、本协定在缔约国双方交换外交照会确认已履行为本协定生效所必需的各自的法律程序之日起的第30天开始生效。

二、本协定应有效：

（一）在中华人民共和国：

1．对在本协定生效后的次年1月1日或以后开始的纳税年度中取得的所得。

2．对在本协定生效后的次年1月1日或以后开始的纳税年度中征收的第八条第二款所述类似日本国事业税的税收。

（二）在日本国：

对在本协定生效后的次年1月1日或以后开始的纳税年度中取得的所得。

第三十条

本协定应长期有效。但缔约国任何一方可以在本协定生效之日起五年后任何历6月30日或以前，通过外交途径书面通知对方终止本协定。

在这种情况下，本协定应失效：

（一）在中华人民共和国：

1．对终止通知发出后的次年1月1日或以后开始的纳税年度中取得的所得。

2．对终止通知发出后的次年1月1日或以后开始的纳税年度中征收的第八条第二款所述的类似日本国事业税的税收。

（二）在日本国：

对终止通知发出后的次年1月1日或以后开始的纳税年度中取得的所得。

下列代表，经各自政府正式授权，已在协定上签字为证。

本协定于1983年9月6日在北京签订，一式两份，每份都用中文、日文和英文写成，三种文本具有同等效力。如在解释上遇有分歧，应以英文本为准。

议定书

在签订中华人民共和国政府和日本国政府关于对所得避免双重征税和防止偷漏税的协定（以下简称"协定"）时，下列代表同意下列规定应作为协定的组成部分：

一、虽有协定第五条第五款的规定，缔约国一方企业通过雇员或其他人员在缔约国另一方提供与销售或者出租机器设备有关的咨询劳务，应不视为在该缔约国另一方设有常设机构。

二、协定第七条第三款规定的企业常设机构支付或者转帐给该企业总机构或该企业其它办事处的下列款项（属于偿还代垫实际发生的费用除外），不应允许扣除：

（一）由于使用专利或其它权利的特许权使用费、报酬或其它类似款项；

（二）对从事具体的服务或管理的佣金；

（三）借款给该常设机构的资金的利息，但该企业是银行机构的除外。

下列代表，经各自政府正式授权，已在本议定书上签字为证。

本议定书于1983年9月6日在北京签订，一式两份。每份都用中文、日文和英文写成，三种文本具有同等效力。如在解释上遇有分歧，应以英文本为准。

[著者紹介]

簗瀬　正人（やなせ　まさひと）公認会計士・税理士

PwC税理士法人　中国ビジネスグループ　ディレクター

　1985年に大手監査法人に入所。1996年から1999年PwC中国北京事務所に勤務。現在PwC税理士法人中国ビジネスグループにて中国税務コンサルティング及び投資から撤退までの中国ビジネススキーム策定に係るサービスを担当すると共に、中国税務当局及び対外経済貿易合作当局との直接交渉も担当。

　2012年から2016年まで筑波大学大学院の非常勤講師として「中国税法」の講義を担当。

　「中国投資の税務リスクマネジメント」（中央経済社），「中国税務総覧－実務と対策」（共著，第一法規），「中国進出企業の合弁解消プランニング」（共著，第一法規），「中国税務・会計ハンドブック」（共著，東洋経済新報社），「(月刊) 国際税務」，「日経産業新聞」等に中国の税務及び中国投資回収の解説を寄稿。

[事務所紹介]

PwC税理士法人

　PwC税理士法人は、PwCのメンバーファームです。公認会計士、税理士など約620人を有する日本最大級のタックスアドバイザーとして、法人・個人の申告をはじめ、金融・不動産関連、移転価格、M&A、事業再編、国際税務、連結納税制度など幅広い分野において税務コンサルティングを提供しています。

PwC Japanグループ

　PwC Japanグループは、日本におけるPwCグローバルネットワークのメンバーファームおよびそれらの関連会社の総称です。各法人は独立して事業を行い、相互に連携をとりながら、監査およびアシュアランス、コンサルティング、ディールアドバイザリー、税務、法務のサービスをクライアントに提供しています。

PwCネットワーク

　PwCは、社会における信頼を築き、重要な課題を解決することをPurpose（存在意義）としています。私たちは、世界158カ国に及ぶグローバルネットワークに236,000人以上のスタッフを有し、高品質な監査、税務、アドバイザリーサービスを提供しています。詳細はwww.pwc.com をご覧ください。

中国税制の実務対応
●BEPS等最新動向とリスクの解説

2017年12月25日　第1版第1刷発行

著　者　簗　瀬　正　人
発行者　山　本　　　継
発行所　㈱中央経済社
発売元　㈱中央経済グループ
　　　　パブリッシング

〒101-0051　東京都千代田区神田神保町1-31-2
電話　03(3293)3371(編集代表)
　　　03(3293)3381(営業代表)
http://www.chuokeizai.co.jp/
印刷／三英印刷㈱
製本／誠　製　本　㈱

Ⓒ 2017
Printed in Japan

＊頁の「欠落」や「順序違い」などがありましたらお取り替えいたしますので発売元までご送付ください。(送料小社負担)
ISBN978-4-502-24591-6　C3034

JCOPY〈出版者著作権管理機構委託出版物〉本書を無断で複写複製(コピー)することは、著作権法上の例外を除き、禁じられています。本書をコピーされる場合は事前に出版者著作権管理機構(JCOPY)の許諾を受けてください。
JCOPY〈http://www.jcopy.or.jp　eメール：info@jcopy.or.jp　電話：03-3513-6969〉